民营企业"一带一路"实用投资指南

西亚北非十六国

李志鹏/主编　　薛　蕊　韩秀玉/著

中华工商联合出版社

图书在版编目(CIP)数据

民营企业"一带一路"实用投资指南 西亚北非十六国 / 李志鹏主编；薛蕊，韩秀玉著. -- 北京：中华工商联合出版社，2020.2

ISBN 978-7-5158-2742-1

Ⅰ.①民… Ⅱ.①李… ②薛… ③韩… Ⅲ.①民营企业-对外投资-中国-指南 Ⅳ.①F279.245-62

中国版本图书馆CIP数据核字（2020）第 018888 号

民营企业"一带一路"实用投资指南 西亚北非十六国

主　　编：李志鹏
作　　者：薛　蕊　韩秀玉
出 品 人：李　梁
责任编辑：袁一鸣　肖　宇
装帧设计：周　源
责任审读：郭敬梅
责任印制：迈致红
出版发行：中华工商联合出版社有限责任公司
印　　刷：北京毅峰迅捷印务有限公司
版　　次：2020 年 10 月第 1 版
印　　次：2020 年 10 月第 1 次印刷
开　　本：16 开
字　　数：210 千字
印　　张：20
书　　号：ISBN 978－7－5158－2742－1
定　　价：68.00 元

服务热线：010－58301130－0（前台）
销售热线：010－58302977（网店部）
010－58302166（门店部）
010－58302837（馆配部、新媒体部）
010－58302813（团购部）
地址邮编：北京市西城区西环广场 A 座
19－20 层，100044
http://www.chgslcbs.cn
投稿热线：010－58302907（总编室）
投稿邮箱：1621239583@qq.com

编委会名单

总 序

2020年是中国提出共建“一带一路”倡议的第七个年头。中国推动共建“一带一路”坚持对话协商、共建共享、合作共赢、交流互鉴，同沿线国家谋求合作最大公约数，推动各国加强政治互信、经济互融、人文互通，一步一个脚印推进实施，一点一滴抓出成果，推动共建“一带一路”走深走实，造福沿线国家人民。高质量共建“一带一路”正在成为我国参与全球开放合作、改善全球经济治理体系、促进全球共同发展繁荣、推动构建人类命运共同体的中国方案。

2016年4月，习近平总书记在中央政治局就历史上的丝绸之路和海上丝绸之路进行第三十一次集体学习时提出，广泛调动各类企业参与，引导更多社会力量投入“一带一路”建设，努力形成政府、市场、社会有机结合的合作模式，打造政府主导、企业参与、民间促进的立体格局。民营经济是我国经济制度的内在要素，是推进社会主义市场经济发展的重要力量，也是推动高质量发展的重要主体。当前，我国经济正处在转变发展方式、优化经济结构、转换增长动力的攻关期，通过统筹协调使用好两个市场、两种资源，拓展国际市场空间不仅成为我国民营经济高质量发展的重要途径，也是民营企业提升自身创新能力和国际竞争力的有效方式。

改革开放四十多年来，中国民间投资和民营经济由小到大、由弱变强，已日渐成为推动中国经济发展、优化产业结构、繁荣城乡市场、扩大社会就业的重要力量。同时，随着中国民营企业不断发展，一些中国民营企业家突破“小富即安、小成即满”的思想，在推进企业发展布局时，更具世界眼光。特别是近年来，随着共建“一带一路”倡议的深入实施，中国民营企业积极“走出去”在沿线地区构建新型国际分工网络，对外交往取得新进展，不仅成为参与“一带一路”倡议建设的生力军，也成为推动和践行“一带一路”沿线地区可持续发展目标的重要力量，矗立在中国参与国际经济分工的前沿和潮头。

2019年4月，习近平总书记在第二届“一带一路”国际合作高峰论坛上指出，面向未来，我们要聚焦重点、深耕细作，共同绘制精谨细腻的“工笔画”，推动共建“一带一路”沿着高质量发展方向不断前进。实施“走出去”和共建“一带一路”倡议合作前景广阔、风景无限。但同时也应该看到，相关国家在经济发展、国家治理、社会发展、人文环境等方面存在较大差异，加之中国民营企业自身国际化经验尚在积累成长之中，走出去难免会遇到一些风险和挑战。为破解民营中小企业国际化发展难题，渡过所谓全球化进程中“艰难的中间地带”做好一些思想和行动上的准备，本套《民营企业“一带一路”实用投资指南》丛书紧紧围绕中国民营企业国际化进程中主要关心的议题，对“一带一路”沿线地区的投资环境和政策法规进行了较为系统的分析，旨在为包括中国民营企业在内的广大中国企业提供高效实用的工具指南，引导服务民营企业百尺竿头更进一步，高质量走出去参与“一带一路”建设。本套丛书在撰写过程中部分参考了商务部国际贸易经济合作研究院和我国驻相关国家使馆经商参处共同编写的《中国对外投资合作国别（地区）指南》，并得到了全国工商联联络部的支持，谨此致谢！

编委会

2020年4月

PREFACE

前　言

西亚北非地区连接亚洲、非洲和欧洲三大洲，位于“一带一路”的交汇点。“西亚北非十六国”是“一带一路”建设的重要参与者。得天独厚的区位优势，高度互补的资源禀赋，合作共赢的积极愿望，在共建“一带一路”的倡议下，西亚北非十六国与中国的投资合作呈现出巨大的发展潜力和广阔的合作空间，为中国民营企业“走出去”赴西亚北非发展兴业创造了的新机遇。

西亚北非十六国所在地区的投资环境有着非常鲜明的特点。一方面，该地区被誉为“世界油库”，有着丰富的油气、矿产、水、农牧等自然资源；另一方面，该地区又被称为“火药桶”，长期以来民族、宗教间的矛盾交互交织，导致部分地区局势处于错综复杂、动荡不安的状态。此外，近年来为了摆脱对油气产业的过度依赖，一些国家大力推进经济多元化战略，积极打造制造、物流、旅游、矿产、科技、金融等非油气产业，也释放出大量投资合作机会。

近年来，随着共建“一带一路”倡议的稳步推进，中国与西亚北非十六国及地区内其他国家的投资合作不断向纵深发展，中国政府高度重视与西亚北非十六国及地区内其他国家建立机制化合作关系，先后同该地区国家建立了“中阿合作论坛”“中国—海合会战略对话机制”等一系列双边和多边合作机制。中外双方不断加强对话合作，在推进基础设施、互联互通、产能合作、能源、人文交流等领域的合作卓有成效。

本书共分为八章，前四章全面介绍了西亚北非十六国的自然资源与政治局势、基础设施条件与规划、宏观经济形势、产业发展等基本情况，并对与中国经贸合作的现状、投资机遇进行了深入分析;后四章对西亚北非十六国与贸易投资相关的政策法规进行了梳理，对经贸合作中遭遇的风险进行识别与分析，尤其是针对民营企业在实际操作层面可能会遇到的问题，系统总结了投资合作相关手续、紧急情况解决方案。其中，由于“巴勒斯坦”的国家背景较为特殊，经济总量较小、能够获取的经济数据和信息相对有限，本书在总体情况中统计了其经济数据，但未单列章节进行介绍。

总之，本书既是作者近年来对“一带一路”倡议下中国与西亚北非地区投资合作研究成果的归总，也是把区域理论研究与国际经济合作实践相结合的一种尝试。我们期望，本书的出版能够帮助中国民营企业更好地把握西亚北非十六国投资市场的特点与发展趋势，防范各种潜在风险，为企业赴该地区开展投资合作提供有益的参考与借鉴。

CONTENTS

目录

第一章

自然资源与政治局势

西亚北非地区位于陆海两条丝绸之路的汇集之处，其独特的地理位置和多元复杂的人文、宗教、民族因素，加上该地区拥有丰富的能源储备，在国际政治和经济上拥有重要地位。在建设“一带一路”的过程中，西亚北非地区值得我国政府高度重视，该地区也将在“一带一路”框架下的安全协作、经贸合作以及人文交流中发挥重要作用，从而实现中国与西亚北非国家的战略对接。

一　自然地理

西亚北非地区地处亚洲、非洲、欧洲三大洲的交界地带，位于阿拉伯海、红海、地中海、黑海和里海之间，被称为“三洲五海之地”，是联系亚、欧、非三大洲和沟通大西洋、印度洋的枢纽，地理位置非常重要。

本书中提及的西亚北非十六国[①]，除埃及属于北非外，其余15国均来自西亚。其中，土耳其、叙利亚、以色列、巴勒斯坦、约旦、黎巴嫩、埃及7国位于地中海沿岸，伊朗、伊拉克、科威特、沙特、巴林、卡塔尔、阿联酋、阿曼8国位于波斯湾沿岸，也门位于印度洋沿岸。从民族来看，只有伊朗、以色列、土耳其三国属于非阿拉伯国家。沙特、伊拉克、伊朗、科威特、阿联酋5国为石油输出国组织成员。阿联酋、阿曼、埃及、巴勒斯坦、巴林、科威特、黎巴嫩、沙特、叙利亚、也门、伊拉克、约旦是阿拉伯国家联盟成员（2017年卡塔尔被排除该组织）。另一个重要的区域性组织是海湾阿拉伯国家合作委员会，它是海湾地区最主要的政治经济组织，简称海湾合作委员会或

① 本书涉及的西亚北非十六国，均属中东地区国家，因此本书以西亚北非十六国统称使用，未做特别区分。

海合会，成员国包括阿联酋、阿曼、巴林、卡塔尔、科威特、沙特、也门7国。

（一）地域特征

从国土面积来看，沙特、伊朗、埃及是中东地区的大国，国土面积均超过100万平方公里，土耳其、也门、伊拉克、阿曼紧随其后，国土面积在30万～80万平方公里之间，约旦、阿联酋、科威特、以色列、巴勒斯坦、卡塔尔、黎巴嫩国土面积不足10万平方公里。国土面积最小的是巴林。西亚北非国家境内多沙漠、高原和山地。见表1–1。

表1–1　西亚北非十六国地域特征

国家	主要地域特征
沙特	地处亚、非、欧三大洲交汇处，地势西高东低，西部中部为高原，东部为平原，沙漠约占国土面积的一半，无常年流水的河流、湖泊
伊朗	地处亚洲西南部，高原与山地相间，沙漠面积约占国土面积1/4，主要河流有卡伦河、塞菲德河
埃及	地处欧亚非三大洲的交通要冲，大部分位于非洲东北部，尼罗河纵贯南北，在埃及境内长1530公里，苏伊士运河沟通了大西洋和印度洋，战略位置和经济意义都十分重要。境内超过90%均为沙漠
土耳其	位于亚洲最西部，横跨欧洲、亚洲两大洲。国土面积中97%位于亚洲的小亚细亚半岛；3%位于欧洲的巴尔干半岛。三面环海，北为黑海，西为爱琴海和马尔马拉海，南为地中海，海岸线长数千公里。土耳其与亚、欧8个国家相邻
也门	位于亚洲西南部，阿拉伯半岛南端，战略位置十分重要。北与沙特接壤，南濒阿拉伯海和亚丁湾，东邻阿曼，西临红海，扼曼德海峡。曼德海峡联通印度洋和地中海，是欧亚非三大洲的海上交通要道。境内地势大致可以分为山地、高原、沿海平原、沙漠地区和岛屿
伊拉克	位于亚洲西南部，阿拉伯半岛东北部。北接土耳其，东邻伊朗，西毗叙利亚、约旦，南连沙特、科威特，东南濒波斯湾。境内西南为阿拉伯高原的一部分，东北部有库尔德山地，西部是沙漠地带，高原与山地间是占国土大部分的美索不达米亚平原。幼发拉底河和底格里斯河自西北向东南贯穿全境，两河在库尔纳汇合为夏台阿拉伯河，注入波斯湾
阿曼	为阿拉伯半岛第三大国，与阿联酋、沙特、也门等国接壤。其地缘优势显著，扼守霍尔木兹海峡，濒临阿拉伯海，直面印度洋，是主要的原油中转站，也是连接中东、印度、非洲和欧洲的商路。境内有山川、沙漠和平原。山区占全国总面积的15%，沙漠和沙地占全国面积的82%
叙利亚	位于亚洲大陆西部，地中海东岸，北与土耳其接壤，东同伊拉克交界，南与约旦和巴勒斯坦毗连，西南与黎巴嫩和以色列为邻，西与塞浦路斯隔地中海相望。叙利亚最西部是西亚裂谷带的北延部分，黎巴嫩山以东为广阔高原，叙利亚北半部属干草原；东南半部属叙利亚沙漠。幼发拉底河流经东部经伊拉克注入波斯湾，阿西河纵贯西部经土耳其注入地中海

续表

国家	主要地域特征
约旦	位于亚洲西部，阿拉伯半岛西北部。西邻以色列和巴勒斯坦，北接叙利亚，东北与伊拉克接壤，东南及南部与沙特相接。东部和东南部为沙漠，占全国面积的78%。西南一角临红海亚喀巴湾，亚喀巴港是约旦唯一出海口
阿联酋	位于阿拉伯半岛东南端，东与阿曼毗邻，西北与卡塔尔接壤，南部和西南与沙特交界，北临波斯湾，与伊朗隔海相望，是扼波斯湾进入印度洋的海上交通要冲。全境呈新月形，境内无淡水河流或湖泊，沿海是地势较低的平原，半岛的东北部分属山地。绝大部分地区是海拔200米以上的沙漠和洼地，占阿联酋总面积的65%
科威特	位于阿拉伯湾西北岸。与沙特和伊拉克相邻，同伊朗隔海相望。有布比延、法拉卡等9个岛屿。绝大部分国土为沙漠，地势较平坦，境内无山川、河流和湖泊，地下淡水贫乏
以色列	地处亚洲西部，北部与黎巴嫩接壤，东北部与叙利亚、东部与约旦、西南部与埃及为邻，西濒地中海，南临亚喀巴湾。整个国土呈狭长形，可划分为4个自然地理区域：地中海沿岸狭长的平原、中北部的山脉和高地、南部内盖夫沙漠和东部纵贯南北的约旦河谷和阿拉瓦谷地。东部与约旦交界处的死海是世界最低点，湖中含有丰富的盐矿
巴勒斯坦	位于亚洲西部，地处亚非拉三洲交通要冲，由加沙地区和西岸地区组成，加沙地带西濒地中海，约旦河西岸东临约旦
卡塔尔	半岛国家，位于阿拉伯湾西海岸的中部，国土面积虽小但战略地位重要。卡塔尔东、北、西三面环海；南部陆地与沙特接壤。卡塔尔全国地势低平，多为沙漠或岩石戈壁
黎巴嫩	位于亚洲西南部，地中海东岸，北部和东部毗邻叙利亚，南部与以色列接壤，形态狭长。黎巴嫩全境按地形分为沿海平原，沿海平原东侧的黎巴嫩山地，黎巴嫩山东侧的贝卡谷地和东部的安提黎巴嫩山
巴林	位于海湾西南部，是由33个岛屿组成的岛国，距沙特东海岸约25公里，由法赫德国王跨海大桥相连。东距卡塔尔约30公里

资料来源：《对外投资合作国别（地区）指南》（2018版）各国分册

（二）行政区划和主要城市

西亚北非地区各国行政区划等级分为省、市（县）、乡、村，各国首都是其最重要的城市之一，是全国政治、经济、文化中心，其他重要城市大多位于区域交通枢纽，多为港口城市，是全国的工业、贸易、金融中心。见表1–2。

表1-2　西亚北非十六国行政区划和主要城市

国家	行政区划	主要城市
沙特	全国分为13个地区，包括：利雅得、麦加、麦地那、东部、卡西姆、哈伊勒、阿西尔、巴哈、塔布克、北部边疆、季赞、纳季兰、朱夫。地区下设一级县和二级县，县下设一级乡和二级乡	首都利雅得是沙特第一大城市和政治、文化中心及政府机关所在地，位于沙特中部。吉达是沙特第二大城市，位于沙特西部海岸中部，属麦加地区管辖，是沙特的金融、贸易中心，红海沿线的重要港口
伊朗	全国共设31个省，大中小约1200个城镇。省是伊朗最高的行政区域	首都德黑兰是全国的政治、经济、文化、教育和科研中心
埃及	全国划分为27个省、8个经济区，每个区包括一个或多个省	埃及首都开罗，位于尼罗河三角洲南端，北距地中海200公里，是埃及的政治、经济和商业中心。开罗是阿拉伯和非洲国家人口最多的城市
土耳其	国家行政区划等级为省、市（县）、乡、村。全国共有81个省，面积最大的省为中南部的科尼亚省，面积最小的省为西部的亚洛瓦省	首都安卡拉为全国政治中心、第二大城市，位于安纳托利亚高原中部。伊斯坦布尔为全国工业、贸易、金融、文化中心和最大城市，居博斯普鲁斯海峡两岸，扼黑海和马尔马拉海出入门户，是区域交通枢纽
也门	全国共划分为20个省份和1个首都直辖市。省下设县、区、乡、村	也门首都萨那是全国政治、经济、文化中心和国内交通枢纽，也是伊斯兰教历史名城。亚丁是也门第二大城市，被官方指定为也门的商业和经济首都
伊拉克	全国分18个省，省下设市、县、乡、村	巴格达是伊拉克的首都，全国最大城市和经济、文化、交通中心，重要的国际航空站
阿曼	国家按行政区域划分为11个省，省下共设有61个州	首都马斯喀特位于巴提奈地区东南的阿曼湾平原，是阿曼政治、经济、文化和商业中心。其他较大的城市还有苏哈尔（Sohar）、苏尔（Sur）、萨拉拉（Salalah）、尼兹瓦（Nizwa）等
叙利亚	全国划分为14个一级行政区，即13个省和大马士革市	大马士革是叙利亚首都，全国最大的城市。阿勒颇和霍姆斯是另外两个重要城市
约旦	全国共划分为12个省，分别是安曼省、伊尔比德省、马安省、扎尔卡省、拜勒加省、马弗拉克省、卡拉克省、塔菲拉省、马德巴省、杰拉什省、亚喀巴省、阿杰隆省	安曼是约旦首都，全国最大的城市。其历史悠久，也是商业与金融中心，许多西方公司在中东的总部设在安曼，同时还集中了全国大部分工业，是重要的交通中心。港口城市亚喀巴位于约旦国土最南端，是约旦唯一出海口，距首都安曼300公里，自古以来就是中东地区的重要商贸之地

续表

国家	行政区划	主要城市
阿联酋	国家由7个酋长国组成，按政治影响、经济实力、人口比例排列依次为：阿布扎比、迪拜、沙迦、哈伊马角、阿治曼、富查伊拉、乌姆盖万。其中首都阿布扎比酋长国行政区划分为阿布扎比市（Abu Dhabi）、艾因（Al Ain）、达夫拉（Al Dhafra）	阿布扎比是阿拉伯联合酋长国的首都，也是阿拉伯联合酋长国阿布扎比酋长国的首府。迪拜是阿拉伯联合酋长国最大和人口最多的城市，同时是继阿布扎比之后第二大酋长国，也是中东地区的经济和金融中心，中东最富裕的城市
科威特	全国划分为6个行政省，省级行政单位隶属于内政部管辖；区是科威特最基层的行政单位，全国共划分为25个区	首都科威特城是全国政治、经济、文化中心和重要港口
以色列	全国划分为6个区，30个分区，31个市，115个地方委员会，49个地区委员会	耶路撒冷是以色列宣称的首都，是以色列政治和宗教中心，议会、大多数政府部门和最高法院均设在此。特拉维夫—雅法是以色列商业、金融和文化中心。现在绝大多数国家驻以色列使馆仍设在特拉维夫。海法是以色列最大的港口城市，是炼油、化工、制药和高科技工业中心，也是以色列北部最重要的城市和经济中心
巴勒斯坦	整个国土分为约旦河西岸和加沙地带两部分。根据巴计划与国际合作部1997年10月绘制的地图，约旦河西岸分为8个省，加沙地带分为5个省	现时巴勒斯坦所有政府机构设在拉姆安拉市，但巴勒斯坦主张未来首都设在耶路撒冷。拉姆安拉是巴勒斯坦经济、文化和商业中心，是巴勒斯坦民族权力机构在约旦河西岸的行政管理中心，一些国家派驻巴勒斯坦民族权力机构的办事处也设在此
卡塔尔	全国共设8个市级行政区	首都多哈市是全国政治、经济和文化中心。位于北部的拉斯拉凡和南部的梅赛义德是卡塔尔石油化工和天然气液化生产工业中心
黎巴嫩	2003年后，全国共设8个省，分别为：贝鲁特省、北部省、南部省、黎巴嫩山省、贝卡省、阿卡尔省、巴尔贝克-希尔米勒省和纳巴提耶省，省下共设25个县，县下设镇	贝鲁特是黎巴嫩政治和经济中心，也是中东著名的商贸、金融、交通、旅游和新闻出版中心
巴林	全国分为5个省，分别为首都省、穆哈拉克省、北方省、中部省和南方省	麦纳麦市是巴林的首都，全国第一大城市，全国经济、交通、贸易和文化中心，也是海湾地区重要的金融中心、贸易中转站

资料来源：《对外投资合作国别（地区）指南》（2018版）各国分册

（三）气候特征

西亚北非地区各国以地中海型气候和热带（亚热带）沙漠气候为主。地中海型气候的特征是夏季炎热干燥，冬季则温和多雨。例如，地中海沿岸的以色列、巴勒斯坦、黎巴嫩属于典型的地中海型气候。热带（亚热带）沙漠气候的特征是全年分为冬夏两季，全年炎热干燥少雨。例如，波斯湾沿岸的阿联酋、科威特、卡塔尔、巴林等国家属于典型的热带沙漠型气候。其他国家，例如沙特、土耳其、伊拉克、约旦等境内两种气候类型兼具。

（四）资源禀赋

中东地区以丰富的油气资源著称，号称“世界油库”。能源出口是大部分中东国家经济增长最重要的引擎，也是政府财政收入的主要来源。根据2018年发布的《BP世界能源统计年鉴》，截至2017年底，西亚北非地区石油储量约占世界总储量的47.8%。截至2016年底，西亚北非地区天然气储量约占世界总储量的41.8%。该地区主要油气资源分布统计见表1–3。

表1–3　西亚北非地区部分国家能源统计

国家	石油储量（十亿桶）	石油产量（千桶/日）	2016年底天然气储量（万亿立方米）	2017年天然气产量（十亿立方米）
沙特	266.2	11951	8.0	111.4
伊朗	157.2	4982	33.2	223.9
埃及	3.4	660	1.8	49
也门	3.0	52	0.3	0.7
伊拉克	148.8	4520	3.5	10.4
阿曼	5.4	971	0.7	32.3
叙利亚	2.5	25	0.3	3.1
阿联酋	97.8	3935	5.9	60.4
科威特	101.5	3025	1.7	17.4
以色列	—	—	0.2	—
卡塔尔	25.2	1916	24.9	175.7
巴林	—	—	0.2	15.1

注：“—”表示未获取相关资料。
资料来源：《BP世界能源统计年鉴》

除油气资源外，中东地区矿产资源、水资源、农业资源等其他资源也较为丰富。然而，资源在各国家分布不均，资源禀赋差异性较大。例如，土耳其的矿产资源极其丰富，但油气资源十分匮乏。也门、阿曼尽管油气资源丰富，但水资源极度匮乏。以色列、约旦的油气资源、淡水资源均较为匮乏。黎巴嫩矿产资源较少，农业资源却较为丰富，同时，尽管已经证明存在储量巨大的油气资源，但尚未大规模开采。西亚北非十六国资源禀赋基本情况见表1–4。

表1–4　西亚北非十六国资源禀赋

国家	主要资源禀赋
沙特	油气资源：沙特石油和天然气资源丰富。沙特是名副其实的“石油王国”，石油储量和产量均居世界首位，使其成为世界上最富裕的国家之一。沙特石油剩余可采储量为363亿吨，占世界储量的26%，居世界首位；天然气剩余可采储量为8.2万亿立方米，占世界储量的4.1%，居世界第四位 水资源：淡水资源丰富 矿产资源：沙特还有金、铜、铁、锡、铝、锌等矿藏 其他资源：沙特是世界上最大的淡化海水生产国，其海水淡化量占世界总量的20%左右。但是沙特森林覆盖率很低，林地面积只占全部土地的1.4%
伊朗	油气资源：为世界石油天然气大国，地处世界石油天然气最丰富的中东地区，石油出口是其经济命脉，石油生产能力和石油出口量分别位于世界第四位和第二位，是石油输出国组织成员。另外其他矿藏资源也十分丰富，可采量巨大 农耕资源：伊朗农耕资源丰富，全国可耕地面积超过5200万公顷，占其国土面积的30%以上，农业人口占总人口的43%，但农业机械化程度较低。近年来，伊朗政府高度重视、大力发展农业，目前粮食生产已实现90%自给自足
埃及	油气资源：是非洲地区重要的石油和天然气生产国，石油探明储量为44.5亿桶，天然气为2.19万亿立方米，分别位居非洲国家第五位和第四位 矿产资源：磷酸盐约70亿吨，铁矿6000万吨，此外还有锰、煤、金、锌、铬、银、钼、铜和滑石等
土耳其	矿产资源：矿产资源丰富，主要有天然石、大理石、硼矿、铬、钍和煤等，总值超过2万亿美元。其中，天然石和大理石储量占世界40%，品种数量均居世界第一；三氧化二硼储量7000万吨，价值3560亿美元；钍储量占全球总储量的22%；铬矿储量1亿吨，居世界前列。此外，黄金、白银、煤储量分别为516吨、1100吨和155亿吨 油气资源：油气资源匮乏，需大量进口 水资源：土耳其河流资源丰富，湖泊众多，著名的底格里斯河和幼发拉底河均发源于该国境内 其他资源：森林资源丰富，面积为22万平方公里，森林覆盖率居中东国家之首。土耳其60%的国土适于农业耕种，而实际开垦只占20%

续表

国家	主要资源禀赋
也门	油气资源：目前已探明的石油可采储量约40亿桶，已探明天然气储量约5200万立方米 矿产资源：矿产资源较为丰富，金属矿主要有金、银、铅、锌等，非金属矿主要有石膏和无水石膏、建筑和装饰用石材、岩盐等。由于缺乏技术条件和经济落后，非石油矿产资源开发基本处于起步阶段 水资源：也门水资源紧张，主要依靠地下水
伊拉克	石油和天然气资源丰富。伊拉克的原油储量仅次于沙特和伊朗，位居世界第三，占世界储量的9.6%。天然气已探明可采储量为3.2万亿立方米，占全球总储量的2.4%
阿曼	油气资源：根据阿曼石油和天然气部对油田的最新评估勘探，截至2017年底，石油和凝析油总储量为47.4亿桶；天然气总储量为7.068千亿立方米 水资源：阿曼水资源匮乏，属于严重缺水的国家之一，未能形成良好的水电网络，国家经常面临缺水、缺电等问题 渔业资源：阿曼海域有一千多种海洋生物，海岸沿线共设有23个渔港，主要产沙丁鱼、金枪鱼、石斑鱼、马鲛鱼、墨鱼、带鱼、对虾、龙虾等。未来五年，阿曼计划推动年捕捞量增至150万吨 矿产资源：矿产资源有铜、铬、铁、锰、镁、煤矿等，尚未进行精确勘探和深度利用
叙利亚	油气资源和矿产资源较为丰富。叙利亚主要矿产资源包括石油、天然气、磷酸盐、岩盐、沥青、大理石等。已探明石油储量25亿吨，天然气储量3000亿立方米，磷酸盐储量18亿吨
约旦	约旦资源相对匮乏，水资源尤其缺乏。约旦只有少量的石油和天然气。截至目前已知的主要化石能源是油页岩，储量比较丰富但商业开采价值低 矿产资源：钾盐、磷酸盐、石材等是约旦具有出口优势的资源型产品
阿联酋	油气资源：阿联酋最重要的资源是石油和天然气，其中超过95%位于阿布扎比，目前已探明的石油储量为978亿桶，位居世界第七位。已探明的天然气储藏量为6.09万亿立方米，位居世界第七 水产资源：阿联酋的海域内水产资源丰富，沿海有珊瑚，盛产珍珠，还有丰富的渔业资源，已发现鱼类和海洋生物三千多种 农业资源：阿联酋的椰枣树超过4000万棵，每年产椰枣上百万吨，种类有一百二十多种
科威特	科威特石油和天然气储量丰富，南部的布尔干油田为世界最大油田之一。除开采石油外，现正开采丰富的海底气田。天然气储量为1.78亿立方米，占世界储量的1.1%，居世界第十八位
以色列	以色列自然资源比较贫乏，水资源极度匮乏。主要资源是死海中的钾盐、镁、溴等。近年，以色列在地中海海域连续发现了多个大型天然气田，目前已进入开发阶段
巴勒斯坦	油气资源：石油储量0.25亿吨，天然气4920亿立方米 矿产资源：煤1850亿吨，铁4.3亿吨，铝土7400万吨，还有大量的铬矿、大理石和宝石

续表

国家	主要资源禀赋
卡塔尔	卡塔尔自然资源以石油和天然气为主。据《BP世界能源统计年鉴》数据显示，卡塔尔天然气储量约24.7万亿立方米（截至2018年末），仅次于俄罗斯和伊朗，居世界第三位，约占全球份额的12.5%；原油储量列全球第十四位，探明储量约252亿桶，约占全球份额的1.5%
黎巴嫩	油气资源：已经证明黎巴嫩与塞浦路斯间海域有石油和天然气资源，该海域石油储量6.6亿～8.6亿桶，天然气储量达0.85万～2.55万亿立方米，但目前尚未大规模开采 矿产资源：黎巴嫩矿产极少，仅有铁、铅、铜、褐煤和沥青，储量少，开采也不多。制造业原料主要依赖进口 农业资源：黎巴嫩雪松木质坚硬，是世界四大雪松之一。但是数千年砍伐使雪松面积大量减少，现有雪松面积仅1700公顷，约占全国森林面积的2.83%。目前黎巴嫩全境已设立多个雪松自然保护区。境内果树品种繁多，有香蕉、柑橘、葡萄、油橄榄、柠檬、樱桃、杏、苹果、枣椰树等。黎巴嫩东部的贝卡谷地地势平坦，水资源丰富，土壤肥沃，被称为黎巴嫩的粮仓，大部分葡萄酒厂和葡萄种植园在此
巴林	石油和天然气是巴林最重要的自然资源，已探明石油储量2055万吨，天然气储量1182亿立方米。2018年4月，巴林政府宣布在西部海域发现储量达800亿桶的新油田，为巴林迄今为止发现的最大油田

资料来源：《对外投资合作国别（地区）指南》（2018版）各国分册

二 人口分布

(一) 人口规模及分布

西亚北非地区各国人口规模总体较小，人口分布较为集中，城镇化率较高，目前尚未有人口过亿的国家。该地区人口总数相对较多的国家是埃及、伊朗、土耳其、沙特等，而阿曼、阿联酋、科威特、以色列、巴勒斯坦、卡塔尔、黎巴嫩、巴林人口规模均不足千万，其中巴林人口仅有150万。各国人口高度集中在首都等大中城市。除埃及、以色列外，该地区各国人口普遍年轻化，0～14岁、14～65岁两个年龄段的人口占全国人口比重超过95%。部分国家男女比例失调，例如阿联酋、阿曼、卡塔尔。对于一些经受战乱的国家，例如叙利亚、也门、黎巴嫩、巴勒斯坦，人口增长缓慢甚至逐步减少，流落在外的难民和侨民逐年增多，而约旦近年来正是因为大批难民的涌入，人口规模快速增长。西亚北非地区的华人规模总体较小，在大多数国家不足万人，有些国家只有百余人。华人主要来自中资机构的外派人员，工作生活集中在该地区各国首都及大中城市。见表1–5。

表1–5 西亚北非十六国人口分布及特点

国家	人口总数	人口分布特点
沙特	3255万	年轻型国家，大部分集中在15～64岁，城镇化率高。沙特籍人口约2041万，外籍人口约1214万，沙特籍人口占比约为63%
伊朗	8202.1万	人口规模较大，人口密度高，男女比例平衡，年轻人口较多。从性别结构来看，男性人口约占比50.4%。伊朗城市人口占全国总人口的74.9%。目前在伊朗长期居住的华人约数百人，主要居住在德黑兰及其他大中城市
埃及	9630万	人口规模较大，增长迅速，分布集中，城镇化率较低。开罗省人口为970万人，吉萨省为880万人。人口增长率为2.3%。目前，在埃及华人总数约1万多人，主要集中于开罗、亚历山大、塞德港和艾因苏赫纳
土耳其	8081.05万	城镇化率高，人口老龄化现象初现。处于15～64岁劳动年龄之间的人口占67.9%， 0～14岁之间的人口占23.6%，65岁以上的人口占8.5%。土耳其人口最多的5个省（包括常住外国人）分别为：伊斯坦布尔省、安卡拉省、伊兹密尔省、布尔萨省、安塔利亚省。以上几个省份也是华人分布相对集中的地区
也门	2825万	是阿拉伯半岛人口最多的国家，城市人口和农村人口分别占总人口的64.2%和35.8%。除首都萨那外，人口集中的省份还有亚丁、塔兹、荷台达和伊卜
伊拉克	3827.5万	人口年轻化，主要由阿拉伯族、库尔德族、土库曼族、亚美尼亚族等组成。在伊拉克约有万余名中资企业人员，主要集中在南部巴士拉、米桑、瓦西特、济加尔、穆萨纳和北部苏莱曼尼亚和埃尔比勒等省
阿曼	465.9万	人口年轻化，城镇化率高，男女比例失调。本国人口256.4万，占55%；外来人口209.4万，占45%。男性占比66%，女性占比34%。中资机构成建制外派人员近3700人，其他华人华侨总数逾6000人。华人大多工作生活在首都马斯喀特及周边地区
叙利亚	1827万	主要集中在大马士革、阿勒坡、霍姆斯、拉塔基亚、哈马、塔尔图斯等大城市。由于连年战乱导致人道主义危机和难民逃亡，近年来叙利亚人口逐步减少，城市和农村人口分别占58.5%和41.5%。阿拉伯人占叙利亚总人口的80%以上
约旦	1001万	约旦人口共700万，首都安曼人口达400万。其他国籍的人口达300万，占总人口的30%。近年约旦人口增加较快的一个重要因素是周边地区战乱和冲突不断，大批难民涌入约旦。目前，约旦当地常住华人华侨约300人，主要在首都安曼、亚喀巴特区和省会城市，从事餐饮业、批发零售业、农业种植和旅游服务

续表

国家	人口总数	人口分布特点
阿联酋	940万	人口规模小，城镇化率高，男女比例失调。其中男性681万，女性259万。本国人口占人口总数的11.5%；外籍人占88.5%，主要来自印度、巴基斯坦、埃及、叙利亚、巴勒斯坦等国
科威特	408万	人口规模相对小，人口密度大，城镇化率高。其中，科威特籍127万人，占总人口的31.1%；外籍人口281.3万人，占总人口的68.9%。科威特城人口约51万人
以色列	883.47万	人口规模较小，人口密度高，呈现老龄化现象。犹太人口为659万（占74.5%）；阿拉伯人口为185万（占20.9%）；其他人口约40万（占4.6%）。65岁以上老人占比11.7%
巴勒斯坦	510万	加沙地区有220万人，约旦河西岸有290万人，并有超过600万在外的难民和侨民。巴勒斯坦主要民族是阿拉伯人和犹太人，阿拉伯人是该地区的主要居民
卡塔尔	270万	城镇化率极高，性别比例严重失调。男性居民近202万，女性居民超过68万；城镇人口占总人口比重为99.34%，农村人口所占比重仅为0.76%。约40%的卡塔尔人口集中在首都多哈行政区范围内
黎巴嫩	623万	约一半人口集中在贝鲁特和黎巴嫩山两省，另一半分布在其他6省。由于民族特性和多年内战，黎巴嫩是世界上鲜有的国外黎巴嫩裔人口多于国内人口的国家
巴林	150万	巴林籍人口67.7万，约占45%；外籍人口82.3万，约占55%。全国人口接近一半居住在首都麦纳麦。巴林华人约4000人，主要居住在首都麦纳麦及迪亚—穆哈拉克巴林龙城附近区域

注：巴勒斯坦人口情况为2015年数据。
资料来源：《对外投资合作国别（地区）指南》（2018版）各国分册

（二）人口增速

近年来，西亚北非地区大部分国家人口处于稳步缓慢增长中，个别国家由于战乱，人口出现负增长。阿曼是目前十六国之中人口增速最快的国家，除2017年外，人口增速均超过5%。巴林自2013年起，人口增速不断加快，从2013年的1.16%上升至2017年的4.62%。然而除巴林、阿曼外，大部分国家人口增速放缓，介于1%～2%之间。其中，阿联酋、卡塔尔、黎巴嫩人口增速下降显著，2010年卡塔尔人口增速高达11.22%，之后逐步下降至2017年的2.67%。叙利亚由于连年战争，人口增长不断减少，甚至出现了负增长。见表1-6。

表1-6　西亚北非十六国人口增速

国家	2010	2011	2012	2013	2014	2015	2016	2017
沙特	2.83	2.92	2.96	2.91	2.74	2.50	2.25	2.03
伊朗	1.19	1.23	1.27	1.28	1.25	1.20	1.15	1.10
埃及	1.97	2.11	2.21	2.25	2.21	2.12	2.02	1.93
土耳其	1.47	1.67	1.81	1.83	1.71	1.48	1.59	1.55
也门	2.71	2.70	2.68	2.64	2.59	2.52	2.45	2.39
伊拉克	2.86	3.09	3.25	3.32	3.26	3.12	2.97	2.84
阿曼	5.35	6.24	6.79	6.88	6.50	5.86	5.22	4.67
叙利亚	0.93	–0.74	–2.15	–3.04	–3.11	–2.47	–1.64	–0.88
约旦	5.16	5.32	5.37	5.13	4.60	3.90	3.19	2.57
阿联酋	7.59	4.74	2.59	1.18	0.71	0.92	1.25	1.40
科威特	6.16	6.24	6.21	5.80	4.99	3.97	2.92	2.05
以色列	1.83	1.85	1.85	1.87	1.92	1.98	1.96	1.94
卡塔尔	11.22	9.25	7.76	6.47	5.36	4.41	3.50	2.67
黎巴嫩	3.61	5.63	6.91	7.06	6.02	4.33	2.62	1.25
巴林	4.60	2.97	1.70	1.16	1.58	2.62	3.81	4.62

注：巴勒斯坦数据缺失。
资料来源：世界银行

三　社会文化

宗教在西亚北非地区国家的生活中占有极其重要的地位，国家的社会活动、风俗习惯都直接或间接地受宗教信仰的影响。西亚北非地区历史文化悠久，古埃及文明、两河流域文明及伊朗文明等都发源于此。东西方文化在这里频繁交流，多种民族在这里汇聚。大多数居民信仰伊斯兰教，少数居民信仰基督教、犹太教和其他宗教。特别提醒中国企业在西亚北非地区开展经贸合作，一定要尊重民族、宗教习惯，遵循当地社会风俗。

(一) 民族、语言及宗教

从民族来看，西亚北非十六国只有伊朗（波斯人）、以色列（犹太人）、土耳其（土耳其族）三国属于非阿拉伯国家。这一地区大多数居民信仰伊斯兰教，少数居民信仰基督教、犹太教和其他宗教，其中官方语言大多是阿拉伯语，商界通用英语。

尽管西亚北非十六国大多数居民信仰伊斯兰教，但宗教信仰也有派别之分。比如，逊尼派、什叶派等。黎巴嫩的情况则比较复杂，全部人口中穆斯林约占60%，基督教徒约占40%。

（二）社会习俗

西亚北非地区国家的社会习俗带有浓厚的宗教色彩，教规渗透到社会生活的各个方面。西亚北非地区人民热情真诚，但待人接物和饮食方面都有一些习俗和禁忌，如穆斯林禁食猪肉，不饮酒。忌讳用左手递送物品，对女性衣着、男女之间的接触有严格规定，对进入宗教设施（清真寺）有严格规定。每年的斋月（伊斯兰教历9月）从日出到日落期间禁食任何食物及喝水，作息时间与平时有很大不同，政府工作时间缩短，办事效率较低。斋月期间，中国企业要注意与合作伙伴协调好时间。

（三）科教及医疗

西亚北非地区科教医疗水平总体处于全球中等偏上水平，但也因国家经济水平、社会稳定程度和国家投入的不同，存在较大差异。其中，以色列、沙特、约旦、黎巴嫩、巴林等教育普及率、劳动力素质较高，特别是以色列科技发展水平较高。然而，也门、叙利亚、埃及等社会动荡国家处于全球落后水平。绝大部分国家实行国民免费医疗，土耳其、科威特、以色列等国家医疗卫生条件较好。

（四）社会治安

政权更迭、频发的恐怖袭击、复杂的宗教习俗导致西亚北非地区总体社会治安状况欠佳，中资企业遭遇抢劫或被盗事件时有发生。针对西亚北非地区存在复杂多样的安全风险，企业在开展投资合作前需做足前期考察，提高安全防范意识以及完善安全保护机制。公民个人应增强法律意识，增强自救能力，积极融入当地社会等。

四 政治局势

长期以来，西亚北非地区民族、宗教、权利与资源争夺等各种矛盾交互交织，加上域外大国干预，导致该地区局势一直处于错综复杂、动荡不安的状态。除部分海湾国家政局相对稳定外，大部分中东国家政治局势都面临各种不确定因素，政权更迭、地区冲突、军事政变、区域内大国博弈、恐怖主义等各种风险事件接连不断。近年来，中东地区的武装冲突主要包括叙利亚内战、也门内战、对极端主义“伊斯兰国”的围剿、巴以冲突等。因此，尽管中东地区能源矿产、基础设施等领域存在大量投资机遇，但是中国企业不得不面对政治风险较高、安全问题严峻等问题，有效进行风险防范是开展投资合作的重要前提。见表1–7。

表1–7 西亚北非十六国政治局势

国家	政治局势	政治风险
沙特	政治局势长期保持稳定，经济增长较快	较低
伊朗	国内政局总体稳定，但不稳定因素始终未能彻底消除。西方国家恢复对伊朗多重经济制裁、伊朗国内的党派斗争使得未来伊朗政局存在较大不确定性。经济制裁也给中伊贸易特别是能源贸易增加较大阻力	中等
埃及	自2011年埃及发生抗议活动以来，埃及国内政局始终处于动荡状态。混乱和未知的政治局势降低了国外投资者的投资信心和期待，增加投资者的安全成本。同时，政局的混乱带来埃及经济金融政策的变化。这在一定程度上影响了中国对埃及的贸易和投资选择	中等
土耳其	政局稳定受到威胁。执政党与反对党之间分歧比较严重，斗争激烈。复杂的军政关系威胁国内政局的稳定。此外，库尔德问题至今悬而未决，威胁着国家安全	中等
也门	自2015年以来，该国陷入错综复杂的内战，叛乱的胡塞组织与政府军开战，后者获沙特牵头的联军支持，而“伊斯兰国”和阿盖达组织亦乘虚而入。长期内战导致也门出现饥荒及人道危机	高
伊拉克	目前，伊拉克国内维持着脆弱的稳定，长期来看，该国由教派、种族和部落相交织的矛盾以及地区和国际外部环境，可能导致伊拉克动荡长期化、常态化和复杂化。“伊斯兰国”还控制着部分领土，国内安全形势不容乐观	较高

续表

国家	政治局势	政治风险
阿曼	阿曼政治局势稳定，社会秩序井然，法律体系健全，经济相对发达	较低
叙利亚	自2011年以来，叙利亚政府和反对派之间的冲突不断升级，最终演变成了武装冲突。自2012年起，大量的叙利亚人民为躲避战争变成了国际难民。叙利亚的大片土地一度被极端武装势力“伊斯兰国”控制，局势一片混乱	高
约旦	长期以来，约旦社会较为稳定，但也存在贫困、失业、难民等经济、社会问题。叙利亚难民不断涌入，给约旦带来较大安全压力，但约旦长期保持政局稳定，享有“中东和平绿洲”的美誉	较低
阿联酋	阿联酋国内政局长期稳定，社会治安良好，尤其在地区动荡爆发以来，阿联酋已经成为地区资金流、物流的避风港，其地区性贸易、金融、物流枢纽的地位进一步增强	较低
科威特	科威特政局基本保持稳定。2013年埃米尔宣布维护现行体制，巩固其地位与王室权力，采取一系列惠民措施缓和社会矛盾，保持政局稳定，实现社会的良性运转	较低
以色列	以色列国内政局总体比较稳定	较低
巴勒斯坦	巴勒斯坦长期饱受战乱	高
卡塔尔	卡塔尔政治稳定、社会治安状况良好，不存在反政府武装，被评为中东地区经济前景最稳定国家之一	较低
黎巴嫩	1975年内战爆发前的黎巴嫩曾被称为“东方小巴黎”，然而经过长达十五年的内战和以色列的入侵以及之后不断的局部冲突，政治局势不太稳定	中等
巴林	巴林目前政局稳定，法律较为健全，社会治安良好，市场自由开放，金融行业发达，营商环境便利	较低

资料来源：作者整理

第二章

基础设施条件与规划

西亚北非地区由于常年遭受战乱和政治冲突的威胁，基础设施建设相对滞后，对交通、通信、住房等方面的基础设施建设需求较大。总体来看，西亚北非十六国基础设施情况大体可以分为3类：基础设施相对健全的国家，包括沙特、土耳其、卡塔尔、阿联酋、巴林、科威特与阿曼；基础设施不完善的国家，包括伊朗、以色列、约旦、伊拉克；基础设施较为落后的国家，包括也门、埃及、叙利亚、黎巴嫩。

“一带一路”倡议提出后，基础设施建设已成为中国与西亚北非地区合作的重要领域。基础设施建设对西亚北非地区经济发展可发挥重要的拉动作用，有助于打破当地经济社会发展的瓶颈，推进区域间贸易与投资发展，且具有较高的溢出效应。

一　交通运输

西亚北非地区交通运输主要依靠公路和港口，铁路建设、维护和更新面临严重不足，部分国家甚至目前尚无铁路，并且较多规划中的项目由于政府财政困难一再推后，基础设施建设面临较大资金缺口。

沙特

公路交通是沙特的主要运输方式。沙特道路总长19.3万公里，其中公路总里程为5.5万公里，国际公路网与约旦、也门、科威特、卡塔尔、阿联酋、巴林等国相通。

沙特现有铁路是利雅得—达曼铁路，全长590公里。正在建设的有南北铁路，全长2400公里。规划建设麦加、吉达、拉比格、麦地那等城市间的朝觐铁路。2017年，利雅得至哈伊勒客运铁路开通，并计划延伸至约旦边境。

沙特共有27个机场，其中4个国际机场、6个地区机场、17个本地机场。从中国去往沙特的航线有：沙特航空经营的利雅得—广州直航航线；中国国际航空公司或阿联酋航空经营的北京—迪拜航线，需转乘阿联酋航空、沙特航空、纳斯航空等运营的迪拜—利雅得或吉达航线。

水运方面，目前沙特各大港口总共拥有183个泊位。年总吞吐量达到1.5亿吨。沙特现有港口主要分布在红海沿岸和阿拉伯海湾沿岸，分别为：西海岸的吉达港、吉赞港、延布港；东海岸的达曼港、朱拜勒港、拉斯坦努拉港以及在建的扎瓦尔港。

伊朗

伊朗交通基础设施发展程度不高，但与周边国家互连情况较好。中国企业在伊朗交通运输行业有较好的口碑，伊朗境内的许多基础建设都有中国企业参与。其中，首都德黑兰的地铁工程即是中国企业承建并完成建设的。2018年以来，受美国重启对伊朗制裁的影响，伊朗的空运、航运均受到较大影响。

据伊朗央行2017—2018年报显示，伊朗公路总里程为8.8万公里，其中高速公路2401公里。伊朗高速公路建设相对滞后，伊朗道路与城市发展部正加快推动多个高速公路项目，如121公里长的德黑兰北部高速公路，预计六五规划（2016—2021年）末伊朗高速通车里程将超过7000公里。

伊朗和邻国公路连接情况较好，与土库曼斯坦、阿富汗、巴基斯坦、伊拉克、土耳其、亚美尼亚、阿塞拜疆均已有公路相连接，陆路运输便捷。目前印度在阿富汗境内建设迪拉纳姆—扎兰吉公路，未来将连接至伊朗恰巴哈尔港。

铁路方面，根据伊朗央行2017—2018年报，伊朗铁路总里程为11061公里，铁路网以德黑兰为中心向周边辐射，连接主要城市马什哈德、大不里士、伊斯法罕、阿瓦士、阿巴斯港等。

城市轨道交通方面，为缓解城市交通拥堵、空气污染，伊朗正在大力推进城市地铁建设。目前德黑兰1、2、4号线，德黑兰5号线（德黑兰—卡拉季城铁线），马什哈德1、2号线，伊斯法罕1号线和大不里士1号线，以及设拉子1号线已经开始运营；库姆、阿瓦士、卡拉季等城市也在推动地铁线、城郊铁路建设。

空运方面，伊朗机场公司管理伊朗54个机场，其中国际航空港13个（主要在德黑兰、马什哈德、伊斯法罕、设拉子、大不里士、库姆、阿瓦士、阿拉克、阿巴斯港、基什岛和格什姆岛）。伊朗政府还计划对德黑兰霍梅尼国际机场、德黑兰梅赫拉巴德国际机场、马什哈德国际机场进行扩建。因受制裁影响，伊朗难以购买西方科技及产品，在运营客机都很老旧。

中国公民前往伊朗的主要航线为：北京—乌鲁木齐—德黑兰（中国南方航空），北京—迪拜—德黑兰（阿联酋航空），北京（上海、广州）—德黑兰（伊朗马汉航空），北京—多哈—德黑兰（卡塔尔航空），北京—伊斯坦布尔—德黑兰（土耳其航空）。

水运方面，伊朗北接里海，南临波斯湾、印度洋，主要海港集中在波斯湾，如阿巴斯港、霍梅尼港、布什尔港和阿赛卢耶港等，伊朗在里海的主要港口为安扎里港，伊朗已在波斯湾外新建了恰巴哈尔港。随着美国退出伊核协议宣布重启对伊朗制裁，丹麦马士基、托姆等企业将不停靠伊朗港口，韩国高丽海运、法国达飞等航运公司已停止承接伊朗业务新订单。

埃及

埃及是西亚北非地区现代化进程起步较早的国家，也是工业体系较为完备的国家，基础设施建设有着较长的历史。2014年塞西当选总统之后，将政府投资主导大规模基础设施建设作为拉动经济增长的重要手段。埃及政府正考虑成立主权基金来资助国家项目建设（包括道路、住房、社会保障、贫民窟改造以及建造新城等）。

埃及拥有较为完善的公路交通运输体系，公路交通是埃及居民最主要的出行方式，埃及约有94%的货物运输是通过公路运输完成。然而，近年来埃及汽车数量增长迅速，交通秩序比较混乱，道路管理不善，事故频发，道路基础设施及交通管理水平亟须加强。

铁路方面，埃及是世界上较早进行铁路建设的国家，埃及国家铁路局运营的干线线路仅有40%左右为双线，约60%的铁路仍旧为单线客货混合的铁路，整个铁路系统设备陈旧，运输效率低下，亟待改进提高。埃及计划对既有铁路线路进行升级改造，此外还计划修建高速铁路。

空运方面，埃及开罗国际机场是非洲地区第二繁忙的机场，2009年机场第3航站楼投入使用，2017年第2航站楼投入使用，大大增加了机场的旅客运送能力。埃航已开通了开罗至北京和广州的直飞航线。

水运方面，埃及境内的尼罗河可以全线通航，加上灌溉用的河渠，可通航水道总长约3000公里，但利用率不高。沟通地中海和红海的苏伊士运河长190.25公里，是世界上最重要和最繁忙的运河之一，全世界10%的海运贸易需经过苏伊士运河。2015年，新运河的扩建工作顺利完成。围绕苏伊士运河，埃及提出苏伊士运河经济区建设这一宏大的国家项目，其中包括诸多领域的基础设施建设项目，如道路、管道及隧道等。

埃及主要港口有位于地中海的亚历山大港、塞得港、杜姆亚特港和位于红海的苏伊士港、艾因苏赫纳港、塞法杰港。亚历山大港是埃及最大港口。近年来，埃及港口建设不断发展，吞吐能力逐年增加，长期困扰埃及港口的压港问题已基本得到解决。埃及还拟加大港口建设，将港口的货物吞吐能力由目前的2.3亿吨增至3.7亿吨（至2030年），其中重点建设的港口是塞得港和亚历山大港。围绕港口建设，还有大量相应的基础设施建设逐步展开。

土耳其

土耳其交通运输集中于陆路运输。近年来，土耳其公路网络得到迅猛发展，截至2018年底，公路总长达24.43万公里。土耳其还发展了欧洲最大的公路运输车队之一。目前，土耳其95%的乘客和90%的货物都是通过公路来运输的。

铁路方面，目前土耳其90%的铁路线属于单行线；75%的铁路线属于非电力和无信号线。其中，30%的铁路线服务期超过27年，而且处于闲置状态，维护和更新严重不足。近年来，土耳其政府大力抓铁路建设，计划通过铁路将沿海港口与一些重要省份实现连接。

空运方面，土耳其现有55个民用机场，其中23个向国际航班开放。土耳其航空公司是欧洲发展最快的航空公司之一，其运输量和运输能力的增长在欧洲名列前茅。

除土耳其航空开通的伊斯坦布尔与北京、上海、广州、中国香港之间的往返航班之外，还有中国南方航空公司运营的北京与伊斯坦布尔之间的往返航班。

土耳其北、西、南三面被黑海、马尔马拉海、爱琴海和地中海所环绕，还有达达尼尔海峡和博斯普鲁斯海峡，海岸线长达数千公里，这使其海上运输颇具竞争优势。

也门

也门交通基础设施较为薄弱，全国没有铁路，航运承载量也比较有限。也门共有6个国际机场，最主要的机场为萨那机场和亚丁机场。机场设施普遍落后。也门航空是也门唯一的国有航空公司，但其直接通航的国际航线不多，主要集中在阿拉伯半岛和欧洲、非洲以及亚洲的部分国家。

2010年6月7日，中国与也门之间首次开通也门首都萨那市和广州市之间的直达航班。之前，中国到也门通常经阿联酋迪拜或者卡塔尔多哈转机到也门首都萨那或亚丁。2011年受也门国内局势影响，也门航空公司飞广州航班停飞。

也门计划修建一条连接南部港口城市亚丁和沙特的高速公路，全长710公里，是也门有史以来最大的基础设施项目之一，世界银行为该项目提供了1.34亿美元的资金，沙特发展基金也为该项目的南部亚丁段提供了3.2亿美元的资金。

也门共有7个港口。亚丁港是世界闻名的天然良港，有30个泊位，可停靠万吨级货轮；荷台达港位于红海的战略要地，是进出口货物港，也门一半的进出口干货在此卸货，年吞吐量150万吨，其所在地的陆地运输可通往萨那和其他海湾国家；穆卡拉港是也门第三大海港，由于其战略位置突出，具有较长的国际贸易史，特别是与海湾国家和远东地区的贸易，是石油和天然气出口终端的门户以及渔业中心，可通往渔业、石油、天然气、矿产资源产地。

伊拉克

伊拉克基础设施建设因战争遭受严重破坏，发展步履维艰，较为落后，国内交通运输以公路为主。市政基础设施、交通运输、通信是伊拉克政府优先发展的行业。

伊拉克国内交通运输以公路为主。公路网遍布全国，总长5.96万公里，多数建于1991年之前。海湾战争中伊拉克公路遭受严重破坏，战后多数得到修复，但一些路段路况较差。伊拉克公路可通往土耳其、叙利亚、约旦及科威特等国。

铁路方面，伊拉克国内铁路总长2272公里，包括3条主干线：巴格达—基尔库克—埃尔比勒线、巴格达—摩苏尔—土耳其线和巴格达—乌姆盖茨尔线。大部分铁路为单线铁路，实际运营速度不足100公里/小时。历经连年的战乱和国际制裁，伊拉克火车线路大部分被损毁。尽管伊拉克的轨道交通在2009年底已基本恢复，但安全难以保障、沿线站点不健全、延误等因素，严重制约了轨道交通的发展。

空运方面，截至2013年，伊拉克共有102个机场。目前巴格达有飞往迪拜、安曼、开罗、伊斯坦布尔、阿布扎比、多哈、法兰克福等城市的国际航线。伊拉克航空公司已于2015年开通巴格达、巴士拉与广州、北京间的直航航线。

水运方面，伊拉克有水运航道5279公里。伊拉克港口主要包括乌姆盖茨尔港、祖拜尔港、巴士拉港等。港口设备老化、运力不足，成为制约伊拉克战后重建及经济发展的瓶颈之一。

阿曼

阿曼的基础设施比较完善，交通运输成本低，城市化程度高，互联网普及率高，非常利于投资活动。同时，阿曼还是非常重要的陆上枢纽和战略性港口。但值得注意的是，阿曼水资源匮乏，属于严重缺水的国家之一，未能形成良好的水电网络，国家经常面临缺水、缺电等问题。

公路运输是阿曼境内最主要和最便利的运输方式。截至2018年底，阿曼柏油公路总长度为6.4万公里。首都马斯喀特至南部萨拉拉的公路长一千多公里，是阿曼境内最长的公路。阿曼境内第一条高速公路（苏尔至古里亚特）于2009年建成。

铁路方面，阿曼目前无铁路，但连通科威特、巴林、沙特、卡塔尔、阿联酋、阿曼的海湾国家铁路网筹划已久。

空运方面，阿曼境内现有2个国际机场。一个是2018年3月20日开放的新马斯喀特国际机场，另一个是萨拉拉机场。阿曼航空每周提供154个航班，其中马斯喀特至广州直航航线开通于2016年12月，每周四个班次。

阿曼主要的港口有苏丹卡布斯港、萨拉拉港、苏哈尔港和杜库姆港。其中，苏丹卡布斯港位于首都马斯喀特，港口拥有先进的装卸设备，是阿曼最重要的进出口口岸，也是最为繁忙的港口。近年来，随着阿曼经济的快速发展，进出口货物大量增加，该港口的装卸能力、货场面积已不能满足市场的需要。为调整国内产业布局，促进旅游业发展，阿曼内阁2011年决定将苏丹卡布斯港转型为旅游港，其原有商业功能过渡到北部的苏哈尔港。

叙利亚

叙利亚公路总长69873公里，不仅连接国内各城市乡镇，还直通伊斯坦布尔、安曼、黎巴嫩、的黎波里和利雅得。

铁路方面，由于当地反政府武装曾针对铁路进行了破坏行动，2011年后铁路总长较此前有所下降。世界银行数据显示，截至2015年，叙利亚铁路总长2139公里。

空运方面，叙利亚共有26个铺设跑道的机场，较大的5个机场分别位于大马士革、阿勒坡、拉塔基亚、德尔祖尔和帕尔米拉，其中大马士革和阿勒坡的机场为国际机场。中国至叙利亚主要航线有北京—阿联酋—大马士革、北京—多哈—大马士革。由于叙利亚危机，绝大部分航空公司已取消叙利亚航线。目前叙利亚仅有叙利亚航空仍在经营大马士革飞往开罗、德黑兰、莫斯科、迪拜等少数几条国际航线。

水运方面，叙利亚有3个主要港口：塔尔图斯、拉塔基亚和巴尼亚斯，分别位于叙利亚地中海沿岸的北部、西部和中部。

约旦

约旦的交通基础设施状况良好，以公路运输为主。政府注重道路建设，高等级公路贯穿南北与东西12个省，具备连接城乡的全国公路网络，以及连接伊拉克、叙利亚、沙特和以色列等邻国的国际公路网络。据约旦统计局数据，截至2018年底，全国公路总长7377公里，注册车辆150万辆，年运输量952万吨。

铁路方面，目前约旦境内铁路总长730公里，系20世纪初殖民时期修建，多数老化，失去运载能力，在约旦交通中发挥作用较小。目前，约旦尚无地铁及城铁等轨道交通。

空运方面，约旦主要有三大机场：位于安曼的阿丽娅王后国际机场、安曼马尔卡国际机场和亚喀巴国际机场。约旦与欧美大国，以及埃及、以色列、阿联酋、卡塔尔等周边主要国家均有直飞航线。目前尚无从北京到安曼的直航，但可从海湾、欧洲等多国中转。

水运方面，亚喀巴港是约旦唯一的出海口，也是进出口贸易集散中心，拥有集装箱码头和散装码头，设置22个深水泊位，固定航线29条，分别通往全世界除西非海岸及南美西部海岸的两百多个港口。港口配套有酒店、医院、购物中心等设施。

阿联酋

阿联酋公路网发达，公路交通十分便利，在世界竞争力报告中，阿联酋道路质量排名全球首位。境内公路网完备，迪拜酋长国建有中东地区最先进、最完善的轻轨铁路系统，分为红、绿、紫、蓝四条线路，全长318公里。2003年，阿联酋公共工程部开始实施一项投资1.5亿迪拉姆的国家公路网工程，将所有酋长国的高速公路连接成网，并与沙特、阿曼公路相连。现各酋长国之间均有现代化高速公路相连。

铁路方面，阿联酋铁路以货运为主。阿联酋已启动了总投资约110亿美元、全长约一千二百多公里的联邦铁路项目，最初预计2018年完工，但目前进展落后于计划工期。2013年，阿布扎比推出城轨项目，目前该项目也处于停滞状态。

空运方面，阿联酋现有机场21个，其中国际机场7个。中国国内有多个航班可飞往阿联酋的阿布扎比和迪拜等地区。

港口方面，阿联酋共有16个现代化的港口，其中9个港口具有集装箱货运码头、仓储及其他十分先进的设施。全国港口泊位超过200个，其中80%的泊位在阿布扎比酋长国和迪拜酋长国港口。

科威特

科威特国家虽小，但财力雄厚，机场、码头、高速公路、水电和通信等基础设施比较好。然而，随着经济的发展、人口的增加，交通、住房和医疗等问题越来越突出，政府正加大力度，实施众多基础设施建设项目。

科威特公路交通运输发达。根据科威特中央统计局统计，截至2017年，全国铺装路面总长7757公里，其中高速公路约300公里。科威特汽车保有量为208万辆。

铁路方面，科威特境内目前没有铁路。“五年经济发展计划”确立了科威特地铁项目，该项目由两个阶段组成，第一阶段铺设245公里，连接到伊拉克和沙特边境；第二阶段铺设171公里，连接科威特城和国内其他地区。

空运方面，科威特有2个国际民用机场，2个军用机场。科威特国际机场距科威特城市中心16.5公里，全天候运营，有两条长3公里的跑道。目前，中国与科威特之间没有直航，航班需要在迪拜、阿布扎比或者多哈等地中转。

水运方面，科威特的石油和碳氢产品从艾哈迈迪、阿卜杜拉、祖尔和舒埃巴4个港口出口，非石油产品进出口则集中在舒威赫、舒埃巴2个港口。

以色列

以色列陆海空运输业发达，其中陆路运输的货物占总运量的一半，海运和航空运输各占四分之一。

公路方面，全国有四十多条高速公路，公路网四通八达，有多条国家级公路、城际公路、地区公路和其他公路。2012年，以色列全国公路总里程超过18697公里。

铁路方面，以色列境内铁路北起海滨城市纳哈里亚，南至内盖夫沙漠城市迪莫纳，连通了以色列境内的主要城市。2016年铁路总里程达1340.11公里。以色列政府将发展先进的铁路系统作为其首要任务之一，目前已有多个高铁项目修建计划。

以色列境内现有轻轨一条，位于耶路撒冷市内，全长14公里，于2011年8月正式向公众开放。此外，特拉维夫市的轻轨系统正在规划和施工之中，总规划包括红线等5条轻轨线路和3条快速公交。

空运方面，以色列境内有3个国际机场，根据以色列交通部的规定，由航空管理局负责机场的维护、发展、运营和安全。北京—特拉维夫、上海—特拉维夫、广州—特拉维夫的直飞航线已分别于2016年4月、2017年9月和2018年8月正式开通。

水运方面，以色列主要有海法、阿什杜德、埃拉特3个海港。2017年货柜码头吞吐量为285.60万个国际标准箱。

巴勒斯坦

公路方面，约旦河西岸地区有各类公路3783公里。2000年以后，由于巴以爆发冲突，巴勒斯坦交通建设陷入停滞。2009年后，道路等基础设施建设有所恢复并得到一定发展。

巴勒斯坦民族权力机构管辖区内没有铁路，一切运输全靠公路、汽车完成。管辖区内有各类公路5146.9公里。

航空方面，巴勒斯坦于1996年组建民航机构，1998年10月加沙国际机场投入使用，并开通至埃及和约旦的航线。2000年巴以爆发冲突后，加沙机场跑道被以军摧毁。

卡塔尔

卡塔尔基础设施比较完备，拥有现代化的道路、机场、港口、通信、电力等基础设施，特别是港口基础设施质量高。同时，卡塔尔经常举办国际性会议、国际赛事，由此带来了许多基础设施投资建设的机遇。

公路方面，卡塔尔道路总长9830公里，其中干线公路总长1580公里，支线道路总长8250公里，初步形成覆盖全国的公路网。卡塔尔有高等级公路通往沙特，经沙特境内公路可至阿联酋。

铁路方面，目前卡塔尔境内没有铁路，卡塔尔计划修建约500公里铁路，作为海湾六国铁路联网的一部分。因财政预算问题，项目尚未启动。2019年5月，卡塔尔境内地铁项目一期红线南段已投入运营，全长40公里。另外，多哈的地铁和轻轨项目正在建设中，预计于2020年建成。

空运方面，目前，卡塔尔航空公司运营的国际航线已达到一百七十余条，与周边国家主要城市基本都有直达航班。卡塔尔哈马德国际机场于2014年投入使用，大幅提升了卡塔尔航空的客货运能力。目前卡塔尔航空公司有7条直达中国的航线，分别是多哈—北京、多哈—上海、多哈—广州、多哈—重庆、多哈—成都、多哈—杭州，以及多哈—香港航线。

水运方面，卡塔尔主要港口有哈马德港、多哈港、拉斯拉凡港和梅赛义德港。2017年9月哈马德港正式启用，哈马德港是卡塔尔2030远景规划重要内容，港口的启用对于保障卡塔尔商品物资供应、促进经济多元化发展具有重大意义，将直接或间接带动7亿美元投资。建成后的哈马德港是中东第一大港，作为该港主体工程的港池及内防波堤工程由中国港湾工程公司承建。

2017年9月，连接卡塔尔哈马德港与中国上海港间的新直航线路“中国海湾快线（上海—哈马德）”开通。该航线由阳明海运公司运营，每周一班，具有6000个集装箱的运输装载能力，途经宁波、高雄、厦门、蛇口、马来西亚巴生港，最终抵达哈马德港。

多哈港自2017年起停止进出商业船只，改为游轮港口。拉斯拉凡港是卡塔尔液化天然气出口专用港，梅赛义德港主要用于卡塔尔原油和石化产品出口。

黎巴嫩

20世纪长达15年的内战以及2006年夏天爆发的黎以冲突，对黎巴嫩基础设施造成巨大破坏。政府缺乏足够资金用于改善当地基础设施，因此大型基础设施建设多依赖于外国贷款和援助，特别是来自欧美发达国家的资金、设备及技术。为改善基础设施落后的现状，伴随着国内政局趋稳，黎巴嫩发展和重建委会同相关政府部门陆续推出一系列基础设施项目，为有意参与黎巴嫩发展与重建的中国投资者及承包商提供了机会。

公路方面，黎巴嫩公路总里程约7300公里，绝大部分公路可通行，其中高等级公路（准高速公路）约530公里。公路同邻国叙利亚相通。

铁路方面，黎巴嫩原有铁路402公里，其中标准轨铁路319公里，窄轨铁路82公里，后因战乱破坏而废弃至今。

空运方面，黎巴嫩共有7个机场，其中5个拥有机场跑道，2个是直升机机场，具体包括：贝鲁特国际机场、的黎波里货运机场和位于贝卡谷地北部的军用机场，以及其他4个不同用途的机场。贝鲁特国际机场已与世界上三十多家航空公司建立了业务联系，中国目前没有去往黎巴嫩的直航，可经迪拜、多哈、开罗、法兰克福、巴黎、莫斯科、布达佩斯等转机去往贝鲁特。

水运方面，黎巴嫩共有12个港口，其中贝鲁特港、的黎波里港和赛达港是主要港口。贝鲁特港是黎巴嫩货物进出口及转运的最主要港口，承担了本国货物进出口总量的八成以上，是黎巴嫩对外贸易的重要窗口。

巴林

巴林有比较完善的基础设施和配套设施，便利的公路、海运和航空系统，为投资提供了方便的环境。

首都和主要城镇有公路相连，公路交通便利。为缓解和改善日益拥挤的地面交通，巴林计划修建轻轨，已委托国际咨询顾问公司进行项目可行性论证。

巴林通过法赫德国王大桥连接沙特。此外，巴林和沙特之间第二座大桥——哈马德国王大桥项目已完成可行性研究。

巴林目前无铁路，海湾合作委员会第30届峰会规划修建连接海湾六国的铁路网项目，从科威特城延伸至马斯喀特，投资总额155亿美元。作为海湾合作委员会铁路网的一部分，巴林—沙特铁路桥预计长度约30公里。由于财政困难等原因，巴林段进度落后于海合会整体规划。

空运方面，巴林是连接东西方的空中交通枢纽，现有5个机场。位于穆哈拉克岛的巴林国际机场，飞机日均起落三百余架次，是中东地区繁忙的空港之一。巴林国际机场改扩建工程已于2016年2月动工，全部工程计划于2019年底前结束。届时，巴林国际机场将具有年接待旅客1400万人次的能力。此外，巴林将通过填海造地建设一座新机场，预计2024年开工。从中国到巴林的航线包括：北京（上海、广州、香港）—迪拜—巴林（阿联酋航空）、北京（上海、成都）—阿布扎比—巴林（阿提哈德航空）、香港—迪拜—巴林（国泰航空）。

水运方面，巴林的哈利法·本·萨勒曼港于2009年4月正式启动商业运营。此外，巴林还有米纳·萨勒曼港、穆哈拉克港，以及其他6个企业自有的专用码头。米纳·萨勒曼港曾是巴林最大的海港，自哈利法·本·萨勒曼港于2009年4月正式启用后，该港口就结束了国际商用运行，目前由国防部管理。

二 能源电力

伴随着人口快速增长、工业化和城市化进程，整个西亚北非地区的电力需求快速增长，电力项目逐渐成为该地区工程承包的热点。西亚北非地区大部分国家电力供应基本能够满足工农业生产和居民生活用电需求，同时可与周边国家实现跨境电网互联，中国企业投资设厂不需要自备发电设备。2011年海合会统一输电系统建成，成员国之间可在紧急用电时互送电力。然而，也门、伊拉克、黎巴嫩等局势动荡的国家，电力发展和供应较为落后，电力缺口大，不能满足国民基本需求。

值得注意的是，近年来西亚北非地区在大力发展煤电、水电等传统电力的同时，正积极转型，各国政府鼓励发展风能、太阳能甚至核能等清洁环保电力项目，寻求通过多元化保证能源安全，减少碳排放、降低发电对环境的影响。该地区将成为可再生能源的潜在市场。

沙特

沙特电力公司年电力销售2122.63亿千瓦时，装机容量为40858兆瓦，基本满足工农业生产和居民生活用电的需求。中国企业前往投资设厂无须自备发电设备。

沙特积极参与海合会六国电网互联互通项目。2011年，沙特与阿联酋之间实现了电网互联。此外，沙特正与埃及研究两国间架设3吉瓦输电线路，以利用用电高峰差错峰用电。

伊朗

目前，伊朗的电力领域需要多达500亿美元的投资，伊朗把发展电力工业作为国家的优先选择。伊朗总发电量达74000兆瓦，电力消费年增长约7%。据伊朗电力分析报告预测，2017年伊朗总装机容量为81.21吉瓦，其中火电、核电、水电和非水电可再生能源发电量分别占总装机容量的84.3%、1.1%、13.3%和1.3%。目前伊朗向土库曼斯坦、亚美尼亚、土耳其、阿塞拜疆、巴基斯坦、阿富汗、叙利亚和伊拉克输送电力，每年通过向邻国输出电力获利约10亿美元，每年输出电力约110亿千瓦时，而在夏季要引入39亿千瓦时电力。

中国企业在伊朗投资设厂不需要自备发电设备，部分铝厂出于经济考虑，需建设配套的燃气蒸汽联合循环电站。

埃及

埃及发电能力在非洲及中东地区已居首位，电网基本覆盖全境，能源结构主要以燃气为主，水电、风电和太阳能占比较小，目前尚无煤电和核电装机，但相关项目已在建或在探讨中。2018年，主要发电项目陆续竣工投运。装机容量继续大幅度增长，2017—2018财年，装机容量为54.45吉瓦，出现超过20吉瓦的富余。目前电力领域主要问题是输变电线路老旧，电网智能化水平较低，水泥、钢铁和化肥等高耗能产业用电有时仍会受限。削减能源补贴是埃及推行经济改革的重要议题之一，电价预计将逐步上涨。

埃及政府十分重视电力跨境电网建设，计划将埃及打造成覆盖北非、中东、南欧的电力出口和交易枢纽。见表2-1。

表2–1　埃及跨境电网项目情况

进度	电网名称	建成时间
已建成	埃及—利比亚电网	1998年5月
	埃及—约旦电网	1998年10月
	叙利亚—约旦电网	2000年3月
	叙利亚—黎巴嫩电网	2009年5月
在建	埃及—沙特电网（一期）	预计2019年
	埃及—苏丹电网	预计2020年
规划中	埃及—苏丹—乍得—中非—刚果（金）电网	—
	埃及—苏丹—埃塞俄比亚电网	—
	埃及—塞浦路斯—希腊海底输电线路	—

注：“—”表示未获取相关资料。
资料来源：中国驻埃及大使馆经商参处

土耳其

截至2018年6月，土耳其共有6886座发电厂，总装机容量达到8.71万兆瓦，其中天然气发电占28.5%，水电占22.4%，火电占36.4%，风电占6.3%。2018年，土耳其耗电量达3033亿千瓦时。为满足不断增长的用电需求，目前土耳其正在大力发展煤电和水电等传统电力，加速发展核电、太阳能、风力、地热等无污染电力。据土耳其输电公司估计，2009—2023年期间，土耳其电力需求将以每年6%的速度增长。

也门

也门的电力发展和供应非常落后，电力缺口大，不能满足国民基本生产生活需求。也门的电压为220V/230VAC，频率为60赫兹，多使用欧标插座（特别是宾馆酒店）。也门电力环境不好，电压不稳定，经常停电，有条件的单位或企业需自备发电系统以保证正常工作和生活需要。2012年国家电网覆盖率为53%，在农村地区覆盖率只有15%。目前也门正在加紧筹建几个重大电站，除完成400兆瓦马里卜天然气发电站一期工程外，其二期项目即将启动。此外也门还计划发展煤电（有意同中国公司合作）。世界银行数据显示，2014年也门人均电力消费216千瓦时。政府也鼓励发展风能、太阳能甚至核能等清洁环保电力项目，但目前都仅处于可行性研究阶段。

伊拉克

伊拉克电力严重缺乏，电网陈旧。公共电网是家庭和个人用电的主要供应渠道，但每天平均供电不足8小时。在夏季用电高峰，伊拉克用电需求约2.1万兆瓦，装机容量约1.4万兆瓦，供电能力仅约1万兆瓦。伊拉克需要从伊朗、土耳其等国进口电力。2018年1月发布的《伊拉克重建与投资》提出电力项目12个，包括5个火电站、7个太阳能电站。

阿曼

阿曼共有三大发电系统，分别是主电网系统、农网系统和萨拉拉电网系统；9家电力生产企业。截至2016年底，阿曼总装机容量达8165兆瓦，2016年全国发电总量为33600吉瓦时，用电量达30359吉瓦时，其中居民用电量为13995吉瓦时，商业用电量为6513吉瓦时，工业用电量为5153吉瓦时，政府用电量为3862吉瓦时。阿曼于2014年加入海湾阿拉伯国家合作委员会电网管理局，通过连通阿联酋马哈达电网实现与所有海湾国家的电网连通。

2017年，阿曼第一座风力电站投入建设，电站功率为50兆瓦。电站位于阿曼佐法尔省，建成后将大大节省燃油，并将极大方便农村地区用电。

叙利亚

叙利亚2012年电力总发电量约29480吉瓦时，总用电量约25700吉瓦时，总装机容量为8958兆瓦，进口电量达1234吉瓦时，未出口电量。世界银行数据显示，2014年叙利亚人均电力消费950千瓦时，截至2017年叙利亚平均用电普及率为89.64%，城市用电普及率达到100%，农村地区的普及率为77.7%。

约旦

约旦电力基本能够满足当地工农业发展的需求，根据约旦统计局数据，约旦的电力供应覆盖99.9%的人口。2018年，约旦发电总量为204.53亿千瓦时，用电总量为175.41亿千瓦时。其中，居民生活用电比重最大，占比45.4%；工业用电占22.4%，其他占32.2%。人均年用电量为1742.5千瓦时。

约旦与叙利亚、埃及、利比亚等周边国家实现电网互联互通。

阿联酋

阿联酋统管全国水电事务的主要机构是联邦水电局，但具体则由主要酋长国的有关机构分别负责。阿联酋2015年电力装机容量为28745兆瓦。近97%的电力生产以天然气为燃料，剩余的3%则使用石油、煤炭以及可再生能源。电网方面，2011年海合会统一输电系统建成，成员国之间可在紧急用电时互送电力。

为摆脱对天然气高度依赖的单一能源供应结构的风险，阿联酋努力通过发展太阳能、风能、清洁煤和核能等，加速实现能源结构多元化。

根据阿联酋能源发展规划，计划到2020年发电总量中核电占25%、可再生能源发电占7%，天然气发电占67%~70%，到2030年，可再生能源发电量占阿联酋总发电量的比重将超过10%。此外，迪拜提出到2030年其可再生能源发电占比将增至15%。

科威特

科威特目前拥有9个发电厂，2017年总发电量为727.9亿千瓦时，这些发电厂同时备有海水淡化设备，每年为科威特居民提供1304.6亿加仑的饮用水。发电厂的燃料既有天然气，也有石油。随着人口的不断增长和带有福利性质的低价政策的出台，科威特对电力与水的需求迅猛增长，在夏季电、水消耗更为突出，因为在这个季节，科威特的气温通常达到50摄氏度以上，居民不得不大量使用空调设备。

科威特科学研究院目前正在启动多项可再生能源项目，如发电能力为70兆瓦的沙加亚综合发电项目，并建议政府对可再生能源发电进行直接补贴，在2030年将可再生能源发电比例提升至15%。

以色列

以色列全部用电几乎都由国有企业——以色列电力公司提供。近年来，政府开始逐步开放电力行业，为私人电力生产商进入发电业提供一些优惠政策及资助。目前，政府批准的几家私营燃气电站及抽水蓄能电站已在招标建设过程中。政府的目标是将这个高度集中的行业分为下面几个部分：发电环节，能够形成自由竞争；输电环节，形成几家大企业自然垄断的局面；配电环节，可以实现地区垄断。居民用电的价格为每千瓦时0.64新谢克尔；商业部门用电价格为每千瓦时0.72新谢克尔。2015年，以色列总装机量为168.95亿瓦，总发电量为642.27亿千瓦时。

巴勒斯坦

目前尚无相关数据。

卡塔尔

卡塔尔电力基本全部来源于天然气热电站，2017年，全年发电量为455亿千瓦时，按照卡塔尔政府发展规划，至2018年全国发电装机容量应提升至13.1吉瓦。目前，为实现可持续发展目标和实施多元化经济发展战略，卡塔尔也在积极地探索光伏发电项目建设，正在实施的光伏发电项目将于2020年达到1.8吉瓦的发电能力，并力争在2030年实现可再生能源发电占总发电量20%的目标。

黎巴嫩

黎巴嫩电力由国家电力公司垄断，旗下拥有7座火电厂（理论总装机容量204万千瓦）、3座小型水电站（理论总装机容量22万千瓦）。目前，黎巴嫩实际发电功率约150万千瓦，高峰期实际需求功率250万千瓦以上，缺口超过100万千瓦。据黎巴嫩电力部统计，2016年底发电量为131.30亿千瓦时，2017年底发电量为125.62亿千瓦时。由于社会用电短缺，大部分单位和家庭都自备了小型燃油发电机。中资企业如前往投资需自备发电机。黎巴嫩电网同邻国叙利亚相连，其曾经购买埃及电力，并从叙利亚及约旦输送到国内。

受制于黎巴嫩政治、安全形势，政府规划的多个电力项目进展较为缓慢。叙利亚难民的大量涌入，再次加大了黎巴嫩用电需求，电力紧张问题更为突出。

巴林

全国共有发电厂3座，33千伏变电站10座，66千伏变电站114座，22千伏变电站21座，2017年发电量为15164吉瓦时。

三 网络通信

近年来，西亚北非十六国网络通信基础设施发展较快，特别是沙特、阿联酋、科威特、巴林等海湾国家网络通信较为发达，电话、互联网普及率较高。中国企业在不断拓展中东市场，助力该地区移动互联网事业的发展。例如，中国华为公司已经成为许多中东国家电信业设备主流供应商。目前，全球运营商都在关注5G发展，中东地区移动互联网市场前景广阔、空间巨大，预计到2025年该地区30%的移动连接都将在5G网络上开展。

沙特

沙特是阿拉伯地区最具竞争力的电信市场之一，电信行业年收入约183.54亿美元，全球排名第14位，中东地区排名第1位。随着沙特“智慧城市”规划不断实施，沙特电信领域联通工程规模持续增长，未来电信行业对技术和成本的要求越来越高。目前，沙特已为华为和中兴两家中资企业颁发了外商投资全营业许可证。

据沙特通讯署发布的统计显示，沙特2018年底移动用户达到4130万，普及率达126.9%；固定电话通信用户为312万，普及率为31.8%。2018年底，沙特拥有移动宽带用户2915万，固定宽带用户190万。

伊朗

2018年3月，伊朗国家IP网络总容量达到每秒6968千兆比特，较上年增长2.47%。过去十年，伊朗的国际互联网带宽从每秒6.05千兆比特增长至每秒1500千兆比特。2018年3月，伊朗使用移动互联网人数达到5324万人，较上年同期增长60.2%，普及率达到110%；伊朗移动运营商出售SIM卡数量1.69亿，目前8800万处于活跃状态。使用有线互联网的家庭数量达到1172.2万户，较上年增长24.6%。2018年3月，伊朗固定电话用户数量达到3094.4万，较上年增长1.4%。

埃及

埃及电信从2014年开始部署国家宽带。2014—2017年间，埃及电信通过覆盖全国的MSAN国家宽带项目部署，极大地改善了国家宽带的水平。当前埃及电信已实现100%全面提升全国的固网宽带的接入速度。上网速度由2014年的每线0.5兆带宽提升到每线16兆带宽。2016年10月埃及发放4G牌照。埃及中央公告动员与统计局近期报告称，2017年4月埃及高速网络用户达457万，比2016年4月的405万增长了12.84%；移动网络用户达3319万，比2016年4月的2608万增长27.26%。

土耳其

土耳其电话通信基础设施较发达，几乎村村通电话。目前固定电话服务业务主要由国家电信公司经营，移动通信服务商主要有3家，分别是Turkcell、Turk Telekom和Vodafone移动通信公司。截至2018年6月，土耳其拥有固定电话用户1149万户、移动电话用户7954万户。土耳其互联网络较成熟，宽带上网较普遍。截至2018年6月，互联网用户达到7176万。

也门

也门的通信设备基本依赖进口，市场上应用的通信设备和通信技术基本与国际同步。2017年，也门固定电话普及率为4.2%，移动电话普及率为54.36%。2016年也门每百人拥有4部固定电话，拥有60部手机。移动电话为GSM和CDMA网络并存，单向收费，可采用预付费与后付费两种付款方式。

也门互联网普及率处于低水平。根据2012年统计数据，也门有85.8万个互联网用户。截至2015年中期，也门可为公众提供的互联网带宽最高为4M。世界银行数据显示，2017年，也门每百人中有26.72人能够使用互联网，1.56个固定宽带用户。

伊拉克

伊拉克移动用户发展非常迅速，现有的GSM运营商是ASIACELL、ZAIN、KORAK及部分地方运营商，用户总数约3480万。中国华为技术有限公司和中兴通讯有限公司在伊拉克设有分公司。

伊拉克互联网业务发展较快，用户不断增加，但网速较慢，价格昂贵。主要网络公司为Earthlink。目前伊拉克通信行业缺乏软件顾问和工程师等人才，急需大量的通信设备和网络建设。

阿曼

根据阿曼国家统计和信息中心数据，截至2019年6月，阿曼固定电话用户数量为57.6万，移动电话用户数量增长至660万。

阿曼现有两个主要电信运营商：阿曼电信和Ooredoo。后者是卡塔尔电信和欧洲电信TDC公司及阿曼的合作伙伴共同组建的合资公司，是阿曼第二家提供移动电话服务的通信公司，并已取得提供固定电话服务的牌照。电信运营的第三张牌照招标目前已搁置。

阿曼国家统计和信息中心数据显示，截至2019年6月，阿曼互联网用户数量已达45万户。2017年，在国际电信联盟公布的全球网速排名和网络安全排名中，阿曼分列第六十四位和第四位。

叙利亚

叙利亚移动通话费用相比同地区其他国家较低，但相对于本国民众平均收入较高。世界银行数据显示，2016年，叙利亚移动电话用户约1390万户，每百人拥有72部移动电话；固定电话用户近420万，每百人拥有18.8部固定电话；互联网用户约300万，宽带用户约20万，占中东互联网市场的4.5%，每百人中固定宽带用户为5.48个。

约旦

约旦电信市场比较开放，现有两家移动运营商和一家综合运营商：Zain为约旦第一大移动运营商，移动用户数为590万；Umniah为第三大移动运营商，用户数为300万；Orange为约旦综合运营商，其前身为约旦电讯公司，现为唯一的固网运营商，用户数达500万；此外，Zain、Umniah均使用TDD LTE提供无线宽带网络接入服务。根据约旦统计局数据，2018年，约旦每千人拥有固定电话39部，接入网络服务的家庭占比为69.2%。

阿联酋

据阿联酋电信管理局的数据显示，截至2017年7月底，阿联酋电信服务（包括移动、固定电话和互联网业务）的总订阅量达2336万。其中，移动入网用户为1975.2万，固定电话用户为228.8万，互联网用户为131.5万。

目前，阿联酋人均使用互联网比例高，在中东国家中排名第一，阿联酋有51%的消费者都有过网购行为，排名中东地区首位。阿联酋的互联网主要由阿联酋电信公司和酋长国综合通信公司这两家公司经营监管，其他公司目前只能向其租用网线，提供服务。

科威特

科威特虽然人口不多，但信息产业却在海湾地区排第三位，仅次于沙特和阿联酋。据科威特中央统计局统计，截至2017年科威特共有41.1万条固定电话线路，575万条移动电话线路。

科威特目前有三家获得政府许可的互联网服务提供商（ISP）及十多家互联网服务提供商的分支机构。科威特通信部控制当地的电话业务和进出科威特的海底电缆与卫星通信。越来越多的科威特商人利用电子商务和移动商务

（即通过蜂窝电话与无线应用协议）开展B2B或B2C业务。当地的几家银行已经开始提供网上银行业务，甚至可以通过网上中介在美国股票市场买卖股票。科威特政府也在大力推进电子政务，但由于立法与技术设施滞后，这项工作进展缓慢。

2017年科威特无线移动数据公司宣布，已经做好了在科威特全境内提供免费Wifi服务的准备。计划先从Souk Al-Mubarakiya地区开始，然后覆盖科威特全境。该项目实施后，首都科威特城将成为海湾国家中第一个智能城市。

以色列

2012年全国居民共持有996.4万部移动电话，覆盖率达132%，总收入29.1亿美元。

据世界银行数据，2017年，以色列拥有60711台安全的互联网服务器，约合每百万人拥有6968台。以色列有三家大型互联网服务提供商以及七十多家小型供应商。99%的居民用户使用固定带宽的互联网服务（包括ADSL上网和有线电视网络），平均网速为10Mbps。

巴勒斯坦

目前尚无相关数据。

卡塔尔

卡塔尔通信设施良好，技术设备先进，信息化程度较高，Ooredoo和Vodafone两大运营商分享通信服务市场，Ooredoo市场份额高于Vodafone，两大运营商都在努力提升技术水平，近期都在尝试推广新一代5G网络服务。2017年，全国共有429万手机注册用户，39万固定电话注册用户，62.6万有线宽带注册用户。

黎巴嫩

据国际电信联盟发布的数据显示，黎巴嫩每百户居民中有18.04个固定电话用户，这一比率列全球210个国家和地区的第99位。黎巴嫩每百位居民中有70.5个互联网用户，这一比率列全球208个国家和地区的第49位。截至2019年2月，黎巴嫩拥有480万手机用户。

2011年，黎巴嫩正式启动了3G业务。2013年2月，华为公司携手黎巴嫩移动供应商Touch公司在黎巴嫩进行了4G关键技术全球首次路演。2013年，黎巴嫩启动了4G网络建设，黎巴嫩移动运营商于2013年在贝鲁特部分地区开通了4G网络。2014年黎巴嫩加大了4G网络建设力度，扩大了网络覆盖范围。2014

年6月，黎巴嫩下调了电信资费，但下调后的资费标准仍相对较高。2017年，黎巴嫩启动光纤到户项目招标工作，固网现代化工程起步。

巴林

巴林是中东电信市场开放较早的国家，目前有一家本国综合运营商巴林电信公司，两大跨国移动运营商Zain和VIVA，以及十多家宽带、语音、服务提供商。

根据世界经济论坛公布的《2018年全球竞争力报告》，巴林手机渗透率为158.4%，全球排名第10位；移动宽带渗透率为147.3%，全球排名第5位；互联网渗透率为98%，全球排名第3位。

巴林是中东地区互联网覆盖程度最高的国家，截至2015年，互联网渗透率达96.4%。2015年发布的巴林第四个国家电信规划重点是发展电信基础设施和为未来上马5G做准备，巴林计划实现光纤网络全覆盖，包括移动和固定网络。

四 发展规划

近年来，西亚北非各国政府均制定了大规模的基础设施建设规划，力图通过提升本国基础设施水平促进经济增长。具体到每一个国家，关注重点不尽相同。阿联酋和卡塔尔更关注建筑市场，沙特关注电力项目和新能源项目建设，科威特关注电力项目，阿曼关注水电及污水处理项目。扩大公路网，新建和维护铁路几乎在该地区所有国家的发展规划中都有体现；此外，电力项目积极寻求转型，发展可再生能源项目也多有涉及。

尽管西亚北非地区国家基础设施建设需求强劲，但却面临资金缺口大、融资困难的挑战。由于国际油价持续低迷，政府财政收入锐减，公共债务迅速增加，导致融资十分困难。为拓展项目融资渠道，各国政府在规划中鼓励私人资本进入基础设施建设领域，计划将有些项目通过BOT/PPP方式来实施。但BOT/PPP项目资金回收周期长、风险高，相关法律法规尚不成熟，外国投资者热情不高。

沙特

【交通运输】沙特国内运输以公路为主，第一个五年规划就把公路列为首要发展的领域。沙特规划建设总长6400公里的高速公路，计划修建的复线公路长达4.9万公里，平整土路工程达14.4万公里。铁路方面，2013年至2023

年，沙特将投资450亿美元建设全国铁路网，建成包括沙特大陆桥连线、南北线等在内的6条铁路干线，全长约7000公里。

【电力】沙特拟在2030年以前新建16座核电站，耗资约1000亿美元，总发电量可达22吉瓦/年，届时将占沙特全国发电总量的50%。沙特计划到2030年生产950万千瓦的可再生能源电力，旨在减轻对石油的依赖。

【供水】沙特政府计划在未来十年投资660亿美元用于供水建设。该十年计划包括在拉比格建设世界上最大的淡化水厂，预计日产淡化水60万立方米。另外，沙特国家供水公司计划于三年内在吉达建设一家容量为1200万立方米的储水厂，以解决该市400万人口的用水紧缺问题。

【合作方式】沙特允许外国投资者参与当地基础建设投资，但尚不允许外国投资者独资投资基础设施。近年来，沙特正逐步放开基础设施投资限制，从国有投资向公私合营投资发展。沙特允许外国投资者参与当地基础建设投资的方式目前以BOT和EPC为主。2015年下半年以来，沙特积极推进PPP合作模式，但因沙特政府至今未出台相关法规和管理办法，中资企业尚对此模式持观望态度。

伊朗

【交通运输】公路方面，2015年6月，伊朗政府表示将在现有2000公里高速公路基础上，将其高速公路总里程扩至10000公里。自2013年以来，伊朗已经建设了700公里高速公路，另外还有400公里在建，道路基础设施领域预计需要30亿美元投资。

铁路方面，伊朗在建铁路总长约7500公里，据伊朗二十年发展计划（2005—2025年），2025年伊朗铁路总长需要达到25000公里。2014年，伊朗经济委员会批准通过了伊朗铁路发展规划，目标是增强铁路客运和货运能力，减少污染，提高燃油效率。这项规划执行期为十年，计划投资超过75.3亿美元。规划中提出，货运量、客运量将分别从2013年的217亿吨/公里和174亿人/公里提高到2023年的758亿吨/公里和342亿人/公里。规划还包括新建26个车站、铁路复线以及扩建改建现有铁路。同时，伊朗政府计划将国家铁路与邻国铁路相连，如伊拉克、阿富汗、阿塞拜疆、亚美尼亚。

此外，中国与阿富汗、塔吉克斯坦、哈萨克斯坦、伊朗五国正在探讨建设连接中国至伊朗的标准轨铁路线。该条铁路将从中国喀什出发，通过阿富汗、塔吉克斯坦、哈萨克斯坦，最终与伊朗铁路线连接。

【天然气】伊朗提出十年天然气规划，计划到2025年将其天然气产能提高71%。伊朗将大力建设其天然气管线，将天然气管线长度从3.6万公里增加至2025年的4.5万公里，输送能力从2400亿立方米提升至4000亿立方米。

【电力】伊朗政府计划兴建天然气、太阳能和风能发电，在二十年内共计新增5000兆瓦，发电和电力传输将每年增加7%至8%。伊朗能源部要求提高燃气电站能效，新建燃气电站必须是联合循环电站。伊朗计划至2025年，将其发电厂的能效从目前的33%增加至45%。

埃及

埃及在交通、能源、通信等基础设施领域都向中国投资者开放。

【交通运输】2012年，日本援助机构国际协力事业团完成了《埃及交通运输建设总体规划（2012—2027年）》（以下简称规划），其主要内容有：

①建设大开罗物流中心，打造连接地中海–红海的国际物流带，将埃及建成亚欧货物运输大通道。埃及应重点建设北起亚历山大港、南至苏赫纳港的国际物流带，并以大开罗卫星城——十月六日城为中心，将其建设成为集仓储、分装、配送、外贸等为一体的国际化物流中心。

②构建以11个走廊组成的埃及全国交通运输网。规划提出，依托国际物流带的建设，以大开罗为中心，构建由地中海沿线走廊、西部沙漠走廊等11个运输走廊组成的全国交通网，其中以地中海沿线走廊、上埃及走廊、红海走廊及国际走廊等四大走廊构成两纵两横的主干线。

③为完成11个走廊建设目标，规划将建设规划拆分成103个项目分阶段实施，包括51个公路项目、24个铁路项目和2个高铁项目等，总投资额达3200亿埃镑（约合533亿美元）。其中政府投资1328亿埃镑，吸纳私人投资1872亿埃镑。

规划的实施分为短期（2012—2017年）、中期（2018—2022年）和长期（2023—2027年）三个阶段。投资额分别为698亿埃镑、795亿埃镑、1707亿埃镑。规划认为，以大开罗为中心的国际物流带应放在建设的首要位置，并以此带动埃及整个物流业发展。

塞西政府上台后先后推出了一系列交通项目：

①铁路。政府拟建设一条连通亚历山大、开罗、阿斯旺、阿斯尤特、卢克索等主要城市的高速铁路。该项目预计总耗时十八年，分三个阶段完成。普通铁路方面，政府计划在卢克索和霍尔格达之间新建一条铁路。另外，在开

罗和斋月十日城之间修建一条轻轨。

②公路。埃及公路部门在接下来的五至十年内需要80亿美元的资金投入。埃及交通部提出了3个公路建设计划：新建Safaga—El Quseir—Marsa Alam公路，预计资金需求为0.85亿美元；新建Ras Sudr—Sharm Al Sheikh公路，预计资金需求为0.71亿美元；扩建亚历山大西北部至阿布辛贝的公路，预计资金需求为6.4亿美元。

③物流中心。将新建7个物流中心和干散货码头，提高进出口货物的运输效率，降低公路的货运压力，目前埃及境内95%的货物采用公路运输。交通部公布的计划中还包括在斋月十日城建立一个物流中心，预计耗资1亿美元。该项目与通往工业区艾因苏赫纳、亚历山大以及地中海港口Daquhleya的公路连通。

④城市交通。为提高城市交通的效率和安全性，交通部提出了新建隧道和完善市内交通网络的计划。同时，城市之间的有轨电车项目和新的地铁项目也被提上日程。交通部计划将Heliopolis的有轨电车线路延伸至新开罗地区，预计耗资4.35亿美元。

地铁项目有两个：连通Nasr城、Heliopolis和Rod El Farag的五号线和连通El Khosous城和New Maadi的六号线。其中，地铁五号线将修建17个地下车站，地铁六号线将修建24个车站。

⑤港口项目。交通部计划修建三条隧道，连通塞得港和苏伊士运河东岸，为苏伊士工业区提供更大的交通便利。另外，交通部还有17个海运项目亟待外国投资。这些项目总金额为16亿美元。其中，Dekhila集装箱港口项目将目前Dekhila的集装箱吞吐量从百万标准箱提高至250万标准箱，码头长度1公里，投资额2.8亿美元。

【电力】埃及电力部主管电力基础设施建设。塞西政府上台后，将电力建设列为最高优先级，计划在未来十年倍增发电装机容量，即投资350亿~400亿美元，新增30万吉瓦装机容量。2020年总发电量的20%来自可再生能源；水泥等行业使用油改煤技术；将现有单循环电站改为联合循环；通过《新能源法》和《电力法》；更换LED灯；建造2000兆瓦抽水蓄能电站。

土耳其

2009年，土耳其政府制定了《2023年发展规划》。该规划指出，到2023年，即国家建立100周年时，实现经济总量跻身世界前十大经济体等目标。在此规划影响下，部分行业主管部门陆续颁布细化发展规划。

【交通运输】公路方面，土耳其政府计划在2023年前建成3.65万公里双线车道、7500公里高速公路和7万公里沥青公路。桥梁方面，2019年在博斯普鲁斯海峡建成海底隧道和第三座大桥，在达达尼尔海峡架设一座大桥。

铁路方面，土耳其政府规划在2023年前建成总长为2.5万公里的铁路网络，将铁路承运旅客、货物比例分别提高到10%和15%，包括新建铁路1.3万公里（包括3500公里高速铁路、8500公里快速铁路和1000公里传统铁路），以及对现有铁路中的4400公里进行改造升级。每年改造500公里铁路，将铁路进一步私有化，将火车站改造并纳入高速列车车站，推动土耳其与高加索、中东和北非的铁路项目，并将铁路连接到全国主要港口。

管道方面，将全国输送管道长度增加至6.07万公里。

港口方面，在爱琴海、地中海、马尔马拉海和黑海建设转运港，到2019年建成至少一个世界十大港口，提供3200万国际标准集装箱的运输处理能力，5亿吨固体和3.5亿吨液体的处理能力。在全国范围建设100个码头，容量达到5万艘游艇。

【电信】土耳其政府计划促使国内产品和服务提供的ICT部门业务比例达到50%，ICT部门在GDP中的份额达到8%，跻身电子转型领域排名前十的国家，到2019年以电子方式提供所有公共服务。

【能源电力】土耳其政府计划在2023年前将全国总装机容量提高至12.5万兆瓦，将可再生能源份额提升至30%，将配电机组容量提高至15.85万兆伏安；将因偷漏电而损失的电量降至5%，扩大智能电网的使用范围；将天然气存储容量提高至50亿立方米；成立能源股票交易所；8个容量为1万兆瓦的核反应堆投入运行；建造4个容量为5000兆瓦的核反应堆；在国内煤田建造容量为1.85万兆瓦的电厂；全面利用水电；将风电容量提高至2万兆瓦；推广地热电厂，使地热发电容量达到600兆瓦；将太阳能发电容量提升至3000兆瓦。

【融资渠道】土耳其鼓励外国投资者参与基础设施投资。由于向当地银行融资的成本较高，土耳其政府采购项下的基础设施工程项目绝大多数要求投标商提供融资安排。

【前景预测】土耳其基础设施市场具有较大的发展潜力。交通基础设施是土耳其吸引私人投资的重点领域，2014年土耳其交通基础设施产值为73.2亿美元，受益于土耳其政府2014年推出的融资担保政策，一批交通领域大型项目顺利推进，中长期内至2024年，预计土耳其交通基础设施行业产值将保持

5.5%的年均增速。

能源和公共事业基础设施在土耳其基础设施中占比最大。2014年，土耳其能源与公共事业基础设施产值达到104.7亿美元，中长期内，该行业市场继续保持活跃动向，支撑2015—2019年年均实际增速达到6.7%。

也门

由于也门社会持续动荡，各类安全事件频发，目前政府正处于政权过渡期，除等待捐助国资金以解决人道主义危机外，尚无成型的各基础设施领域发展规划。

伊拉克

【交通运输】伊拉克计划大力发展铁路、港口、航空等交通基础设施，鼓励外国投资者参与建设。见表2-2、表2-3。伊拉克交通部曾表示，计划将铁路总里程由目前的2000公里提升至10000公里，并配备时速200～250公里/小时的电气列车。铁路网建成后可覆盖伊拉克主要城市，届时货物免于绕道苏伊士运河，可通过铁路由巴士拉港运至伊拉克与土耳其边境的扎胡市，并由此运往欧洲国家。伊拉克拟建的高速铁路项目主要是北部到南部的东线铁路，西北部到南部的西线铁路。铁路网项目预计耗资600亿美元。

法奥港建设项目是伊拉克打造中东、欧洲交通枢纽的关键步骤，项目包括修建防波堤、7000米集装箱装卸码头、3500米综合装卸码头。见表2-4。

交通部还计划在什叶派圣城卡尔巴拉修建中幼发拉底国际机场，项目金额为20亿美元，机场客流量可达600万人次/年。机场建成后将对伊拉克朝觐旅游业起到推动作用，并创造大量就业机会。

表2-2　2013—2017年伊拉克铁路建设计划

年份	铁路枢纽线路（公里）		一级二级铁路线路（公里）		客流量（百万人次）		新增货运量（百万吨）	
	当年新增	总长度	当年新增	总长度	当年新增	总客流量	当年新增	总货运量
2013	—	1931	369	3284	0.5	1.5	1	5
2014	—	1931	200	3484	1	2.5	1	6
2015	400	2331	1400	4884	4.2	6.7	38	44
2016	1000	3331	2400	7284	23	29.7	58	102
2017	1500	4831	3375	10659	35	64.7	233	335

注：“—”表示未获取相关资料。
资料来源：中国驻伊拉克使馆经商参处

表2-3 伊拉克港口建设计划

港口	2012年		五年计划新建码头数量	2017年	
	码头数量	吞吐量（百万吨/年）		码头数量	吞吐量（百万吨/年）
乌姆盖茨尔	22	7.5	19	41	14
霍尔祖拜尔	12	6.4	13	25	10.7
艾布非鲁斯	3	0.5	—	3	0.75
马盖尔	9	2.25	5	14	3.6
合计	46	16.65	37	83	29

注：“—”表示未获取相关资料。
资料来源：中国驻伊拉克使馆经商参处

表2-4 伊拉克法奥港建造计划

		2018年	2038年
集装箱码头	数量	10 ~ 11	22
	吨/年	3,000,000	7,000,000
一般码头	数量	6 ~ 7	22
	吨/年	10,000,000	40,000,000

资料来源：中国驻伊拉克使馆经商参处

【重建计划】2018年2月，伊拉克国家投资委员会公布了一份包含157个项目在内的重建计划，以交通、能源、农业等领域为重点，拟争取1000亿美元投资。其中，投资规模超过5亿美元的项目共有16个。首先是交通领域，修建包括巴格达至巴士拉的铁路，投资额137亿美元；巴格达至摩苏尔的铁路，投资额86.5亿美元；巴格达地铁项目，投资额80亿美元。其次是能源领域，伊拉克作为欧佩克第二大原油出口国，拟引入更多投资用于石油下游产业，包括炼油厂、化工厂以及储藏设施。再次是农业领域，为改变小麦进口量居高不下的现状，已规划1500平方公里土地开发农业，以实现粮食自给自足，乃至成为净出口国。此外，伊拉克还将重建医院、学校、道路，恢复商业和电信，为年轻人提供就业岗位。

【融资渠道】受国际油价下跌影响，伊拉克政府财政吃紧，短期内难以落实相关建设资金和规划。考虑到伊拉克石油资源丰富，长期偿债能力相对有所保障，外国公司正积极研究以投融资模式进入伊拉克，其中在电力领域，“主权担保+电力回购（PPA）”的投资合作模式已成功取得突破。

阿曼

【总体规划】阿曼于2016年开始执行第九个五年计划。根据阿曼2017年财政预算，“九五”期间阿曼将继续完成第八个五年计划未完成的项目和增建一批新重点项目，包括杜库姆经济特区、阿曼铁路网、南巴提奈省物流区等。自2017年以来，阿曼基础设施重点项目的资金来源趋于多元化，除政府财政外，阿曼逐渐接受境外贷款、外国投资者资金等，接受外国投资者以PPP、BOT、EPC等模式参与当地基础设施合作。

【基础设施发展规划】根据阿曼第九个五年计划，政府拟通过政府财政支持和引入私营企业资本的形式，投资5亿美元建设面积为45.1万平方米的苏丹卡布斯旅游专用港，其中包括海滨酒店和住宅。该项目预计于2027年完成全部四个阶段建设，阿曼旅游发展公司持有51%的国有股份，剩余49%的股份由私营投资者持有。

【发电规划】2018年初，阿曼公布多个新能源发电项目规划并启动招标，包括首个清洁燃煤发电项目、首个废弃物发电项目、500兆瓦太阳能发电项目，以及阿曼水电采购公司《七年展望报告（2018—2024）》中提到的3个光伏电站和3个风电站。光伏电站装机容量均为500兆瓦，计划分别于2022年、2023年投产，拟分别选址于Ibri、Manah和Adam；风电站之一装机容量为150兆瓦，计划于2023年投产，另外两个装机容量均为200兆瓦，计划于2023年投产，拟选址佐法尔或杜库姆。

【电网规划】阿曼计划推出南北电网互联项目，将建造一个400千伏的电路系统，从北部电网延伸至往南900公里的萨拉拉，穿过PDO特许经营油田区。该项目旨在整合阿曼两大主要电网——位于北部的主要互联电网和南部的佐法尔电网，连通途径所有电站，连接油田中心地带的PDO电网，并向杜库姆延伸，未来该系统还可连接新的太阳能和风能电站。该项目预计耗资约3亿阿曼里亚尔，已得到主要投资者的支持，其中包括阿曼电力监管局、阿曼石油开发公司和阿曼国有电力控股集团Nama Group。之前项目一期的经济可行性研究已完成，原计划2018年底开始招标，如获监管部门批准，计划在年底前开始分段实施，主要是将电网延伸至杜库姆，预计工期五年。

【港口规划】阿曼计划在东海岸的苏尔新建海港，预计项目合同金额25

亿美元，最快将于2019年开始实施。目前，项目第一阶段（可行性研究和初步设计）工作已完成，下一步将进入第二阶段——筹集15亿美元项目资金。阿曼计划将苏尔港打造为一个"世界级转运港口"，利用临近印度次大陆、伊朗和中亚地区的地理优势，使其成为"海合会最新国际物流中心"。

【公共交通】阿曼国家运输公司和阿曼交通通信部共同制定了专用公共交通汽车计划，并和西班牙顾问公司Ineco达成合作关系，计划在苏哈尔和萨拉拉发展高效公共交通网、公交站、市内公交服务。2016年项目启动，截至2018年4月，阿曼已开通17条公交线路。

叙利亚

由于国内局势动荡，目前尚无成型的各基础设施领域发展规划。

约旦

根据约旦"2025"愿景规划和《约旦经济增长计划（2018—2022）》，约旦政府拟大力推进交通运输、电信、建筑等各行业基础设施建设，预计五年中交通和电信行业增长为12%，建筑业增长为15%。

【交通运输】交通运输是约旦重点建设领域，规划目标是完善并升级基础交通网络、提高陆路运输效率、将亚喀巴港建设成为辐射伊拉克和叙利亚的物流中心，其主要项目包括"新城"建设项目、安曼地铁项目、快速公交项目、国家铁路项目、三大机场建设项目、亚喀巴新港建设、金融贸易和政府服务设施建设等。2018—2022年，约旦在交通运输领域总投资额预计将达27亿约旦第纳尔。

【电信领域】电信业是约旦第三大产业。2018—2022年，约旦在电信领域总投资额预计达4.25亿约旦第纳尔，主要为政府投资，具体涉及11个项目，重点包括数字约旦、电子政务、网络信息安全等。

【能源领域】为确保石油及成品油供应安全，转变电力生产和高耗能工业领域的油气燃料消费结构，保证电力供应安全，约旦拟大力开发油页岩资源，加大本国天然气和石油资源勘探力度，强化国家能源研究中心职能，开发新能源和替代能源，建立适应多种能源资源协调管理体制。重点探讨利用风能、太阳能、核能、油页岩等约旦具有比较优势的新能源，计划于2020年建成32个总装机容量达1000兆瓦的新能源项目，使可再生能源供电占比达10%，风能、太阳能、生物能发电装机容量分别达1200兆瓦、600兆瓦和20～30兆瓦。

【融资渠道】近年来，约旦经济增长乏力，财政赤字常态化、公共债务屡创新高，自身无力实施庞大的基础设施建设规划。目前其主要资金来源一是援款，二是国外投资。约旦基本不提供国家主权担保。

为了弥补其资金缺口，约旦欢迎国外企业以各种形式参与当地基础设施投资，尤其是电力行业，约旦政府允许发电企业与国家电力公司签订购电协议，目前多家大型国际公司正在与约旦就核能、油页岩、风能、太阳能发电项目开展合作。

案例：阿塔拉特油页岩电站项目

阿塔拉特油页岩电站项目是约旦迄今为止最大的私营部门投资项目，建设规模为554兆瓦，预计于2020年建成投产，年供电量达37亿千瓦时，可满足约旦10%至15%的用电需求。项目由中国工商银行、中国银行、中国建设银行和中国进出口银行组成的中资银团为该项目提供16亿美元的融资，提供购电合同作为担保，并由中国出口信用保险公司进行承保。中国能源建设集团广东火电工程公司是项目的EPC总承包商。该项目由最初依靠中国资金支持中国EPC和中国设备走出去，升级为中国资金支持中国投资、管理、建设、装备及后续运维服务的中国电力行业整条产业链的走出去，具有重要意义。

阿联酋

阿联酋基础设施由政府或国有实体所有，一般由本国投资主体完成，但在能源、新能源等领域也向外资和私营部门开放。为提高能源利用率，将在太阳能、能效、绿色建筑等领域推出公私合营（PPP）模式。

【交通运输】阿联酋拟投资110亿美元建设连接各酋长国的铁路。规划里程1200公里，分三期建设。目前一期工程266公里已完工，该铁路将纳入全长2200公里的海湾铁路网，以联通海合会六国。阿布扎比拟推出城轨项目，规划全长131公里，包括地铁、轻轨和快速公交等，目前尚未开始招标。迪拜、阿布扎比正推进机场新扩建项目，港口码头新扩建也在推进。

【资金来源】基础设施重点项目资金主要来自政府投资，银行贷款是常规融资渠道，当地伊斯兰金融是一大特色。

科威特

科威特有多个市区公路建设和改造项目正在或即将实施；铁路、地铁项目虽然早已列入规划当中，但一直未能正式启动；科威特丝绸城规划中有60个码头建设项目，目前港口配套实施正在建设中。2016年，科威特成立部际协调委员会，以推动包括北方五岛项目在内的开发规划项目建设。

科威特基础设施建设项目属于政府项目，所以全部由政府出资。但近年来，由于国际油价持续下跌，为拓展项目融资渠道，科威特政府出台了PPP计划，将有些项目通过PPP方式来实施，特别是住房项目，希望外国投资者参与。但PPP项目资金回收周期长，外国投资者热情不高。

以色列

国家基础设施部负责以色列基础设施规划和建设管理。以色列轻轨项目是自其建国以来最大的政府特许基础设施建设项目，投资规模最大，施工最为复杂，技术难度最高。轻轨系统建设规划有 8 条线路，其中红线项目是轻轨项目的首条线路，已有中国企业中标其运营维护和承包建设工程。外资参与当地基础设施合作建设的主要模式有PFI、BOO、BOT等。

巴勒斯坦

由于国内局势动荡，目前尚无成型的基础设施领域发展规划。

卡塔尔

卡塔尔目前尚无全面系统的基础设施发展规划，2022年世界杯前，政府基础设施建设的重点是世界杯场馆和相关基础设施项目，所需资金绝大部分由财政拨款投资。近年来，由于国际油气价格低迷导致政府财政收入减少，为引入国外和私营部门投资，缓解财政压力，卡政府正加紧研究制定政府和社会资本合作（PPP）法，在旅游、物流、教育和房地产等领域优先考虑通过PPP模式实施相关项目。

黎巴嫩

【大规模投资发展计划】2017年9月黎巴嫩通过PPP法案后， 黎政府推出大规模投资计划，拟提振黎基础设施能力。涉及交通、能源、电信、水处理等多重领域，共计两百余个项目。项目拟募集资金160亿美元，分三个阶段（12年）完成。2018年4月在巴黎召开的CEDRE会议上，黎向国际社会募集110亿美元的资金援助（含优贷），其中不乏口头承诺。60%以上项目将通过PPP方式完成。

黎巴嫩政府制定了《2020年黎巴嫩数字电信远景规划》。按照规划，黎巴嫩在未来五年内改进电信基础设施，保证到2020年以前全国互联网用户能够享受到光纤连接。

巴林

近几年，为提升现有基础设施服务能力和水平，政府拟对一些领域基础设施进行升级改造。包括：现有机场进行扩建，将旅客接待能力从每年900万增加到1400万人次；新建一条从沙特到巴林的输油管道；新建一座液化天然气接收码头；修建连接巴林到沙特的铁路桥；部分公路路段维修改造等。

由于这些项目投资金额巨大，而巴林政府财力紧张，往往无法单独支撑这些项目。除政府单独出资或者全额利用海合会援助资金外，通常还采取吸引民间资本参与的方法，以PPP和BOT方式为主。巴林政府欢迎外国投资者参与当地基础设施投资，投资形式和出资比例根据具体项目性质有所不同。

第三章

市场规模与进口需求

一 宏观经济

西亚北非地区国家总体经济结构较为单一、工业体系相对落后，出口产品单一且以初级产品占绝对主力。根据历史条件、资源禀赋、经济基础、出口产品结构的不同，西亚北非地区国家可以分为：一是石油输出国，如沙特、伊朗、伊拉克、科威特、阿联酋、阿曼、巴林、卡塔尔等，这类国家拥有丰富的油气资源，原油、石油和天然气制成品的出口是整个国民经济的支柱产业，制造业相对薄弱，大量生产和生活资料需要进口；二是以出口矿产品和农产品为主的国家，如埃及、叙利亚、约旦、也门、黎巴嫩等国，这些国家大多以出口农矿初级产品为主。

沙特

沙特是中东最大的经济体和消费市场，是世贸组织、石油输出国组织和二十国集团成员国，其在中东地区乃至世界范围内的政治、经济和宗教领域，发挥着举足轻重的作用。2014年以来受低油价影响，沙特预算赤字不断增加，政府大幅动用外汇储备弥补巨额赤字和维持汇率稳定（沙特货币里亚尔和美元的汇率是1美元=3.75里亚尔的固定汇率），导致沙特外汇储备近年来急速缩水。2018年，受油价回升、改革政策落地等利好因素影响，沙特经济出现复苏迹象。

【国内生产总值】2018年，按固定价格计算，沙特国内生产总值约7001亿美元。投资、消费和出口占GDP的比重分别约为25.88%、61.29%和12.83%。见表3-1。

表3-1　2014—2018年沙特经济增长情况

年份	国内生产总值（亿美元）	经济增长率（%）	人均GDP（美元）
2014	7525	3.6	24453
2015	6722	3.5	20139
2016	6901	1.4	21823
2017	6842	-0.9	21057
2018	7825	2.21	23712

资料来源：沙特央行

【GDP构成】2018年，沙特第一产业占GDP比重为2.23%，第二产业占比49.72%，第三产业占比48.05%。

【财政收支】2018年，沙特政府财政收入8590亿里亚尔（约合2387亿美元），财政支出10300亿里亚尔（约合2747亿美元），财政赤字1360亿里亚尔（约合363亿美元）。

【外汇储备】截至2018年12月，沙特外汇储备为4966亿美元。在油价回升的带动下，沙特外汇储备出现反弹。

【通货膨胀率】2018年，沙特通货膨胀率为2.48%。

【失业率】2018年底，沙特总失业率为12.7%。

【公共债务】截至2018年12月31日，沙特未偿付内债规模为5600亿里亚尔（约合1493亿美元），外债规模为1837.5亿里亚尔（约合490亿美元），均为中短期债务。政府债务占当年GDP的17.2%。贷款来源分布情况为：自国际市场借贷、自其国内机构借贷、自其商业银行借贷。因沙特举借外债规模相对较小，IMF等国际组织未明确对其加以限制。

【主权信用等级】截至2019年4月30日，穆迪、标普、惠誉对沙特主权信用评级分别为A1、A-和A+。

伊朗

伊朗经济以石油和天然气开采业为主，能源是伊朗经济的命脉，近年来伊朗经济呈先增加后减少的状态。伊朗的石油化工、钢铁、汽车制造业也比较发达，电子工业、核工业、计算机软硬件业发展很快，伊朗的机械制造业也取得了长足的进步。

2004—2007年伊朗经济一度保持较快增速，但自2008年世界经济危机及

2012年西方国家对伊朗实施石油禁运和金融制裁以来，原油出口被限制在100万桶/天左右，较制裁施加前减少近一半，其国内生产总值增速明显放缓，对外贸易增长缺乏后劲，外国投资大幅缩水，通胀率和失业率也长期在高位徘徊。2016年1月制裁解除后，伊朗大力提升原油出口，经济发展前景向好。2018年5月，美国重启对伊朗的经济制裁，伊朗经济再次遭受冲击。

【经济增长率】2015年伊朗实际GDP增长率为–1.6%，2016年为12.5%，2017年为3.5%，2018年为–3.9%，预计2019年将萎缩6%。见表3–2。

据估算，2016—2017年伊朗居民消费价格指数（CPI）增长8.8%，生产者价格指数（PPI）增长13.4%，固定资产投资增加5%，个人最终消费增长4%。

表3–2　2013—2017年伊朗宏观经济统计

年份	名义GDP（亿美元）	实际经济增长率（%）	人均GDP（美元）
2013	3803	–1.91	4911
2014	4165	4.34	5307
2015	3876	0.03	4877
2016	4189	5.1	5172
2017	4277	3.5	5215

注：IMF测算实际经济增长率采用本币并剔除物价因素，因此与名义GDP增长出现不一致。

资料来源：美国国务院网站、国际货币基金组织

【GDP构成】2017年，伊朗农业、工业和服务业占GDP比重分别为9.8%、35.9%和54.3%，税收占GDP的18.1%。

【财政收支】2017年，伊朗财政收入约772.2亿美元，财政支出约826.6亿美元，财政赤字约54.4亿美元，财政赤字约占GDP总额的2.1%，公共债务占GDP的比率为14.2%。

【外汇储备】2017年，伊朗外汇储备为1326亿美元。

【外债余额】2017年，伊朗外债余额为105.6亿美元。

【通货膨胀率】2016年伊朗通货膨胀率为9%，2017年为10.5%。

【失业率】2016年伊朗失业率为12.5%，2017年为12.4%。

埃及

自2018年3月塞西总统成功连任以来，埃及政局较为稳定，政府制定的各

项改革政策和国家经济发展战略以及国家重大项目得以继续推进，对经济发展发挥强大引领作用。

2018年8月，非洲开发银行发布埃及经济展望报告。主要内容包括：（1）近期埃及主要宏观经济指标表明经济有所改善。2016—2017财政年度实际国内生产总值增长4.2%，预计2017—2018财年和2018—2019财年分别达到4.5%和5.3%。（2）基础设施建设和能源部门是埃及经济增长的主要动力。2013—2017年，埃及各省的基础设施和服务支出近550亿美元。其中44%用于能源项目（主要是石油），18%用于住房，14%用于交通，11%用于电力，5.2%用于给排水。（3）高通胀仍然是增长的主要制约因素。高通胀影响了弱势群体的基本生活，以及投资者的投资回报。（4）沉积债务制约埃及经济发展。在过去六年中，埃及积累了大量债务，其中主要是国内债务。见表3-3。

表3-3　2013—2017年埃及主要经济指标

主要指标	2013	2014	2015	2016	2017
GDP（亿美元）	2880.1	3055.7	3320.8	3363	2370.7
GDP实际增长率（%）	3.3	2.92	4.37	4.3	4.23
通货膨胀率（%）	6.91	10.1	10.99	10.2	23.54
人均GDP（美元）	3250	3341	3784	3699	2505
赤字占GDP比重（%）	13.3	12	11.6	11.2	9.5
失业率（%）	13.2	13.2	12.8	12.1	11.6
外汇储备（亿美元）	149.4	166.9	164.4	286.4（2017.4）	370.19（2018年4月已达440亿美元）
外国直接投资（亿美元）	43（2012—2013财年）	46（2013—2014财年）	69（2015—2016财年）	81（2016—2017财年）	66（2017—2018财年上半年）
旅游收入（亿美元）	59	62.22	74	38	76
苏伊士运河收入（亿美元）	51.11	54.56	51.75	50	53

资料来源：埃及中央银行公报

【投资、消费、出口占GDP比例】2017年投资占国内生产总值（GDP）的比例为16.6%；私人消费占国内生产总值的比例为86.6%；出口占国内生产总值的比例为10.8%。见表3–4。

表3–4　2016—2017年埃及投资领域分布

行业	占总投资比例
农业、灌溉及土壤改良	4.25%
原油、采矿和天然气	17.52%
石油冶炼	0.17%
其他制造业	9.3%
电子	13.77%
水及污水处理	2.81%
建筑	2.47%
交通及仓储	9.93%
通讯及信息	4.46%
批发与零售	3.24%
旅游	0.91%
房地产	12.43%
教育和医疗服务	5.01%

资料来源：埃及财政部、中央银行、中央统计局；中国驻埃及使馆经商参处整理。

【农业、工业、服务业对GDP贡献率】2016年3月至2017年9月农业对国内生产总值（GDP）的贡献率约为11.7%，达2197亿埃镑，农业投资为218.6亿埃镑。同期工业贡献率为33.1%，服务业贡献率为55.7%。见表3–5。

表3–5　2015—2016年埃及第一、二、三产业分布比例

	总额（亿埃镑）	占GDP比例
农业、畜牧业、渔业	3188.78	11%
采掘业（包括油气）	2148.42	8%
制造业	4562.99	17%
生产性服务业	7735.98	28%
社会服务业	7014.63	26%

资料来源：埃及财政部、中央银行、中央统计局；中国驻埃及使馆经商参处整理。

【汇率】埃及自2016年11月3日实行浮动汇率，目前美元兑埃镑的汇率在1：17.8左右，且相对稳定。

【通货膨胀率】2018年4月埃及年通胀率为13.1%、核心通胀率为11.6%。

【失业率】据埃及中央公共动员与统计局的统计数据，2017年底埃及失业率为11.8%；2018年第一季度埃及总就业人口为2609.2万人，失业人口为309.4万人（占总劳动力的10.6%，即失业率），15～29岁年龄段的青年人占总失业人口的75.2%。

【预算及赤字】2017年埃及预算赤字约为GDP的11.37%。2017—2018财年上半年埃及总预算赤字与GDP之比为4.4%，低于2016—2017财年水平（5%）。基本预算赤字为140亿埃镑，与GDP之比为0.3%，均低于2016—2017财年水平（390亿埃镑，1.1%），为十年来最低水平。

【公共债务】截至2017年底，埃及公共债务占GDP的比重为107%，外债由2016年12月的670亿美元增至2017年12月的829亿美元，占国内生产总值的36.1%。2017年6月底仅政府债务便增至3.3万亿埃镑，利息支付3158亿埃镑，偿还本金2700亿埃镑。2016—2017财年埃及支出与收入差为4313亿埃镑。

埃及举借外债的规模和条件受国际货币基金组织约束，具体条件未公布。截至2017年12月底，埃及政府外债为387亿美元，占国内生产总值的16%，外债平均利率为2%。2017年底，埃及外债为本国商品及服务出口的191.3%，其中短期外债为111.3亿美元，约为外债总额的13.4%，约为埃及净外汇储备的30.1%；中长期外债约为717.6亿美元，约为外债余额的88.6%。

【主权信用等级】2018年5月标普将埃及主权信用评级由B-提高至B，系2013年来首次，同时对埃及经济前景展望由正面转为稳定。2018年5月穆迪公司将埃及信用评级定为B3 STA，称埃及仍面临债务风险。

土耳其

土耳其是继中国、俄罗斯、印度、巴西和南非等“金砖国家”之后又一蓬勃发展的新兴经济体，在国际社会享有“新钻国家”的美誉，已成为“经济安理会”二十国集团的成员。2017年，土耳其GDP约为3.1万亿里拉，合8510.46亿美元。

【经济增长率】2018年，土耳其GDP增长率为2.6%。四个季度经济增速分别为7.4%、5.3%、1.8%和3.0%。人均GDP为9466美元。见表3-6。

表3-6 2013—2017年土耳其宏观经济统计

年份	GDP（万亿里拉）	经济增长率（%）	人均GDP（美元现值）
2013	1.81	8.5	12480
2014	2.04	5.2	12112
2015	2.34	6.1	11014
2016	2.59	2.9	10807
2017	3.1	7.4	10597

资料来源：土耳其统计局

【GDP构成】土耳其服务业占比较高。2017年，土耳其第一、二、三产业分布的比例为6.7%、31.8%和61.4%，继续呈现服务业占主体地位的发达国家式经济结构。2017年，土耳其固定资产形成占GDP的比重为29.8%，家庭消费占GDP的比重为59.1%，政府支出占GDP的比重为14.5%，货物和服务出口占GDP的比重为24.8%。

【财政收支】2017年，土耳其中央财政收入6304.9亿里拉，财政支出6782.69亿里拉，财政赤字为477.79亿里拉。

【公共债务】截至2017年底，土耳其中央政府债务总额为8765亿里拉，占当年GDP的比重为28.2%。其中，内债5354亿里拉，外债3410亿里拉。截至2018年底，土耳其外债为4449亿美元，净外债为2803亿美元。

【通货膨胀率】2017年，土耳其通胀率为11.14%，仍远高于政府制定的5%的中期通胀目标。

【失业率】2017年，土耳其全国失业率为10.9%。

【主权信用等级】截至2018年4月30日，标普对土耳其主权信用评级为BB-，展望为稳定；穆迪对土耳其主权信用评级为Ba1，展望为负面；惠誉对土耳其主权信用评级为BB+，展望为稳定。

也门

也门是全球最不发达国家之一，经济发展主要依赖石油出口收入。2010年以来，受国际金融危机、油价下跌的影响，也门的石油出口收益也大幅减少，失业率上升，经济增速放缓。2015年由于国内冲突升级，也门经济进一步恶化。但也门也有其独特的优势，因其未参加任何石油组织，不受国际石油组织配额限制，在生产上自主性较强。

从人力资本看，也门劳动力数量少。虽然最低工资标准非常低，但是也门不适合进行劳动力密集型产业的投资。

也门货币为也门里亚尔，实行经常项目下完全的自由兑换。过去两年来，也门货币对西方主要货币的汇率基本稳定。外汇管制相对宽松。

【经济增长率】2011年以前，也门经济总体保持低速稳定增长的态势。2011年，由于国内动乱，也门经济大幅下滑。2015年3月底以来，也门全面陷入军事冲突中，经济活动受阻。世界银行报告显示，2015年第二季度以来，也门石油和天然气出口停止。除重要食品和能源外，进口也大幅萎缩。2018年经济总量降至269.1亿美元，比2014年下降37.7%；2018年人均GDP为944美元，仅相当于2014年水平的56.4%。也门宏观经济状况见表3–7。

表3–7　2010—2017年也门宏观经济主要数据

年份	GDP总量（亿美元）	GDP增长率（%）	人均GDP（美元）
2010	309.07	7.7	1334.78
2011	327.26	–12.7	1374.62
2012	354.01	2.39	1446.54
2013	404.15	4.82	1607.15
2014	432.29	–0.19	1674.00
2015	426.28	–16.68	1608.74
2016	309.68	–13.32	1139.87
2017	268.19	–5.94	963.49

注：表中GDP增长率基于不变价本币计算，总额计算基于2000年不变价美元。
资料来源：世界银行

【GDP构成】世界银行数据显示，2017年，在也门GDP构成中，农林渔、工业（包括建筑业）和服务业增加值所占比重分别为：6.01%、42.09%和19.11%。据相关研究机构网站数据显示，2017年，消费占GDP的比重为134.8%（其中，居民消费占121.3%，政府消费占13.5%），投资占–4.1%（其中，固定资产投资占3.7%，库存投资占–7.8%），净出口占–30.6%（货物和服务出口占4.2%，进口占–34.8%）。

【失业率】世界银行数据显示，2017年，也门失业率为13.8%；2016年的失业率为17.1%。

【财政收支】相关研究机构网站数据显示，2016年也门财政收入预算为17.66亿美元，同比减少39.8%，支出预算为56.28 亿美元，同比减少5%，财政赤字预算为38.62亿美元，占GDP的-12.3%，税收和其他收入约占GDP的5.6%。2015年也门财政收入预算为29.33亿美元，同比减少71.4%，支出预算为59.25亿美元，同比减少58.7%，财政赤字预算为29.92亿美元，占GDP的-8.6%，税收和其他收入约占GDP的8.4%。世界银行数据显示，2016年也门政府收入、政府支出和收支差额占GDP的比重分别为6.4%、18.7%和-12.3%。见表3-8。

表3-8　2009—2018年也门政府总收支情况（单位：亿美元）

年份	2009—2014*	2015	2016	2017*	2018*
政府总收入（不含赠予）	236	124	108	107	162
政府总支出	317	235	244	206	240
政府财政差额（含赠予）/GDP (%)	-6.0	-10.6	-13.5	-9.9	-6.6

注：1999—2014年数值为平均值；2017年和2018年数值为预测值。
资料来源：国际货币基金组织

【公共债务】世界银行数据显示，截至2017年底，也门净外债余额为71.86亿美元，净公共债务占也门GDP的比重为119.1%，2015年和2014年这一比重分别为93.5%和57.2%。见表3-9。

表3-9　2009—2018年也门政府债务情况

年份	2009—2014*	2015	2016	2017*	2018*
政府外债总额/GDP (%)	47.0	66.7	85.4	83.5	71.0

注：1999—2014年数值为平均值；2017年和2018年数值为预测值。
资料来源：国际货币基金组织2017年10月《世界经济和金融观察》之《中东和中亚区域经济展望》

【外汇和黄金储备】2015年危机爆发以来，也门外汇和黄金储备锐减。相关研究机构数据显示，截至2017年12月31日，也门外汇和黄金储备为2.45亿美元，同比下降59%。

【国际援助】世界银行是也门国际援助的重要来源之一。2014年，世界银行向也门提供3.7亿美元援建款，资助9个项目。2016年，世界银行向也门提供5000万美元，援建紧急灾难反应项目。2017年，世界银行向也门提供的援建项目有：紧急医疗和营养项目（2亿美元）、紧急危机反应项目追加资金（2.5亿美元）、也门基金医疗和营养项目追加资金（8300万美元）、也门紧急危机反应项目第二次追加资金（2亿美元）和农业生产恢复及改善项目（3600万美元）等。

【利率】据相关研究机构数据显示，2017年12月31日，也门商业银行基准贷款利率为26%，2016年同期的利率为27%。

【通货膨胀率】国际货币基金组织数据显示，2015年也门通货膨胀率高达39.4%，2016年降至5%，2017年的通胀率为24.7%。见表3–10。

表3–10　2011—2018年也门消费价格上涨率

年份	2011—2013（平均）	2014	2015	2016	2017*	2018*
消费价格上涨率（%）	11.5	8.2	39.4	5.0	20.0	29.5

注：2017年和2018年数据为预估值。
资料来源：国际货币基金组织

【主权信用等级】2014年也门国家信用等级被评为CCC，评级展望为负面。2018年，因战乱缺少数据，国际评级机构未对也门主权信用进行评级。

伊拉克

近年来几次大的战争，对伊拉克的经济造成了巨大的影响，战后经济重建任务繁重。然而，由于安全局势不稳，基础设施严重损毁，经济重建进展缓慢。据世界银行统计数据，2017年伊拉克GDP总量约为1977.2亿美元。人民生活水平提升仍相当缓慢，目前有20%的人口生活在贫困线（每天2美元）以下。

伊拉克劳动力教育水平低、劳动力数量不足。既不适合发展高新技术产业，也不太适合发展劳动力密集型产业。失业仍是伊拉克全国性问题，2017年失业率约为8.2%。

伊拉克经济高度依赖石油工业，受国际油价下跌影响，伊拉克政府财政吃紧。据统计，2016年伊拉克国家财政赤字为254.4亿美元，政府债务占GDP比重约65%。考虑到伊拉克石油资源丰富，长期偿债能力相对有所保障。

伊拉克本地货币为伊拉克第纳尔，与其他产油国家一样，本国货币价值升降与油价关系不大。

【经济增长率】伊拉克经济高度依赖石油工业，超过90%的财政收入来自石油收入。

据世界银行统计，2017年伊拉克GDP总量为2158亿美元，GDP增幅2.5%。见表3-11。

表3-11 2013—2017年伊拉克宏观经济状况

年份	GDP总量（亿美元）	人均GDP（美元）	GDP增长率（%）
2013	2346.5	6925	6.6
2014	2346.5	6703	0.7
2015	1796.4	4974	4.8
2016	1714.9	4610	11
2017	1977.2	5166	–0.8

注：GDP数据按现价美元计算。
资料来源：世界银行

【GDP构成】据相关研究机构统计，2017年伊拉克国内生产总值中，投资、消费和净出口的比重分别为：19.0%、69.2%（其中，政府消费占18.8%，居民消费占50.4%）和11.8%（出口占39.7%，进口占–27.9%）；三大产业分布情况为：农业占GDP的5.8%，工业占40.6%，服务业占54.6%。

【财政收支】伊拉克2018财年预算总额约880亿美元，其中财政收入770亿美元，赤字为110亿美元。

【通货膨胀率】据世界银行统计，2017年伊拉克通胀率为0.1%，低于2016年的2.4%。

【失业率】据世界银行估计，2017年伊拉克失业率为8.2%。失业仍是伊拉克全国性问题。伊拉克政府通过放松管制来鼓励私有企业，为伊拉克公民和外国投资者创业提供更多便利，从而解决就业问题。

【外汇和黄金储备】截至2017年末，伊拉克外汇和黄金储备总值为466亿美元。

【公共债务】据当地媒体报道，2017年，伊拉克政府债务为1192亿美元，占GDP的比重约为63.8%。截至2017年末，伊拉克外债余额约为734.3亿美元。国际货币基金组织、世界银行等对伊拉克外债规模有监控机制，施加一定限制。见表3–12。

表3–12　2013—2017年伊拉克政府债务情况（单位：亿美元）

年份	2013	2014	2015	2016	2017
政府债务	743	870	1148	1220	1192
政府债务占GDP比重（%）	31.9	38.9	67.7	65.1	63.8
政府外债	592	610	810	820	734.3
政府外债占GDP比重（%）	25.5	27.3	47.8	43.8	39.3

资料来源：国际货币基金组织、媒体综合报道

【主权信用等级】截至2018年2月，国际评级机构标普对伊拉克主权信用评级为B–/B，展望为稳定。截至2017年12月，国际评级机构穆迪对伊拉克主权信用评级为Caa1，即有严重信用风险的国家。

阿曼

阿曼是典型的资源输出型国家，经济相对发达，原油和天然气产业是国民经济的支柱，产值占GDP的27.4%，出口收入在政府财政收入中的占比近70%。阿曼国民生活水平较高、文化素质较高，人均GDP约1.5万美元，在阿拉伯国家中居于前列。受国际油价下跌的影响，近年来阿曼经济发展放缓。

【经济增长率】根据阿曼中央银行发布的数据，2018年阿曼国内生产总值约为752亿美元，同比增长2.4%，人均GDP为1.56万美元。见表3–13。

表3–13　2013—2017年阿曼宏观经济情况

年份	现价GDP（亿美元）	GDP增长率（%）	人均GDP（美元）
2013	789.1	2.9	21523
2014	810.1	2.7	20832
2015	698.1	–13.8	16271
2016	662.7	–5.1	12430
2017	746.2	7.9	16013

资料来源：阿曼中央银行

【GDP构成】据阿曼中央银行最新数据显示，2017年投资、消费、净出口占当年GDP的比例分别为：37.4%、59.1%、3.6%。据阿曼国家统计和信息中心数据，2017年阿曼油气业、农业渔业、工业和服务业占GDP的比重分别为：29.3%、1.8%、19.2%和49.7%。

【财政收支】2017年，阿曼财政赤字为37亿里亚尔，同比下降30%。2018年，阿曼财政预算收入95亿里亚尔，主要依靠石油出口；预算支出125亿里亚尔，主要用于教育、医疗、住房和社会福利；预算赤字30亿里亚尔，预计赤字的83%将通过国内外贷款填补，其余将依靠提取储备基金填补。见表3-14。

表3-14 2013—2017年阿曼财政收支情况（单位：亿美元）

年份	财政收入	财政支出	财政盈余/赤字
2013	361.60	363.75	–2.15
2014	366.80	394.47	–27.67
2015	235.76	356.17	–120.42
2016	197.8	335.6	–137.8
2017	207.3	298.4	–91.1

资料来源：阿曼中央银行

【通货膨胀率】2017年，阿曼通货膨胀率为0.58%。

【失业率】阿曼官方不公布失业率统计数据。根据世界银行估算，2016年阿曼失业人口占劳动人口的16.9%。

【公共债务】阿曼举借外债的规模和条件未受国际货币基金组织等国际组织限制。为纾解财政困局，阿曼政府努力开拓融资渠道。截至2017年底，阿曼政府公共债务为261亿美元，占GDP的35%，主要来源为境内债券；外债为391.7亿美元，主要来源为境外贷款、国际债券。其中，亚洲基础设施投资银行先后向阿曼发放两笔贷款，一笔2.65亿美元用于港口项目，一笔2.392亿美元用于通信项目。2017年6月，阿曼获中国工商银行10亿美元主权贷款；2017年7月，阿曼与中国国家开发银行、工商银行、邮储银行、交通银行等中资金融机构组成的银团签署了一笔5年期无抵押银团贷款，总额35.5亿美元。

【主权信用等级】截至2018年4月30日，国际评级机构穆迪对阿曼主权债务评级为Baa3，展望为消极。标准普尔对阿曼主权债务评级为BB，展望为稳定。惠誉对阿曼主权信用评级为BBB-，展望为消极。

叙利亚

受战争影响，当前叙利亚经济发展基本停滞。战前，叙利亚是一个中等收入国家。2000年以来叙利亚国内生产总值每年保持增长，2002年经济最高增速曾达7.9%，而这样的增速随着2011年叙利亚危机的爆发而结束。联合国开发计划署2017年年度报告显示，85%的叙利亚人口生活在国际贫困线以下，失业率从2014年的14.9%飙升至2017年的53%。联合国西亚经济社会委员会2018年8月称，叙利亚危机已经导致1200亿美元破坏性损失，对产业发展造成的损失达到2680亿美元。

【经济增长率】2006年至2010年的五年间，叙利亚GDP总值年均增长率为5%。2011年叙利亚局势动荡后，以美国为首的西方国家、阿盟对叙利亚实施制裁，叙利亚面临货币贬值、物价上升、失业率高企等多重压力，经济形势更趋严峻。由于持续战乱，近年叙利亚经济统计数据严重缺失。根据联合国报告估算，按照当前市场价格计算，2015年叙利亚GDP总值为6370亿叙镑。相关研究机构数据显示，叙利亚2015年经济增长率约-9.9%。

【GDP构成】世界银行数据显示，2007年农林渔业增加值占叙利亚GDP的比重为19.54%，工业（含建筑业）增加值占35.91%（近年数据缺失）。

【财政收支】根据叙利亚政府测算，2016年，叙利亚预算收入39亿美元，支出57亿美元，赤字为22亿美元。

【外汇储备】据相关研究机构估计，截至2017年底，叙利亚外汇及黄金储备余额为4.07亿美元，2016年的数值为5.05亿美元。

【公共债务】世界银行数据显示，截至2016年底，叙利亚外债余额为43.94亿美元。

【利率】据相关研究机构数据显示，2017年12月31日，叙利亚商业银行基准贷款利率为33.3%，2016年同期的利率为32%。

【通货膨胀率】世界银行关于叙利亚通货膨胀率的最近数据为2012年数据，即36.7%。相关研究机构数据显示，2017年叙利亚通胀率为25.5%，2016年为43.9%。

【失业率】世界银行数据显示，2017年叙利亚失业率为15.2%。

约旦

近年来，受到国际金融危机、“阿拉伯之春”及叙利亚危机等一系列负面因素影响，约旦经济增速大幅回落，GDP增长率保持在2%～3%之间。约旦当地货币为约旦第纳尔，可以与主要国际通用货币如美元、英镑、欧元等自由兑换。约旦自1995年起选择将货币盯住美元，虽未执行固定汇率制，但实际上1995年以来约旦第纳尔兑美元汇率一直保持在1：1.41的水平上。

【经济增长率】约旦系发展中国家，经济基础薄弱，资源较贫乏，可耕地少，依赖进口。21世纪初，约旦经济发展较快，GDP连续数年实现6%以上的增长。但随后受国际因素影响，开始出现回落。2018年，约旦国内生产总值为423.5亿美元，实际增速为1.9%。根据约旦中央银行统计，2018年约旦人均GDP为4108美元（现价美元）。

【GDP构成】根据相关研究机构数据，2017年，约旦农业、工业和服务业占GDP的比重分别为4.3%、28.9%和66.8%；家庭消费、政府消费、固定资产投资、库存投资、出口和进口占GDP的比重分别为 79.1%、19.3%、22.4%、1.9%、32.7%和 –55.4%。

【财政收支】根据约旦财政部数据，2017年，约旦财政收入为104.9亿美元，财政支出为115.4亿美元，财政赤字为10.5亿美元。

【公共债务】截至2017年底，约旦公共债务余额为385.2亿美元，占GDP比重约95%。根据约旦财政部数据，截至2017年底，约旦外债余额达118.6亿约旦第纳尔（约合167.3亿美元），其中美元、特别提款权、欧元、科威特第纳尔分别占67.5%、9.3%、8.5%、6.5%。内债余额为154亿约旦第纳尔（约合217.2亿美元）。

【外汇储备】截至2017年底，约旦外汇储备为122.5亿美元。

【通货膨胀率】2017年，约旦通货膨胀率为3.3%。

【失业率】2017年，约旦失业率高达18.5%，青年失业率超过30%。

【主权信用等级】截至2018年4月30日，国际评级机构标普对约旦主权信用评级为B+/B，展望为稳定。国际评级机构穆迪对约旦主权信用评级为B1，展望为稳定。约旦宏观经济情况见表3–15。

表3–15　2013—2017年约旦宏观经济情况

年份	GDP（亿美元）	人均GDP（美元）	失业率（%）	通胀率（%）
2013	335.94	4656.22	12.2	4.83
2014	358.27	4830.97	12.6	2.89

续表

年份	GDP（亿美元）	人均GDP（美元）	失业率（%）	通胀率（%）
2015	375.17	4940.05	11.1	–0.87
2016	387.60	4087.94	13.2	–0.80
2017	401.80	3992	18.5	3.3

资料来源：世界银行、中国驻约旦大使馆经商参处

阿联酋

阿联酋是中东和海湾国家中经济开放程度最高的国家之一，尤其是在2010年后，随着西亚北非地区局势持续动荡，阿联酋凭借其稳定的政局、宽松的商业环境和发达的基础设施，已经成为地区的资金流、物流的避风港，是中东和海湾地区重要的贸易、金融、物流枢纽。

人力资本是阿联酋的一大劣势，阿联酋人口较少，劳动力数量很不充裕，居民受教育程度一般，且工资水平很高。近年来，阿联酋物价水平基本稳定。根据阿联酋政府统计数据显示，2016年阿联酋通货膨胀率为1.6%，是近三年来最低。另外，阿联酋税赋压力小，基于世界银行统计数据，商业利润的总税收水平为14.1%。

阿联酋金融体系较为完善，迪拜已成为位列伦敦、纽约、新加坡、中国香港、法兰克福之后的全球第六大金融中心。此外，阿联酋实施开放的货币政策，货币为迪拉姆，可自由兑换，迪拉姆与美元的汇率固定。

【经济增长率】据世界银行最新数据，2017年阿联酋国内生产总值按现价计算为4141.79亿美元，同比增长1.4%。见表3–16。

表3–16　2013—2017年阿联酋宏观经济情况

指标	2013	2014	2015	2016	2017
实际GDP（亿美元）	3901.08	4031.37	3581.35	3570.45	3825.75
增长率（%）	5.1	4.4	5.1	3	0.8

资料来源：世界银行

【GDP构成】据世界银行数据，2017年阿联酋农业、工业和服务业占GDP的比重分别为：0.8%、43.6%和46.9%。据联邦竞争力和统计中心初步核算，非石油领域GDP现价计算为2908亿美元，占GDP总额的83.3%；油气GDP现价计算为582亿美元，占GDP总额的16.7%。在非石油领域中，批发零售占比

12.8%，建筑业占比10.3%，金融业占比10.1%，制造业占比9.5%。

【人均GDP】根据国际货币基金组织的最新数据，按照购买力平价计算，2017年阿联酋人均GDP约为6.8万美元，位列全球第九。

【财政收支】据阿联酋财政部数据，2017年联邦预算132.7亿美元，重点投入社会发展、教育和健康领域。阿联酋联邦预算仅占预算总额的10%，阿布扎比和迪拜预算占比超过80%。2017年阿联酋政府总支出为132.2亿美元。

【公共债务】相关研究机构初步数据显示，截至2017年底，阿联酋公共债务约占GDP的60.3%。截至2017年12月31日，阿联酋外债余额约为2397亿美元。

【外汇和黄金储备】阿联酋中央银行数据显示，截至2017年12月31日，阿联酋的外汇储备为894.5亿美元，黄金储备为3.14亿美元。

【通货膨胀率】据阿联酋央行数据显示，2017年阿联酋通胀率为1.8%。

【失业率】迪拜统计中心针对阿联酋劳动力的调查结果显示，2016年阿联酋失业率为0.4%，阿联酋公民失业率为2.9%。

【主权信用等级】截至2018年5月，国际评级机构穆迪对阿联酋的主权信用评级为Aa2，展望为稳定。

科威特

科威特石油储量丰富，现已探明的石油储量为1049亿桶，占世界储量的10%，居世界第五位。科威特政府计划到2020年石油日产量达到400万桶。近年来，政府在重点发展石油、石化工业的同时，强调发展多种经济，减轻对石油的依赖程度，并不断增加对外投资和吸引外资规模，促进私营部门参与经济活动。

科威特也是首个与美元脱钩的海湾合作委员会国家，其货币第纳尔在2007年5月与美元脱钩，改为与一揽子贸易加权货币挂钩。

【经济增长率】据科威特中央统计局公布的数据，2018年科威特名义GDP为1416.8亿美元，按不变价格计算实际GDP约合1317亿美元，同比上升1.2%。

【GDP构成】据科威特中央统计局统计及相关研究机构有关数据测算，2017年科威特GDP构成中，农业和渔业占0.4%；工业占62.4%；服务业占37.2%。2016年科威特GDP构成中，最终消费约占71.2%，净资本形成率约占18%。见表3-17。

表3-17 2013—2017年科威特宏观经济情况

指标	2013	2014	2015	2016	2017
宏观经济GDP（亿美元）	1757.50	1633.8	1217	1108.4	1202
GDP中，石油和天然气部分（亿美元）	1103.30	1025.30	763.10	656.2	658.8
非石油部分（亿美元）	654.20	608.50	453.90	452.2	543.2
经济增长率（%）	2.30	–1.60	0.9	2.4*	–2.9
人口（万）	397.00	409.00	423.90	422.50	408.3
人均GDP（万美元）	4.43	3.99	2.87	2.49	2.90
CPI（2007年=100）	161.08	166.12	172.23	178.23	180.91
对外贸易（亿美元）	1444.10	1354.40	868.5	770.9	885.0
出口（亿美元）	1150.15	1040.00	549.6	462.6	549.1
进口（亿美元）	293.95	314.40	318.9	308.3	335.9
贸易顺差（亿美元）	856.20	725.60	230.7	154.3	213.3
通货膨胀率（%）	2.70	2.90	3.30	3.40	1.5
兑美元的汇率（1美元兑科威特第纳尔）	0.284	0.285	0.301	0.302	0.303

资料来源：科威特中央银行、科威特中央统计局和国际货币基金组织

【财政收支】根据科威特中央统计局发布的2017—2018财年科威特国家预算数据，该预算预计支出为212亿第纳尔，收入为133亿第纳尔，财政赤字预计为79亿第纳尔。2017—2018财年预算中原油价格设定为每桶45美元，如果原油实际价格超过每桶71美元，在扣除后代基金后可实现预算平衡。2017—2018财年预算石油收入预计为117亿第纳尔，比上一财年增长36%。2017—2018财年预算中建设项目支出为205亿第纳尔，主要用于机场扩建和道路建设等主要基础设施项目。2017—2018财年科威特发展战略项目总数为161个，总投资额为45.7亿第纳尔，其中国家财政支付15亿第纳尔。

【外汇储备】据世界银行统计数据，截至2017年底，科威特外汇储备总额为368.90亿美元。

【公共债务】据国际货币基金组织测算，2017年科威特政府债务总额约

占GDP的20.6%。

【通货膨胀率】2017年，科威特通货膨胀率为1.5%。

【失业率】2017年，科威特失业率为2.1%。

【主权信用等级】主权信用良好。截至2017年3月1日，国际评级机构标普对科威特主权信用评级为AA/A-1+，展望为稳定。截至2018年6月2日，国际评级机构穆迪对科威特主权信用评级为Aa2，展望为稳定。截至2016年11月9日，国际评级机构惠誉对科威特主权信用评级为AA/F1+，展望为稳定。截至2018年5月，惠誉将科威特的长期外币发行人违约评级维持在“AA”级，未来展望为“稳定”。

以色列

以色列是经济多元化的工业发达国家，其经济以知识和技术密集型产业为主。生活水平与大多数西欧国家相仿，高于西班牙、葡萄牙和希腊等欧盟成员国。以色列在通信、信息、电子、生化、安保和农业等领域技术先进，高科技产品在国际市场上极具竞争力。出口对以色列的经济增长具有重要作用，占以色列全年GDP的35%左右，出口产品以工业制成品为主，尤其是高科技产品。进口则主要是原材料和投资性商品。另外，以色列税收负担较低，基于世界银行统计数据，商业利润的总税收水平在26.8%左右。

【经济增长率】2018年，按当前市场价格计算，以色列名义GDP为13279.42亿新谢克尔，同比增长4.4%，约合3673.79亿美元；全年人均名义GDP为149526新谢克尔，约合41592美元。

【GDP构成】据相关研究机构统计，2017年以色列GDP按产业类型分类，农业约占3%、工业约占27%、服务业约占70%；按贡献方式分类，消费占77.4%（其中，居民消费占55.4%，政府消费占22%）、投资占20.7%（其中，固定资本投资占20.5%，存货投资占0.2%）、净出口占1.9%（其中，货物和服务出口占29.8%，进口占-27.9%）。

【财政收支】2017年以色列财政收入928.2亿美元，财政支出1021亿美元，预算赤字为92.8亿美元，占GDP的2.7%。

【外汇和黄金储备】据以色列央行报告，截至2017年12月底，以色列外汇储备1130亿美元，居世界第29位，较上一年度增长18.39%。

【公共债务】据相关研究机构统计，截至2017年12月31日，以色列对外债务总计930.2亿美元，较上一年度增长5.75%。

【通货膨胀率】据相关研究机构统计，以色列2017年通胀率为0.2%，较上一年度上升0.7%。

【失业率】2017年以色列失业率为4.5%。

【主权信用等级】2017年8月，国际评级机构标普对以色列主权信用评级为A+，将其前景评级从“稳定”上调到“积极”，但同时表示，地缘政治局势是以色列信用评级的主要风险，在安全形势或以色列政府的财务状况出现显著恶化的情况下，将改变其决定。截至2018年5月，国际评级机构穆迪对以色列主权信用评级为A1，展望为稳定；同期，国际评级机构惠誉对以色列主权信用评级为A+/F1+，展望为稳定。以色列宏观经济情况见表3-18。

表3-18　2013—2017年以色列宏观经济情况

年份	2013	2014	2015	2016	2017
GDP（亿美元）	2924.08	3056.75	2960.75	3079.18	3079.18
GDP增幅（%）	3.25	3.2	2.5	4	3.1
人口（万人）	805.95	821.57	838.04	846.20	883.47
人均GDP（万美元）	3.63	3.72	3.53	3.60	3.62
人均GNI（万美元）	3.43	3.53	3.54	3.51	3.52
通胀率（%）	1.8	0.48	–0.8	–0.54	0.2

注：货币单位美元为当年价值。
资料来源：2013—2014年通胀率为以色列中央统计局数据，2015年通胀率为以色列银行数据，2016年数据根据以色列央行报告，2017年数据为相关研究机构数据。

巴勒斯坦

巴勒斯坦农产品丰富，农业是巴勒斯坦国民经济的支柱。水果、蔬菜和橄榄（油）是外贸出口的重要部分，占出口产品的25%。可耕地面积为16.6万公顷。从事农业的劳动力占劳动力总数的百分之二十左右。2012年，巴勒斯坦农业总产值达3.3亿美元，占国内生产总值的5%。其他产业包括建筑业、加工业、手工业、商业、服务业等。巴勒斯坦经济严重依赖以色列，巴以冲突持续对巴勒斯坦经济发展形成严重制约。国际援助是巴勒斯坦民族权力机构的主要收入来源之一。2012年，由于外部财政援助未能及时到位、以色列持续对巴勒斯坦封锁等原因，巴勒斯坦出现严重财政困难。

卡塔尔

卡塔尔油气资源丰富，经济总量不大，但是人均水平位居世界前列，属于高收入经济体，是西亚北非地区经济前景最稳定的国家之一。石油、天然气是卡塔尔的经济支柱，国际油价走势与卡塔尔经济走势密切相关。2000年以来，卡塔尔政府大力推行经济多元化战略。

卡塔尔失业率一直保持在较低水平。卡塔尔人口基数小，劳动力人口少，劳动力供应紧张。卡塔尔本国人超过90%在政府部门或国有企业就业，故需要大量引进国外人才和普通劳动力。

卡塔尔货币为里亚尔，采用盯住美元的固定汇率，里亚尔兑美元的汇率一直保持在3.64∶1。此外卡塔尔采取自由兑换制度，不实行外汇管制。

【经济增长率】卡塔尔发展规划和统计部相关数据显示，2018年卡塔尔的实际GDP增长率为1.4%，比2017年的增幅下降0.2%。另据世界银行统计和测算，2013至2017年卡塔尔经济情况见表3-19。

表3-19　2013—2017年卡塔尔宏观经济情况

年份	GDP总量（亿美元）	人口（万人）	实际GDP增长率（%）	人均GDP（美元）
2012	1902.90	201.56	4.88	94409
2013	2018.85	210.13	4.58	96076
2014	2101.09	217.21	4.07	96730
2015	1669.08	223.54	3.86	74666
2016	1524.72	230.00	2.24	66292
2017	1663.30	264.17	1.60	60811

资料来源：根据世界银行统计和《2017年全球经济展望》测算。

【GDP构成】卡塔尔支柱产业是石油天然气及与之相关的石化产业，长期占卡塔尔GDP的50%以上。近年来，卡塔尔经济逐渐由单一油气经济向多元化发展，推行经济多元化战略。2014年底卡塔尔非油气领域产值首次超过油气领域，占GDP的50.7%。2017年非油气领域经济比重进一步提高，达到67.3%。2017年卡塔尔GDP总量中，消费占47.1%（其中，家庭消费占GDP比重为24.7%，政府消费占GDP比重为22.4%）；投资占37.8%；净出口占13.7%

（其中，货物和服务出口占50.8%，货物和服务进口占37.1%）。

【产业结构】2017年卡塔尔GDP总量中，第一产业占比0.2%，第二产业占比54.8%，第三产业占比50.8%。主要农产品包括水果、蔬菜、禽类、奶制品、牛肉和鱼；主要工业产品包括液化天然气、原油产品和精炼油、氨水、化肥、石化、钢筋、水泥等。

【人均GDP】2017年卡塔尔居民（含居住期1年以上的外国人）人均GDP超过6万美元，名列全球前茅。

【财政收支】据卡塔尔央行公布的测算数据，2017财年，卡塔尔财政收入441亿美元，财政预算支出538亿美元，预算赤字97亿美元，较2016年赤字有所收窄，占GDP比重为5.8%。

【通货膨胀率】据国际货币基金组织测算，2017年卡塔尔通货膨胀率估计为0.4%。

【失业率】卡塔尔失业率一直保持在较低水平，自2006年以来一直在1%以下，多数年份失业率处于0.3%～0.5%之间。据国际货币基金组织测算，2017年卡塔尔失业率估计为0.2%，大幅低于世界平均水平。

【公共债务】根据卡塔尔央行数据，截至2017年底，卡塔尔政府外债余额为299亿美元，较上年下降20亿美元。

【外汇储备】卡塔尔国民银行研究报告显示，截至2017年12月底，卡塔尔外汇储备达149亿美元。2017年以来，油气价格有所回升，卡塔尔外贸总体顺差，出口总额达674亿美元，进口总额为293亿美元。

【主权债务等级】卡塔尔被评为中东地区经济前景最稳定的国家之一。截至2018年5月20日，国际评级机构标普对卡塔尔主权信用评级为AA-，展望为负面；穆迪对卡塔尔主权信用评级为Aa3，展望为负面；惠誉对卡塔尔主权信用评级为AA-，展望为负面。

黎巴嫩

2006年黎以冲突结束后， 黎巴嫩国内政局及周边局势渐趋稳定，黎巴嫩经济稳中有升，但受到全球经济低迷、地区局势不稳定、难民问题，以及由此产生的资源紧缺和社会安全问题的影响，黎巴嫩经济面临多重挑战。据《阿拉伯经济和建设》杂志近期报道，黎巴嫩制造业PMI指数为46.2%，低于50%的景气临界点，主要原因是黎巴嫩政局持续动荡，外国投资不断减少，财政赤字继续扩大，私营企业经济活动萎缩，企业减产，新需求降低，经济持续衰退。见表3–20。

表3–20　2013—2017年黎巴嫩宏观经济情况

年份	GDP（亿美元）	GDP增长率（%）	人均GDP（美元）	人口（百万）	人均GNI（美元）
2013	468.67	2.62	7924	5.91	7610
2014	482.96	1.88	7712	6.26	7500
2015	499.74	0.42	7650	6.53	7290
2016	512.39	1.61	7634	6.71	7250
2017	533.94	0.55	7838	6.85	7500

资料来源：世界银行

【GDP构成】据估算，2017年，黎巴嫩农业、工业和服务业占GDP的比例依次为5.7%、21%和73.1%。黎巴嫩经济增长的主要动力来自金融、房地产和旅游三大产业。

【外汇储备】据黎巴嫩中央银行数据，2017年末黎巴嫩的外汇储备总额为531亿美元。

【财政收支】据黎巴嫩财政部数据，2017年黎巴嫩财政收入为108.31亿美元，财政支出为141.49亿美元，财政赤字为33.18亿美元，较2016年下降10%。

【通货膨胀率】根据黎巴嫩投资发展局数据，黎巴嫩2017年平均通胀指数为100.55，同比下降0.09%，截至2017年底，全年平均通胀率为5%。

【失业率】据国际劳工组织数据，黎巴嫩2017年青年失业率约为21.8%。

【侨汇收入】据黎巴嫩投资发展局数据，2017年黎巴嫩侨汇收入约80亿美元，同比增长5.3%。

【存款收入】据黎巴嫩投资发展局数据，截至2017年末，黎巴嫩私有和公共部门存款共计1730亿美元。

【公共债务】据黎巴嫩财政部统计数据，截至2017年末，黎巴嫩公共债务余额为798亿美元，同比增长6.5%，约为GDP的1.51倍；其中本币债务为493亿美元，外币债务为302亿美元。

【主权信用等级】受叙利亚局势冲击及黎巴嫩国内政局不稳等因素影响，2012年以来，国际主要信用评级机构对黎巴嫩主权信用评级在"稳定"

与“负面”之间调整。2016年下半年，黎巴嫩选出新总统，组建新内阁后，政治局势趋向缓和，评级展望相应调整为向好。2018年2月1日，国际评级机构穆迪对黎巴嫩主权信用评级为B-，展望为稳定。

巴林

巴林目前政局稳定，法律较为健全，劳动力素质高，市场自由、开放，金融行业发达，营商环境便利。石油产品出口占巴林出口总额约50%，更占政府收入将近80%。石油产品出口为巴林带来贸易顺差，但近年来国际油价下跌令其出口总额大幅下降。政府部门收入减少，财政赤字攀升。

巴林法定货币为巴林第纳尔，可自由兑换货币。巴林自2001年以来采取巴林第纳尔与美元的联系汇率制度，至今，兑美元的汇率一直保持在1：2.67。

【经济增长率】近年来，受国际油价持续低迷影响，作为巴林国民经济支柱的油气产业收入锐减，巴林经济下行压力加大。见表3-21。

表3-21　2013—2017年巴林宏观经济情况

	2013	2014	2015	2016	2017
GDP（亿美元）	330.27	339.84	308	318	329
GDP年增长率（%）	5.3	4.5	2.9	3.4	3.9
人均GDP（美元）	26874	25851	22367	22394	21958
人口（万人）	122.90	131.46	137.70	142	150

资料来源：巴林中央信息局、巴林中央银行

【GDP构成】根据世界银行统计数据，在巴林2017年GDP构成中，农业占GDP比重为0.29%，工业占GDP比重为41.31%，服务业占GDP比重为57.45%。

【财政收支】受国际油价持续低迷影响，作为巴林财政收入主要来源的油气产业收入锐减，政府部门捉襟见肘，财政赤字大幅攀升。根据巴林政府预算数据，按每桶油55美元价格计算，2017年巴林财政赤字估计为35.66亿美元，占GDP的11%。

【外汇储备】截至2017年底，巴林外汇储备约为21.7亿美元。

【公共债务】截至2017年底，巴林公共债务余额为297亿美元，占GDP比重为90%。

【通货膨胀率】2017年巴林的通货膨胀率为1.4%。

【失业率】巴林的失业率为4.2%。

【主权债务等级】国际评级机构标普对巴林主权信用评级为B+，展望为稳定。国际评级机构穆迪对巴林主权信用评级为B1，展望为负面。国际评级机构惠誉对巴林主权信用评级为BB-，展望为稳定。

二 消费市场

西亚北非十六国总人口接近5亿，人均年收入从阿联酋、科威特等的3万至4万美元到伊朗、伊拉克、也门等国家的5000至6000美元不等。该地区国家需求的轻工、日用、电子、纺织服装等产品基本都要依赖进口。此外，地区国家人口结构年轻化，购买力较强。但部分国家因受战乱影响，消费市场萎靡，与消费相关的统计数据缺失。

此外，虽然西亚北非部分国家国内市场不大，但却有较强的辐射带动能力。例如，迪拜作为西亚北非地区最重要的港口城市之一，加之优厚的免税政策和自由的贸易经济，使迪拜成为转口非洲和周边海湾国家最大的贸易批发市场，辐射人口达到13亿，在这里云集了非洲三十多个国家的客商，常年在这里采购日用、轻工、电器、服装等货物。通常迪拜进口贸易额度的75%转口非洲市场，20%转口周边海湾国家，5%直接在阿联酋消费。中国作为世界轻工、电器、纺织服装等产品的生产大国，产品在全世界以物美价廉著称，有较大的优势开拓该地区市场。

沙特

沙特是西亚北非地区最大的消费市场。沙特的消费品市场处于初级发展阶段，经营形式粗放，消费市场终端与上游生产环节严重脱节。沙特绝大多数生产资料和消费品依靠进口。2017年总需求为6386.13亿美元，同比下降7.08%，其中私人消费为2763.29亿美元。

沙特人口结构年轻化，且具有较强购买力。据统计，沙特30岁以下人口占总人口的70%，20岁以下人口占46%，只有5%的人口超过60岁，年轻化的人口结构将产生庞大的消费市场、强劲的消费增长。

伊朗

伊朗人口接近八千万，是西亚北非地区第二人口大国，仅次于埃及。

2017年伊朗消费总支出约为1942亿美元，占GDP的42.3%。

埃及

埃及人口规模与结构以及大量侨汇收入使得埃及国内消费具有较强韧性，需求潜力较大。美国农业部报告称埃及市场是阿拉伯世界最大和最多元的市场。根据世界经济论坛发布的2017—2018年度竞争力报告，埃及市场规模位居全球第25名，是整个非洲和中东地区最大的单一市场。

2017年以来，埃及通货膨胀率呈下降趋势，国内消费能力渐趋恢复，对整体经济复苏起到一定促进作用。2017年全年消费支出为3.562万亿埃镑。2018年2月消费信贷为2688.37亿埃镑，3月为2747.27亿埃镑。2017年第四季度消费者信心指数达84（2015年12月为77）。埃及是世界第六大侨汇国家，侨汇在支撑消费，尤其是在中产阶层消费方面发挥较大作用。

土耳其

2017年，土耳其人口达8081万，人均GDP为10597美元，是备受瞩目的新兴市场。土耳其社会保障体系较为完善，民众消费基本无后顾之忧。但是，由于贫富差距较大，民众消费水平不一。

2017年，土耳其储蓄率为25.38%，家庭月均生活支出为1854里拉。其中，住房支出占24.7%；饮食支出占19.7%；衣着支出占5%；教育支出占2.3%；医疗卫生支出占2.2%。

也门

2012年，人均生活支出费用约为每人每年847美元；国民生活支出费用总额约为每年210亿美元。也门家庭月平均消费中食品支出占39.4%，非食品支出占60.6%。

伊拉克

据相关研究机构数据，2017年伊拉克国民总储蓄占GDP的19%。2013年，当地居民家庭消费支出占GDP的50.4%，2016年政府消费占GDP的22.9%。

阿曼

阿曼大多数生活用品需要进口，当地物价水平较高。近年来，阿曼通货膨胀率稳定保持在1%～2%。据阿曼国家统计和信息中心数据，2017年阿曼国民储蓄总值占GDP的比重为19.7%，人均可支配收入为14691美元。另根据相关研究机构数据，2017年阿曼消费总额占GDP的比重为59.1%，其中家庭消费占GDP的34.4%，政府消费占GDP的24.6%。

叙利亚

据叙利亚统计局统计，以2009年当年现价计算，叙利亚全年最终社会消费总额为321亿美元。由于战乱导致近年的统计数据缺失，其后的社会消费数据暂时不可得。

约旦

根据相关研究机构数据，2017年约旦家庭最终消费支出占GDP的79.1%，约为317.8亿美元。根据约旦统计局2017年5月公布的数据显示，约旦家庭平均每年消费额约为10250约旦第纳尔，其中包括3500约旦第纳尔的食品，450约旦第纳尔的烟酒和6300约旦第纳尔的非食品类商品和服务。

约旦绝对贫困线标准为每月46约旦第纳尔（约合65美元）/人，目前约旦中等水准家庭每人每月平均支出200美元左右，其中住房费用支出相对饮食、衣着、旅游及其他生活开支占比较大。

阿联酋

目前，迪拜已经成为海湾和中东地区的经济和贸易转口中心，并着力打造伊斯兰经济之都。迪拜的市场辐射红海和海湾地区各国，消费者人数达15亿，并且作为连接中东与非洲、欧洲的枢纽，在全球货运和分送系统中发挥着重要的链接作用。世贸组织曾表示，迪拜港是继新加坡与中国香港之后的全球第三大转口中心。

随着近年经济的稳步增长、国民收入提高及人口增长，阿联酋社会最终消费支出亦逐年递增。世界银行数据显示，2017年，阿联酋最终消费支出总额约合1806.95亿美元，其中居民最终消费支出约合1335.7亿美元，约占社会最终消费总额的73.9%。

科威特

科威特国籍居民储蓄率偏低，侨民的储蓄率相对较高。生活支出取决于收入水平，差别很大。高收入阶层人均月生活支出（不包括住房、旅游）费用为100～150第纳尔；中等收入阶层为80～100第纳尔；低收入阶层则为20～50第纳尔。

根据科威特中央统计局统计，2015年科威特批发和零售总额为16.18亿第纳尔（约合56.77亿美元），占当年GDP的3.5%。

以色列

以色列中央统计局数据显示，2016年以色列每个家庭（平均3.27个家庭成员）月均支出为12323新谢克尔。据世界银行数据显示，2016年以色列居民最终消费支出为1750.32亿美元，一般政府最终消费支出为709.93亿美元。

巴勒斯坦

尚无相关数据。

卡塔尔

据相关研究机构测算，2017年卡塔尔全民家庭总支出为1120亿里亚尔，约合304亿美元，人均年度支出4.24万里亚尔，约合1.16万美元。

根据卡塔尔发展规划与统计部报告，2017年卡塔尔全国居民消费零售额为1506亿里亚尔。ALPEN资本公司预计，随着卡塔尔基础设施建设的蓬勃发展和人口的高速增长，2015—2018年，卡塔尔零售市场年均增长率将达12%，超过同期海合会国家9.8%的平均增速。

黎巴嫩

根据相关研究机构数据，2017年黎巴嫩家庭消费支出占GDP的比重为87.6%，政府消费支出占GDP的13.3%。

巴林

巴林人口较少，国内市场并不大，但是巴林作为海湾地区主要的银行和金融中心，可以辐射到周边国家，且巴林的金融市场开放程度较高，秩序规范，经营成本较低。

据巴林中央银行统计，2010年全国消费品零售总额为106.7亿美元，占国内生产总值的49.1%（近年未公布新数据）。另据相关研究机构数据，2017年巴林家庭消费支出占GDP的比重为45.8%，政府消费支出占GDP的15.5%。

三 贸易规模

西亚北非地区是全球重要的国际贸易市场，对外贸易在该地区国民经济中占有主要地位。该地区进出口贸易有其显著特点：西亚北非国家凭借丰富的资源禀赋所生产的原油、化工产品、矿产、农产品等大部分供出口，大量生产和生活资料需要进口，例如机械设备、运输设备、家用电器、纺织品、服装、食品、手工具等。

中国是西亚北非地区国家最重要的贸易伙伴之一，中国与这些国家在资源禀赋、产业结构上有较大差异，经济互补性较高，因此双边贸易活跃，主要形式是以工业制成品换原油。中国向西亚北非地区国家出口各类工业制成品；进口的商品比较单一，主要集中于能源产品，尤其是原油。

沙特

（1）参与贸易协定及辐射市场

沙特于2005年12月加入世界贸易组织，是世界银行、国际货币基金组织、阿拉伯货币基金组织、海湾国家合作理事会、泛阿拉伯自由贸易区、伊斯兰会议组织经济贸易合作常务委员会、伊斯兰发展银行、石油输出国组织、亚投行等国际组织的成员。此外，沙特还与意大利、德国、比利时、中国、阿尔及利亚、阿根廷等国家签署了双边协定，协定涵盖经济、技术，以及文化、税收等方面。

海合会这一特殊的区域一体化组织的建立，增强了沙特在贸易、金融、电信等各方面向其他成员国的辐射能力。海合会一体化进程将影响沙特对其他成员国的辐射程度；海合会作为整体与世界其他国家或地区签署各种经贸协议（特别是自贸协议）的进展，对沙特向世界其他市场辐射有重要影响；沙特国内非石油产业、服务业的发展，以及人才素质的提高将直接影响沙特对国外市场的辐射能力。

（2）贸易规模

沙特实行自由贸易和低关税政策。2018年沙特进出口总额为4303亿美元，同比增长21%。其中，沙特出口额为2933亿美元，同比增长32.7%；进口额为1370亿美元，同比增长1.9%。见表3-22。

表3-22　2013—2017年沙特进出口情况（单位：亿美元）

年度	进口额		出口额		进出口总额
	金额	增幅（%）	金额	增幅（%）	
2013	1531	8	3670	-5.5	5201
2014	1504	-2.6	3596	-4.4	5100
2015	1747	16.15	2036	-43.38	3783
2016	1402	-19.8	1836	-9.8	3238
2017	1345	-4	2218	20.8	3563

资料来源：沙特经济计划部统计局《沙特年度经济运行报告》和《沙特统计年鉴》

2018年，沙特依然是中国在西亚北非地区最大的贸易伙伴；中国也是沙特第一大贸易伙伴。据中方统计，2018年，双边贸易额为633.35亿美元，同比增长26.3%。其中，中国对沙特出口174.44亿美元，同比下降5.1%，主要出口产品为机电产品、纺织品、日用品等；中国自沙特进口额为458.91亿美元，同比增长44.4%，主要进口产品为原油和石化产品。2018年中国自沙特进口原油5673.26万吨，约占中国原油进口总量的12%。见表3-23。

表3-23　2013—2017年中国与沙特双边贸易统计（单位：亿美元）

年份	中国自沙特进口额	中国向沙特出口额	进出口总额
2013	534.6	187.4	722
2014	485.64	205.84	691.48
2015	300.35	216.23	516.58
2016	236.1	186.5	422.6
2017	317.64	182.2	499.84

资料来源：中国海关

伊朗

（1）参与贸易协定及辐射市场

伊朗尚未加入世界贸易组织，但于1992年2月，伊朗成为经济合作组织成员国。2004年3月，伊朗和巴基斯坦签署优惠贸易协定；2014年12月，伊朗与巴基斯坦签署经贸合作备忘录。伊朗与发展中八国集团的马来西亚、尼日利亚、土耳其、印度尼西亚和巴基斯坦签署的特惠贸易协定于2016年7月1日生效。2018年5月17日，伊朗与欧亚经济联盟签署临时自贸区协定，该协定包括初步的拟减免税商品清单，涉及双方50%的贸易额；伊朗与欧亚经济联盟计划在三年内签署全面的自贸区协定。

伊朗凭借其地理及资源优势，对伊拉克、土耳其、阿富汗、巴基斯坦，以及波斯湾沿岸国家、高加索国家、中亚独联体国家市场有较好的辐射作用。伊朗正在推动建设伊朗至巴基斯坦天然气管道。伊朗是欧洲潜在的天然气供应国，一直积极争取参与欧洲天然气管线（Nabucoo管线）的建设。

（2）贸易规模

对外贸易在伊朗国民经济中占有重要地位，伊朗在对外贸易中实行“积极推行私有化，鼓励非石油产品出口、限制进口”等贸易政策。这一系列的贸易政策延续至今，且在未来很长一段时间内，仍将是伊朗对外贸易政策的核心所在。总体来看，伊朗对外贸易处于贸易顺差状态，且顺差额连年增加。

根据伊朗贸易促进组织的数据，2018年伊朗对外贸易总额为940亿美元，其中原油出口150亿美元，非油产品出口506亿美元。

据中国海关统计，2018年中伊双边贸易额为351.3亿美元，同比下降5.4%。其中，中国自伊朗进口额为211亿美元，同比增长13.7%；向伊朗出口额为140.3亿美元，同比下降24.5%。

埃及

（1）参与贸易协定及辐射市场

埃及参与国际贸易协定非常活跃，签订了多个双边及多边贸易协定，于1995年加入世界贸易组织，加入的区域贸易协定包括泛阿拉伯自由贸易区、东南非共同市场等；与欧盟、欧洲自由贸易联盟等签订了自由贸易协定。2018年3月，埃及参加非盟特别峰会，签署非洲大陆自由贸易区框架协议。

埃及是非洲工业化基础较好的国家，交通航运和空运发达。市场容量大，劳动力资源丰富，同时地处亚非欧三大洲的交通要冲，占据苏伊士运河和地中海航运要道，地理区位优越，对阿拉伯国家有影响力，并能有效辐射非洲市场。埃及贸易协议涉及的市场人口多达15.63亿，辐射的市场范围包括：欧盟、阿拉伯国家、非洲国家、南方共同市场（阿根廷、巴西、巴拉圭和乌拉圭），以及突尼斯、约旦、摩洛哥、以色列和土耳其。

（2）贸易规模

埃及对外贸易连年逆差。政府相关部门长期采取行政、金融、关税、反倾销和反补贴，设置技术贸易壁垒等手段限制进口。出口方面，政府大力鼓励非资源型产品投资和出口，但埃及的出口额只占国家GDP的8%。自实行浮动汇率后，埃镑大幅贬值，对进口抑制作用明显，出口增长，贸易逆差明显缩减。2018年，埃及货物进出口额为1103.7亿美元，同比增长20.3%。其中，出口293.8亿美元，增长13.3%；进口809.9亿美元，增长22.1%；贸易逆差516.1亿美元，同比增加27.7%。

2006年11月，埃及宣布承认中国完全市场经济地位。近年来，中埃双边贸易额持续保持增长态势，2015年达到128.7亿美元的高峰，此后的2016年和2017年连续两年出现下降，主要原因包括埃及政府采取的一系列限制进口措施、埃镑大幅贬值、市场大幅萎缩等，同时，中国从埃及进口增加明显。见

表3-24。

表3-24　2013—2017年中国与埃及双边贸易统计（单位：亿美元）

年份	贸易额	增长率	出口	增长率	进口	增长率
2013	102.1	6.9%	83.5	1.6%	18.6	40.5%
2014	116.2	13.9%	104.6	25.2%	11.6	-37.3%
2015	128.7	10.8%	119.6	14.4%	9.1	-20.9%
2016	109.9	-14.7%	104.3	-12.7%	5.5	-39.8%
2017	108.27	-1.5%	94.87	-9.1%	13.40	142.1%

数据来源：中国海关

土耳其

（1）参与贸易协定及辐射市场

土耳其于1995年加入世界贸易组织，同时还是经济合作与发展组织、二十国集团（G20）、澳大利亚集团、黑海经济合作组织、欧洲理事会、东南欧合作倡议、西欧联盟、桑戈委员会成员，还是欧盟候选国和美洲国家组织观察员，1996年与欧盟签署了关税同盟协定。

土耳其已先后与欧盟、以色列、波黑、马其顿、巴勒斯坦、突尼斯、摩洛哥、埃及等国家和地区达成了自由贸易协定。土耳其目前正在与秘鲁、乌克兰、哥伦比亚、厄瓜多尔、墨西哥、日本、新加坡、喀麦隆、塞舌尔、海合会、利比亚、南方共同市场、刚果（金）等国家和地区组织就签订自由贸易协定进行谈判。

土耳其地理位置独特，横跨亚洲、欧洲两大洲，是两大洲商品集散地和海陆空交通枢纽。另外，土耳其与非洲、独联体国家经济联系密切。

（2）贸易规模

据土耳其统计局统计，2018年货物贸易进出口额为3909亿美元。其中，出口1679亿美元，同比增长7.0%；进口2230亿美元，同比下跌4.6%；贸易逆差551亿美元。

中国是土耳其第二大贸易伙伴国（仅次于德国）和第一大贸易逆差来源地。根据中国海关统计，2018年中国与土耳其贸易总额为215.5亿美元，其中中国对土耳其出口额为177.9亿美元，自土耳其进口额为37.6亿美元。

也门

（1）参与贸易协定及辐射市场

2013年12月4日，也门正式成为世贸组织第160个成员国。根据世贸组织规则，也门作为中东和北非最不发达国家，在其几乎所有出口市场享受免关税和免配额待遇，这对其经济增长非常重要。

也门于1945年5月5日加入阿拉伯国家联盟，是最早加入阿盟的国家之一。2005年1月1日，大阿拉伯自由贸易区成立，也门是17个成员国之一。近年来，也门积极推进加入海湾国家合作委员会进程，努力扩大与海合会国家的经贸合作。也门还是欧盟提供关税优惠的受惠国，根据2012年11月欧盟委员会公布的新的普惠制方案，也门被列为普惠制第一类国家，可享受：自2014年1月1日至2023年12月31日，对也门等49个最不发达国家的进口产品实行免关税政策。据国际货币基金组织统计，截至2015年也门签署了约十八个双边贸易协定。

也门处于沟通西亚和非洲的特殊地理位置，又控制着红海、曼德海峡等欧亚海洋运输干线，经济区位和战略地位都很重要；同时，也门又是大阿拉伯自由贸易区成员，享受自由贸易区内关税减让的特殊优惠政策。因此，也门的市场辐射区域非常广泛，可有效辐射至阿拉伯半岛、中东和非洲东部各国家。

（2）贸易规模

2015年以前，也门进出口贸易基本保持平稳。但自2015年国内危机升级以来，进出口贸易急剧下滑。地缘政治危机和冲突严重影响了也门的贸易环境。世界银行数据显示，2015年也门进出口总额为75.7亿美元，下降62%；2016年继续下降；2017年回升至79亿美元，比上年增长8.7%。2016年，货物贸易总额占GDP的40%。见表3-25。

表3-25　2011—2017年也门进出口情况（单位：亿美元）

年度	贸易总额	出口额	进口额	贸易差额
2011	209.6	97	112.6	-15.60
2012	215.7	83	132.7	-49.73
2013	215.7	83	132.7	-49.73
2014	198.4	78	120.4	-42.42

续表

年度	贸易总额	出口额	进口额	贸易差额
2015	75.7	10	65.7	–55.73
2016	72.7	5	67.7	–62.7
2017	79.0	8	71.0	–63.0

资料来源：世界银行

中也双边贸易发展迅速，中国已经成为也门最大的贸易伙伴国。中国与也门双边贸易具有很强的互补性。2018年中也进出口贸易额为25.92亿美元，增长12.6%，但仍低于也门内战前的水平，仅相当于2012年双边贸易额的47%。见表3–26。

表3–26　2010—2017年中国与也门双边贸易统计（单位：亿美元）

年份	进出口总额		中国出口		中国进口	
	金额	增幅（%）	金额	增幅（%）	金额	增幅（%）
2010	40.03	66.4	27.79	124.6	12.24	4.8
2011	42.40	5.9	31.36	12.8	11.04	–9.8
2012	55.60	31.0	36.00	14.8	19.60	77.0
2013	52.00	–6.4	30.61	–15.0	21.39	9.4
2014	51.40	–1.2	29.40	–4.1	22.00	2.9
2015	23.30	–54.6	8.98	–69.4	14.32	–35
2016	18.58	–20.2	16.92	18.3	1.66	–81.5
2017	23.04	24	16.44	–2.9	6.60	297.5

资料来源：中国海关

伊拉克

（1）参与贸易协定及辐射市场

在阿拉伯国家联盟投资促进和保护安排中，伊拉克共签署了32个双边协定和9个多边协定。与其签订双边协定的国家包括：阿富汗、孟加拉国、印度、伊朗、日本、约旦、科威特、毛里塔尼亚、韩国、斯里兰卡、叙利亚、突尼斯、土耳其、英国、越南和也门。这些协定内容包括：促进和保护投资的一般规定、利润汇出条款、诉诸仲裁和解决纠纷条款、公平征用和损失补偿条款等。

（2）贸易规模

据世界贸易组织数据，2017年，伊拉克对外贸易额为867.5亿美元，其中出口额为455.3亿美元，进口额为412.2亿美元。

1990年海湾危机爆发后，中国根据联合国有关决议，终止了与伊拉克的经贸往来。1996年，联合国"石油换食品"计划启动，中伊在该计划框架下恢复了经贸交往。2003年，受战争影响，中伊双边贸易额大幅下滑，此后逐步回升。据中国海关统计，2017年两国贸易额为221.4亿美元，同比增长21.6%。其中，中国出口额为83.3亿美元，进口额为138.1亿美元，同比增幅分别为10.4%和29.5%。伊拉克是中国在西亚北非地区的第三大贸易伙伴，中国是伊拉克最大贸易伙伴。

阿曼

（1）参与贸易协定及辐射市场

阿曼于2000年加入世贸组织。作为海湾合作委员会的成员国，阿曼加入了海合会关税同盟。此外，阿曼还是环印度洋地区合作联盟的创始国、阿拉伯自由贸易区成员。

阿曼具有较优越的地理位置，东部由北自南海岸线长达数千公里，进出口贸易运输不受霍尔木兹海峡的影响，对外贸易可以辐射周边地区16亿人口的消费市场。向东北可达伊朗，往西北可深入海湾各国及其他中东国家，西南则可通达非洲印度洋沿岸各国。

（2）贸易规模

阿曼进出口贸易多年连续保持贸易顺差。2018年，阿曼外贸总额达812亿美元，同比增长36.9%。其中，出口444亿美元，进口368亿美元。见表3-27。

表3-27　2013—2017年阿曼进出口情况（单位：亿美元）

年份	进出口总额	增长（%）	进口	出口	顺差
2013	907.35	12.4	343.23	564.12	220.89
2014	828.40	–8.7	344.80	483.60	138.80
2015	636.92	–23.1	289.85	347.07	57.22
2016	513.13	–19.4	237.76	275.37	37.61
2017	593.11	15.6	264.27	328.84	64.57

资料来源：国家统计和信息中心

据阿曼官方数据显示，2018年中阿贸易水平回升，中国是阿曼最大贸易伙伴、出口目的国和第三大进口来源国，且已连续11年保持阿曼石油第一大进口国地位。阿曼也是中国在中东的第四大贸易伙伴。双方还签订了双边投资协定，是关系友好的贸易伙伴。据中国海关统计，2018年中阿双边贸易额为217.4亿美元，同比增长40%。其中，中国出口28.77亿美元，增长24.2%；中国进口188.62亿美元，增长42.7%。见表3–28。

表3–28 2013—2017年中国与阿曼双边贸易统计（单位：亿美元）

年份	总额	增幅（%）	中国出口	增幅（%）	中国进口	增幅（%）
2013	229.20	22.0	19.00	4.9	210.20	23.8
2014	258.58	12.7	20.65	8.6	237.93	13.1
2015	171.89	–33.6	21.17	2.5	150.72	–36.7
2016	141.7	17.4	21.5	1.5	120.2	20.1
2017	155.33	9.5	23.17	7.9	132.17	9.8

资料来源：中国海关

叙利亚

（1）参与贸易协定及辐射市场

2011年之前，叙利亚重视与周边国家的经贸往来和合作，是大阿拉伯自由贸易区成员国之一，与土耳其、黎巴嫩、伊拉克签有自由贸易区协定，与欧盟签有合作协议。叙利亚辐射的市场范围主要是伊拉克、土耳其、伊朗、黎巴嫩、约旦、巴勒斯坦等周边国家及大阿拉伯自由贸易区成员国。国际货币基金组织数据显示，截至2015年叙利亚签署约48个双边贸易协定。内战爆发后，叙利亚受到西方国家及海湾阿拉伯国家的制裁，暂时没有辐射周边市场的能力。

（2）贸易规模

2011年内战爆发之前，叙利亚政府致力于发展国内经济，同时加快了对外开放的步伐，进出口贸易发展较快。2011年叙利亚局势动荡后，贸易下滑明显。

世界银行数据显示，2018年叙利亚出口额为56亿美元，同比减少3.45%；进口额为20亿美元，同比增长11.12%。见表3–29。

表3-29 2011—2017年叙利亚进出口情况（单位：亿美元）

年度	贸易总额	出口额	进口额	贸易差额
2011	278	110	168	–58
2012	113	40	73	–33
2013	88	30	58	–28
2014	90	23	67	–44
2015	66	16	50	–34
2016	62	17	45	–28
2017	69	18	51	–33

资料来源：世界银行

据中国海关统计，2018年中叙双边贸易额为12.7亿美元，同比上升15.4%。其中，叙利亚从中国进口12.7亿美元，比上年增长15.4%；向中国出口87万美元，比上年下降34.8%。见表3–30。

表3-30 2011—2017年中国与叙利亚双边贸易统计（单位：亿美元）

年份	进出口		中国出口		中国进口	
	金额	增幅（%）	金额	增幅（%）	金额	增幅（%）
2011	24.56	–1.16	24.29	–0.6	0.26	–35.1
2012	12.01	–50.9	11.90	–50.8	0.11	–58.3
2013	6.95	–42.1	6.90	–42.0	0.05	–56.9
2014	9.86	42.0	9.84	42.6	0.02	–55.2
2015	10.27	4.2	10.24	4.0	0.035	63.5
2016	9.18	–10.5	9.15	–10.5	0.032	–9.1
2017	11.04	20.2	11.03	20.5	0.01	–59.1

资料来源：中国海关

约旦

（1）参与贸易协定及辐射市场

约旦政府积极参加多边和区域经济合作。2000年4月成为世贸组织第135个成员国。约旦先后与美国、欧盟、以色列、大阿拉伯自由贸易区等国家和地区签订自由贸易协定。约旦还与新加坡（2006年）、土耳其（2011年）、加拿大（2013年）签署了自由贸易协定。2018年3月起，约旦暂停与土耳其之间的自由贸易协定。

作为世界贸易组织的成员国之一，约旦虽然人口不多、市场有限，但其辐射周边市场的条件较好。约旦拥有3条绿色通道，即约旦与美国签署的合格工业区协议和约美自由贸易区协定，与欧盟签署的《约旦–欧盟合作协定》和《欧地协议》，以及与16个阿拉伯国家签署的《阿拉伯自由贸易协定》。这3条绿色通道为在约旦生产的产品进入美国、欧洲和阿拉伯国家的市场提供了便利。从2005年1月1日起，约旦商品可以零关税进入周边阿拉伯国家市场。另外，约旦获得美国前所未有的优惠待遇，美国同意在约旦设立合格工业区，在工业区内生产制造的产品，销往美国时，可以享受免关税、免配额的优惠待遇。投资者可以利用约旦在区域经济圈中的地位和得到的优惠安排，以规避贸易壁垒，减少贸易摩擦，进入美国、欧洲及周边阿拉伯国家市场。

（2）贸易规模

2018年，约旦全年进出口总额为280.68亿美元，同比增长0.4%。见表3–31。

表3–31　2013—2017年约旦进出口情况（单位：亿美元）

年度	进出口		出口（含转口）		进口		差额	
	金额	同比	金额	同比	金额	同比	金额	同比
2013	298.0	8.5%	79.0	–0.1%	219	12.0%	–140.0	20.3%
2014	312.0	4.7%	84.0	6.3%	228	4.1%	–144.0	2.8%
2015	282.4	–9.5%	78.5	–6.6%	203.9	–11.3%	–125.4	–14%
2016	267.9	–5.1%	75.3	–4.1%	192.6	–6.2%	–117.3	–6.5%
2017	279.5	4.3%	74.9	–1.1%	204.6	5.6%	–129.7	10.5%

资料来源：中国驻约旦大使馆经济商务参赞处

据中国海关统计，2018年中国与约旦双边贸易额为31.84亿美元，同比增长3.3%。其中，中国对约旦出口29.7亿美元，同比增长5.9%；中国自约旦进口2.14亿美元，同比下降23.3%。见表3–32。

表3-32 2013—2017年中国与约旦双边贸易统计（单位：亿美元）

年度	进出口		中国出口		中国进口		差额	
	金额	同比	金额	同比	金额	同比	金额	同比
2013	36.0	10.7%	34.3	16.0%	1.7	-42.8%	32.6	22.6%
2014	36.3	0.8%	33.7	-1.9%	2.63	55.0%	31.07	-4.7%
2015	37.1	2.3%	34.3	1.8%	2.9	9.2%	31.4	1.1%
2016	31.7	-14.7%	29.6	-13.7%	2.1	-26.6%	27.5	-12.4%
2017	30.8	-2.6%	28.04	-5.1%	2.79	32.2%	25.25	-8.2%

资料来源：中国海关统计

阿联酋

（1）参与贸易协定及辐射市场

阿联酋自1994年起成为关贸总协定的缔约方，并于1996年加入世界贸易组织，2007年起开始全面履行义务。在区域协定方面，阿联酋是海湾合作委员会、大阿拉伯自由贸易区、国际货币基金组织、石油输出国组织、国际原子能机构、亚洲基础设施投资银行等国际多边组织的成员。作为海合会成员之一，阿联酋积极参与海合会与其他国家及地区的自贸区谈判。目前，阿联酋已与新加坡和欧洲自贸体（包括瑞士、挪威、冰岛、列支敦士登等）签署了自贸区协议；与新西兰的自贸区协议谈判已经结束，尚未正式签署；正在进行谈判的有日本、中国、印度、巴基斯坦、土耳其、澳大利亚、韩国和南方共同市场（包括巴西、阿根廷、乌拉圭、巴拉圭等）。截至2018年6月，阿联酋已与115个国家和地区签署避免双重征税协定，与78个国家和地区签署了投资保护协定。

（2）贸易规模

据阿联酋联邦海关统计，2018年阿联酋非石油贸易达4360亿美元，同比增长1%。其中，直接非石油贸易额为2746.8亿美元，占比63%；保税区贸易和海关仓储分别占36%和1%。阿联酋服务贸易的类型比较单一，以旅游服务和运输服务为主。根据世贸组织发布的统计数据，2017年阿联酋服务贸易总额约为1540亿美元，服务贸易出口额约为700亿美元，同比增长7.5%，位居全球第21位；服务贸易进口额约为840亿美元，同比增长1.9%，位居全球第17位。

近年来，中阿双边贸易发展迅速，阿联酋是中国在中东地区仅次于沙特的第二大贸易伙伴。据中国海关统计，2018年中阿双边贸易额达459.18亿美元，同比增长11.9%。其中，中国对阿联酋出口296.6亿美元，同比增长3.3%；中国自阿联酋进口162.58亿美元，同比增长32.1%。2018年，阿联酋在中国全球贸易伙伴排名中位列第25位。见表3-33。

表3-33 2013—2017年中国与阿联酋双边贸易统计（单位：亿美元）

年份	进出口		中国出口		中国进口		阿在中国全球贸易伙伴中排名
	金额	同比（%）	金额	同比（%）	金额	同比（%）	
2013	461.21	14.2	333.97	13.0	127.24	17.6	24
2014	548.06	18.5	390.41	16.8	157.66	22.9	22
2015	485.5	−11.4	370.30	−5.2	115.20	−26.9	21
2016	406.1	−16	308.6	−16.8	97.5	−13.6	25
2017	409.77	2.27	287.38	−4.44	122.39	22.46	25

资料来源：中国海关

科威特

（1）参与贸易协定及辐射市场

科威特是世贸组织和海湾合作委员会的成员。科威特根据区域及双边贸易协定提供优惠政策，辐射市场主要是其贸易伙伴，即海湾国家、非洲非阿拉伯国家等。另外，科威特与以下国家签署了投资协定或投资协议，包括：德国、法国、意大利、俄罗斯、中国、罗马尼亚、波兰、匈牙利、土耳其、马来西亚、瑞士、马耳他、法国、埃塞俄比亚、克罗地亚、塔吉克斯坦、奥地利、保加利亚、哈萨克斯坦、摩洛哥、蒙古、捷克、巴基斯坦、丹麦、比利时、荷兰、泰国、乌克兰、拉脱维亚、立陶宛、利比亚、波黑和印度。科威特还是多边投资担保机构的成员。

（2）贸易规模

据科威特中央统计局数据，2018年科威特外贸总额为325.9亿第纳尔，同比上升21.3%。其中，出口额为217.6亿第纳尔，同比上升30.5%；进口额为108.3亿第纳尔，同比上升6.4%；贸易顺差为109.3亿第纳尔，同比上升68.3%，明显好于2017年水平。2017年科威特石油产品出口总额为149.59亿第纳尔，同比上升19.4%，石油产品出口额占其出口总额的89.8%。见表3-34。

表3-34　2013—2017科威特对外贸易统计（单位：亿第纳尔）

年份	出口额		进口额	贸易差额	贸易总额	贸易额增幅(%)
	总额	石油及其产品出口				
2013	319.51	305.05	83.09	240.54	406.72	2.49
2014	281.18	268.33	88.29	198.07	374.66	–7.88
2015	157.66	145.81	93.16	69.64	255.96	–31.68
2016	135.11	125.27	93.15	46.62	232.92	–9.00
2017	166.6	149.59	101.9	64.7	268.5	15.6

资料来源：科威特中央统计局

据中国海关统计，2018年中科贸易总额为186.88亿美元，同比增长近55.1%。其中，中国自科威特进口额为153.74亿美元，同比增长72.1%；中国向科威特出口额为33.14亿美元，同比增长6.5%；贸易逆差为120.6亿美元，同比增长108%。见表3–35。

表3–35　2013—2017年中国与科威特双边贸易统计（单位：亿美元）

年份	中国进口		中国出口		进出口	
	金额	同比%	金额	同比%	金额	同比%
2013	95.7	–8.5	26.7	27.9	122.4	–2.4
2014	100.1	4.4	34.3	28.2	134.4	9.6
2015	75.0	–25.1	37.7	10	112.7	–16.1
2016	63.7	– 15.1	30.0	–20.5	93.7	–16.9
2017	89.2	40.3	31.2	0.1	120.4	27

资料来源：中国海关

以色列

（1）参与贸易协定及辐射市场

以色列是世界贸易组织和政府采购协议的成员之一，先后与美国、欧盟、加拿大、斯洛伐克、捷克、土耳其、匈牙利、波兰、斯洛文尼亚签订了自由贸易协定，工业产品可以免税进入上述国家和地区，农产品享受优惠关税待遇。同时，以色列享有澳大利亚、美国、奥地利、加拿大、日本、芬兰、新西兰等国提供的普惠制待遇。2010年5月，以色列正式加入世界经济合作与发展组织。

（2）贸易规模

以色列国内市场狭小，主要通过扩大出口拉动经济增长，对外贸易依存度高。据相关研究机构数据，2018年以色列货物贸易出口619.1亿美元，同比增长1.24%；进口800.8亿美元，同比增长13.6%；贸易逆差为181.7亿美元。

中以经济互补性强、发展快，贸易额逐年增长。据中国海关统计，2018年中以双边贸易进出口总额为139.2亿美元，同比上升6.0%。其中，中国对以色列出口额为92.8亿美元，同比上升4.0%；中国从以色列进口额为46.4亿美元，同比增长10.3%。见表3-36。

表3-36　2013—2017年中国与以色列双边贸易统计（单位：亿美元）

年份	进出口总额	同比%	中国出口	同比%	中国进口	同比%
2013	108.3	9.3	76.5	9.4	31.8	8.9
2014	108.8	0.5	77.39	1.2	31.41	-1.3
2015	114.19	5	86.17	11.3	28.02	-10.8
2016	113.5	-0.6	81.7	-5.1	31.8	13.4
2017	131.21	15.6	89.19	9.0	42.02	32.4

数据来源：中国海关

巴勒斯坦

（1）参与贸易协定及辐射市场

巴勒斯坦不是世界贸易组织成员国。巴勒斯坦与南方共同市场、约旦等国家和地区签署了自由贸易协定。

2018年10月，在国家副主席王岐山访问巴勒斯坦期间，商务部副部长钱克明与巴勒斯坦国民经济部部长欧黛在双方领导人见证下，共同签署谅解备忘录，宣布正式启动中巴自贸协定谈判。

巴勒斯坦由于种种原因，辐射的市场非常有限。

（2）贸易规模

根据联合国商品贸易统计数据库的数据，2016年，巴勒斯坦的进出口总额为62.90亿美元。其中，进口额为53.64亿美元，出口额为9.26亿美元。

2018年，中国与巴勒斯坦双边贸易额为7375万美元，同比增长6.5%。其中，中国自巴勒斯坦进口44万美元，增长277.6%；出口7331万美元，增长6.0%。

卡塔尔

（1）参与贸易协定及辐射市场

卡塔尔是世贸组织成员，也是海湾阿拉伯国家合作委员会与石油输出国组织欧佩克成员。根据世界经济论坛发布的《全球竞争力报告（2011—2012）》，卡塔尔全球竞争力居阿拉伯国家及中东国家首位。

卡塔尔经济起步比较晚，其市场辐射范围尚不大，主要在海湾地区、阿拉伯国家和印度等南亚国家。2017年6月以沙特为首的部分阿拉伯国家宣布与卡塔尔断交，并对其实施经济、交通封锁，断交期间卡塔尔对周边地区和国家的经济、交通辐射能力受到影响。

（2）贸易规模

油气出口是卡塔尔财政收入的主要来源，其对外贸易长期处于顺差，但随着2014年6月以来国际油气价格暴跌，卡塔尔外汇收入大幅下滑。与此同时，随着人口增长及基础设施项目建设增多，进口需求旺盛，卡塔尔外贸顺差大幅减少。进入2018年，随着石油及天然气价格回升，卡塔尔出口额出现较大幅度增长。据卡塔尔政府公布的外贸数据，2018年卡塔尔进出口贸易总额为1153亿美元，同比增长20%。其中，出口总额为838亿美元，同比增长26%；进口总额为315亿美元，同比增长7%；贸易顺差为523亿美元。

中国与卡塔尔自20世纪50年代开始民间贸易往来。近年来，中卡双边贸易发展顺利，2013年双边贸易额已突破100亿美元。但受油气价格下降等因素影响，2016年中卡双边贸易额出现下滑。2017年下半年以来，受断交事件影响，周边国家进口渠道受阻，不少卡塔尔当地客商直接前往中国采购进口各类商品，中国对卡塔尔出口呈现较为明显的增幅；进口方面，2017年国际石油及天然气价格回升，加之中国从卡塔尔天然气进口数量大幅增长，进口额同比大幅增长。据中国海关统计，2018年中卡双边贸易额达116.26亿美元，同比增长43.8%。其中，中国对卡塔尔出口额为24.82亿美元，同比增长47.5%；从卡塔尔进口额为91.44亿美元，同比增长42.9%。

黎巴嫩

（1）参与贸易协定及辐射市场

1999年1月，黎巴嫩正式申请加入世界贸易组织，原预计于2006年加入，但谈判至今尚未完成，现为该组织观察员。2015年6月，世贸组织在黎巴嫩经济和贸易部设立了新的咨询中心。1999年黎巴嫩加入阿拉伯国家联盟框架下的大阿拉伯自由贸易区。2002年6月17日，黎巴嫩与欧盟签署联盟协议。2004年5月11日，黎巴嫩与海合会签署自由贸易协定。根据协定，双方取消货物贸易关税，服务贸易关税也将被逐步取消（尚未得到落实）。2004年6月24日，黎巴嫩与欧洲自由贸易区签署自由贸易协定。

黎巴嫩市场开放度高，加上优越的地理位置和黎巴嫩海外侨民众多等因素，黎巴嫩的市场辐射能力较强，主要面向周边国家、非洲和欧美等地区辐射。

（2）贸易规模

黎巴嫩对外贸易长期保持逆差。黎巴嫩经济和贸易部统计显示，全球金融危机爆发之前，黎巴嫩对外贸易大幅增长，2007年进口额和出口额增幅分别为25.7%和26.5%，2008年进口和出口增幅分别高达36.6%和40.7%，2009年进口和出口增幅大幅骤降至0.7%和0.8%，2010年和2011年，进口和出口分别恢复了两位数的增幅。但是自2013年以来，受地区局势及全球经济低迷的影响，黎巴嫩进出口贸易有所回落。2017年，黎巴嫩进出口贸易总额恢复到叙利亚危机前水平，但贸易逆差扩大至近年来新高。见表3-37。

表3-37 2013—2017年黎巴嫩进出口情况（单位：亿美元）

年份	进口额	增幅(%)	出口额	增幅(%)	逆差	增幅(%)	进出口总额	增幅 (%)
2013	212.29	-0.2	39.36	-12.2	-172.93	3	251.65	-2.3
2014	204.94	-3.5	33.13	-15.8	-171.81	-0.6	238.07	-5.4
2015	180.68	-11.8	29.52	-10.9	-151.16	-12	210.20	-11.7
2016	187.05	3.51	29.77	0.85	-157.28	4.02	216.82	3.24
2017	231.30	23.7	28.44	4.5	-202.86	29	259.74	19.8

资料来源：黎巴嫩海关

中国是黎巴嫩第一大贸易伙伴和第一大进口货源国。据中国海关统计，2018年中黎贸易额为20.2亿美元，同比下降0.7%。其中，中方出口19.7亿美元，同比下降2%；中方进口0.49亿美元，同比增长112.6%。见表3-38。

表3-38　2013—2017年中国与黎巴嫩双边贸易统计（单位：亿美元）

年份	进出口总额	同比（%）	中国出口	同比（%）	中国进口	同比（%）
2013	25.35	48.06	24.89	47.1	0.46	125.2
2014	26.31	3.7	26.05	4.6	0.26	-44.2
2015	23.04	-12.4	22.86	-12.2	0.17	-31.5
2016	21.20	-7.9	21.00	-7.9	0.20	1.7
2017	20.34	-3.99	20.11	-4.28	0.23	30.37

资料来源：中国海关

巴林

（1）参与贸易协定及辐射市场

巴林于1972年9月7日加入国际货币基金组织，并于1995年1月1日正式成为世界贸易组织成员。巴林是海湾阿拉伯国家合作委员会、大阿拉伯自由贸易区，以及阿拉伯石油输出国组织成员国。2008年1月1日启动的海湾共同市场使区域内劳动力流动、资本流动和土地交易便利化，极大地促进成员国的经济发展。同时，成员国成立了关税联盟，货物只在进入区域内时收取统一关税，便可在成员国间自由流动，无须再缴纳费用。

此外，巴林于2004年9月14日与美国签订了《巴林-美国自由贸易协定》，自2006年8月1日生效。根据该协定，99%的工业和农业产品可以零关税进入美国（另外1%于2016年开始实施零关税），并由此成为与美国签署自由贸易协定的国家和地区。

由于巴林社会环境较为开放和宽松，交通相对便利，会展、宾馆餐饮、旅游等服务业比较发达，对沙特东部以及科威特居民具有较大吸引力。

（2）贸易规模

2018年，巴林非石油进出口总额为223.2亿美元，其中出口74.49亿美元，进口148.71亿美元。中国为巴林最大进口来源国，进口额达18.77亿美元，占巴林进口总额的12.62%。中国为巴林第六大非石油出口目的地国，出口额为3.32亿美元（巴方统计），占巴林出口总额的4.46%。

中国与巴林两国自20世纪50年代起建立贸易关系。据中国海关统计，2018年，中巴双边贸易额为12.87亿美元，同比增长25.4%。其中，中国出口

11.36亿美元，同比增长25.9%；中国进口1.5亿美元，同比增长21.4%。

四 贸易结构

西亚北非地区国家出口产品单一且以初级产品占多数。在初级产品中，除石油、天然气外，还有一些土特农产品，如椰枣、干鲜果、珍珠等。制成品也围绕着石油加工品及其他一些新发展起来的行业，如建材、钢铁、金属制品等。西亚北非地区国家进口的主要商品是机械设备、运输设备、家用电器、纺织品、服装、食品、手工具等；出口的主要商品是原油、成品油、化工产品、农产品、矿产品、纺织品和手工艺品等。

中国是西亚北非地区各国重要的贸易伙伴之一。中国的纺织服装、机械设备、电子产品、家用电器、日常用品深受阿拉伯消费者喜爱。西亚北非各国对华出口产品日益丰富，除原油、石化、化肥等产品外，大理石、橄榄油、芝麻等产品也逐渐进入中国市场。随着中国经济结构调整，生活方式、经济发展方式发生转变，中国从西亚北非地区进口产品的结构也将更加多元化。

沙特

【商品结构】货物贸易方面，除石油外，聚乙烯、柠檬酸、氨水、甲醇、尿素和碳氢化合物等是沙特的主要出口商品。进口产品主要是机械设备、食品、纺织等消费品和化工产品。

【主要贸易伙伴】2018年，中国是沙特最大的贸易伙伴。2018年，沙特非石油产品前五大出口目的地依次为中国、阿联酋、新加坡、印度、比利时；沙特前五大进口来源地依次为中国、美国、阿联酋、德国、印度。

【中沙贸易结构】据中国海关统计，近年来，中国对沙特出口商品主要类别包括：①机械器具及零件；②电机、电气、音像设备及其零附件；③针织或钩编的服装及衣着附件；④钢铁制品；⑤橡胶及其制品；⑥陶瓷产品；⑦非针织或非钩编的服装及衣着附件；⑧皮革制品、旅行箱包、动物肠线制品；⑨化学纤维长丝；⑩家具、寝具、灯具等。

据中国海关统计，近年来，中国从沙特进口商品主要类别包括：①原油及其产品、沥青等；②有机化学品；③铜及其制品；④塑料及其制品；⑤盐、硫黄、土及石料、石灰及水泥等；⑥鞣料、着色料、涂料、油灰、墨水等；

⑦钢铁；⑧生皮（毛皮除外）及皮革；⑨无机化学品、贵金属等的化合物；⑩絮胎、毡呢及无纺织物、线绳制品等。

伊朗

【商品结构】2017—2018财年伊朗非原油产品出口额约470亿美元，非原油产品进口额约540亿美元，非原油贸易赤字为70亿美元。非原油出口产品主要有轻油、液化丙烷、铁矿石、甲醇、钢铁制品、液化丁烷、石油沥青、塑料及其制品、液化天然气及地毯等；进口商品主要有玉米、机动车辆及零附件、大豆、通信设备、钢材、家用电器、机械设备、塑料及其制品、药品及医疗设备等。

【主要贸易伙伴】伊朗主要出口市场有中国、伊拉克、阿联酋、阿富汗、印度、土耳其、意大利等；进口主要来源地有中国、阿联酋、韩国、印度、土耳其、德国、瑞士等。从2008年起至2017年，中国已连续10年位居伊朗第一大贸易伙伴。

【中伊贸易结构】伊朗是中国第七大石油进口来源地，2018年全年，中国从伊朗进口了2927万吨原油，约占中国原油进口量的6.3%。

据中国海关统计，近年来，中国对伊朗出口商品主要类别包括：①机械器具及零件；②电机、电气、音像设备及其零附件；③钢铁制品；④光学、照相、医疗等设备及其零附件；⑤塑料及其制品；⑥车辆及其零附件（铁道车辆除外）；⑦钢铁；⑧有机化学品；⑨杂项化学用品；⑩玻璃及其制品。

据中国海关统计，近年来，中国从伊朗进口商品主要类别包括：①矿物燃料、矿物油及其产品、沥青等；②矿砂、矿渣及矿灰；③塑料及其制品；④盐、硫黄、土及石料、石灰及水泥等；⑤有机化学品；⑥食用水果及坚果、甜瓜等水果的果皮；⑦橡胶及其制品；⑧无机化学品、贵金属等的化合物；⑨铜及其制品；⑩电机、电气、音像设备及其零附件。

埃及

【商品结构】埃及主要出口商品集中于资源密集型产品，包括石油和天然气、机电产品、塑料及其制品、农产品、服装和纺织品等；主要进口商品以工业制成品、耐用消费品和食品等为主，包括油气产品、机械设备、电器设备、车辆及其配件、谷物、钢铁及其制品、塑料及其制品、药品和肉类等。

【主要贸易伙伴】埃及同一百二十多个国家和地区有贸易关系，2017年，前五大贸易伙伴是中国、意大利、沙特、美国、德国。见表3-39、表

3-40、表3-41。

表3-39　2017年埃及自主要贸易伙伴进口额（单位：亿美元）

国家或地区	金额	同比%	占比%
中国	73.88	-19.75	12.67
德国	40.87	-32.10	7.01
美国	34.63	-9.46	5.94
沙特	34.20	14.50	5.86
意大利	30.96	-5.30	5.31
总值	583.32	-17.58	100.00

资料来源：埃及中央公众动员和统计局

表3-40　2017年埃及对主要贸易伙伴出口额（单位：亿美元）

国家或地区	金额	同比%	占比%
阿联酋	26.82	-1.70	10.71
意大利	20.81	43.28	8.31
土耳其	18.13	32.04	7.24
沙特	15.12	-14.72	6.03
美国	12.61	14.08	5.03
总值	250.43	11.94	100.00

资料来源：埃及中央公众动员和统计局

表3-41　2017年埃及进口产品的种类、金额和来源国（单位：亿美元）

序号	海关编码	进口产品种类	金额	主要来源国
1	27	矿物燃料、矿物油及其产品、沥青等	87.59	沙特、卡塔尔、科威特
2	84	核反应堆、锅炉、机械器具及零件	51.46	中国、意大利、德国
3	8787	车辆及其零附件	41.75	德国、韩国
4	8585	谷物	38.20	中国、德国、法国
5	1010	谷物	30.48	乌克兰、阿根廷
6	7272	钢铁	29.70	沙特、中国、美国
7	87	车辆及其零附件	29.57	德国、韩国、日本
8	73	钢铁制品	25.35	意大利、美国、中国
9	30	药品	20.33	德国、瑞士、法国
10	02	肉及食用杂碎	15.08	巴西、印度、美国

资料来源：埃及中央公众动员和统计局

【服务贸易】服务业在埃及国民经济中占有举足轻重的地位。近年来，服务业收入占埃及GDP的比重超过50%。2017—2018财年埃及服务贸易顺差为111亿美元，平衡货物贸易逆差主要依赖旅游、苏伊士运河通行费、侨汇等收入，不足部分通过援助或借债解决。见表3-42。

表3-42 埃及服务贸易总量（单位：亿美元）

项目/财年	2012—2013	2013—2014	2014—2015	2015—2016	2016—2017
苏伊士运河收入	50.3	53.7	53.6	51.2	49.5
旅游收入	97.5	50.7	73.7	37.7	43.8
侨汇收入	186.7	185.2	193.3	171.0	174.5
共　计	334.5	289.6	320.6	259.9	267.8

资料来源：埃及中央银行

【中埃贸易结构】中国对埃及出口的商品绝大部分为工业制成品。见表3-43、表3-44。

表3-43 中国对埃及出口的主要商品构成（章）（单位：亿美元）

序号	HS编码	商品类别	2017年	同比%	占比%
	章	总值	95.35	-11.52	100.00
1	85	电机、电气、音像设备及其零附件	15.00	-11.56	15.73
2	84	锅炉、机械器具及零件	13.30	-17.39	13.95
3	54	化学纤维长丝	4.88	32.66	5.12
4	90	光学、照相、医疗等设备及其零配件	4.81	30.26	5.05
5	73	钢铁制品	4.78	-18.16	5.01
6	39	塑料及其制品	4.44	-3.47	4.66
7	87	车辆及其零附件（铁道车辆除外）	4.06	-38.07	4.26
8	94	家具、灯具、活动房等	3.20	-8.73	3.36
9	60	针织物及钩编织物	3.04	19.82	3.19
10	72	钢铁	2.78	-39.71	2.91

资料来源：中国海关

表3-44 中国自埃及进口的主要商品构成（章）（单位：亿美元）

序号	HS编码	商品类别	2017年	同比%	占比%
	章	总值	13.31	142.59	100.00
1	27	矿物燃料、矿物油及其产品、沥青等	9.23	210.68	69.41
2	25	盐、硫黄、土及石料、石灰及水泥等	1.18	7.76	8.89
3	08	食用水果及坚果、甜瓜等水果的果皮	0.85	209.21	6.42
4	34	洗涤剂、润滑剂、人造蜡、塑型膏等	0.39	12.64	2.90
5	39	塑料及其制品	0.33	1344.60	2.49
6	62	非针织或非钩编的服装及衣着附件	0.18	49.18	1.33
7	26	矿砂、矿渣及矿灰	0.17	35.77	1.31
8	57	生皮（毛皮除外）及皮革	0.15	-47.54	1.28
9	28	无机化学品、贵金属等的化合物	0.15	—	1.12
10	52	棉花	0.11	183.39	0.81

注："—"表示未获取相关资料。
资料来源：中国海关

土耳其

【商品结构】汽车、机械设备和纺织品是土耳其出口的前三大类商品，2018年出口额分别为322亿美元、168亿美元和79亿美元。矿物燃料、机械设备和电子设备是土耳其进口的前三大类商品，2018年进口额分别为371.9亿美元、223.3亿美元和211.5亿美元。

【主要贸易伙伴】2017年，土耳其前五大出口目的国分别为德国、英国、阿联酋、伊拉克和美国，出口额分别占其出口总额的9.6%、6.1%、5.9%、5.8%和5.5%，分别为151亿美元、96亿美元、92亿美元、91亿美元和87亿美元。2017年，土耳其对中国的出口额为29.4亿美元，同比增长26.1%，占其出口总额的1.9%。

2017年，土耳其前五大进口来源国分别为中国、德国、俄罗斯、美国和意大利，进口额分别占其进口总额的10.0%、9.1%、8.3%、5.1%和4.8%，分别为234亿美元、213亿美元、195亿美元、120亿美元和113亿美元。

【服务贸易】土耳其在航空运输、电信、金融等服务贸易领域具有比较优势。根据世界贸易组织统计，2018年土耳其服务贸易出口额为489.3亿美元；服务贸易进口额为230亿美元。

【中土贸易结构】据联合国商品贸易统计数据库统计，中国出口到土耳其的商品主要包括：电机、电气设备、音响设备及其零件、机械器具及其零件、钢铁等；中国从土耳其进口商品主要包括：盐、硫黄、泥土及石料、石膏料、石灰及水泥和矿砂、矿渣及矿灰。

也门

也门多年来经常项目保持逆差，经济十分依赖外国援助。主要出口产品是石油，中国是其主要出口市场，其次是阿联酋和韩国；同时也门主要从阿联酋和中国进口小麦、机械及设备。

【商品结构】也门地处阿拉伯半岛南部，境内沙漠广阔，可耕地面积稀少，粮食供应紧张，谷物和谷物产品需要大量进口。其他主要进口商品包括：活动物、运输工具、机械设备、化工产品等国内建设所需物资以及大量轻工产品；出口商品主要包括：石油、液化天然气、棉花、鱼干和咸鱼、咖啡、烟叶、香料和海产品等。

【主要贸易伙伴】据相关研究机构网站数据显示，2017年也门主要出口目的地为：埃及（占出口总额的29.4%）、泰国（占16.7%）、白俄罗斯（占13.5%）、阿曼（占10.5%）、阿联酋（占6.5%）、沙特（占5%）。主要进口来源地为：阿联酋（占进口总额的12.2%）、中国（占12.1%）、土耳其（占8.7%）、巴西（占7.3%）、沙特（占6.5%）、阿根廷（占5.5%）、印度（占4.7%）。日本、美国、德国、瑞士等是也门重要的贸易伙伴。中国分别于2005年、2006年、2009年、2011年、2012年和2015年位居也门十大贸易伙伴之首。

【中也贸易结构】据中国海关统计，近年来，中国对也门出口商品主要类别包括：①电机、电气、音像设备及其零附件；②机械器具及零件；③钢铁制品；④橡胶及其制品；⑤化学纤维长丝；⑥洗涤剂、润滑剂、人造蜡、塑型膏等；⑦食用蔬菜、根及块茎；⑧针织或钩编的服装及衣着附件；⑨其他纺织制品、成套物品、旧纺织品；⑩蔬菜、水果等或植物其他部分的制品。

据中国海关统计，近年来，中国从也门进口商品主要类别包括：①矿物燃料、矿物油及其产品、沥青等；②矿砂、矿渣及矿灰；③塑料及其制品；④电机、电气、音像设备及其零附件；⑤铜及其制品；⑥鱼及其他水生无脊椎动物；⑦橡胶及其制品；⑧铝及其制品；⑨生皮（毛皮除外）及皮革；⑩锌及其制品。

伊拉克

【商品结构】总体来看，伊拉克主要进口货物包括各种食品、药品、机电设备、工业制成品等；主要出口货物包括原油（占伊拉克出口总额的99%）、椰枣等。

【主要贸易伙伴】主要出口目的地为中国、印度、韩国、美国、意大利和希腊。伊拉克工业部门不齐全，多数生产资料和生活资料需要进口，主要进口来源地为土耳其、叙利亚、中国、美国和俄罗斯。

【中伊贸易结构】中国对伊拉克出口商品主要类别包括：汽车、家用电器、工程机械、石油设备、电力设备、通信设备、家电产品，以及纺织服装。中国从伊拉克进口的主要商品为原油，2018年中国从伊拉克进口原油4505万吨，同比增长22.37%；进口额达224.4亿美元，同比增长62.57%。见表3–45。

表3–45　2013—2017年中国与伊拉克双边贸易统计（单位：亿美元）

年份	贸易总额	同比增长（%）	中国出口	同比增长（%）	中国进口	同比增长（%）
2013	248.7	41.6	69.0	40.5	179.7	42.0
2014	285.0	14.6	77.4	12.2	207.6	15.4
2015	205.9	–27.8	79.1	2.2	126.8	–38.9
2016	182	–11.6	75.5	–4.6	106.5	–15.9
2017	221.4	21.6	83.3	10.4	138.1	29.5

资料来源：中国海关

阿曼

【商品结构】石油、天然气是阿曼最主要的出口商品，主要出口到东亚、东南亚国家和地区。

阿曼主要进口货物有运输工具、机电产品、五金矿产、化工产品、轻工纺织、食品和农产品等。见表3–46。

表3-46 2017年阿曼进出口商品结构

出口商品名称	出口占比	进口商品名称	进口占比
原油	45.7%	矿产品	10.2%
液化天然气	9.2%	运输设备	16.1%
精炼油	3.2%	机电产品	22.2%
化工品	6.4%	基本金属及产品	13.1%
矿产品	6.8%	化工产品	7.1%
基本金属及产品	4.9%	活牲畜及产品	4.2%
塑胶产品	1.6%	预加工食品、饮料	4.5%

资料来源：阿曼国家统计和信息中心

【主要贸易伙伴】阿曼与世界上一百一十多个国家和地区开展了贸易往来，主要贸易伙伴为：中国、阿联酋、日本、印度、沙特、韩国、美国、欧盟等。油气出口的主要市场是中国、日本、印度、新加坡、泰国、韩国等，其余部分用作国内电厂、工业和民用燃料。主要进口国有日本、阿联酋、印度、沙特、美国、中国、韩国、德国等。

【中阿贸易结构】阿曼超过一半的石油出口都是输往中国，除石油外，石化产品、矿产品及海产品也是中国从阿曼进口的主要商品。中国向阿曼出口的主要商品有建筑机械、汽车、机电产品、其他金属及制品、家具、塑料及制品、纺织品、瓷砖及玻璃制品、蔬菜及水果等，特别是石油钻井设备和配件、家具、汽车、建筑机械设备、空调等商品的出口近年来增长较快。

叙利亚

【商品结构】2018年叙利亚主要出口产品为：原油、矿产品、成品油、水果蔬菜、棉纤维、纺织品、服装、肉类等；主要进口产品为：机电设备、电力机械、食物、金属及金属制品、化学品、塑料、纱、纸等。

【主要贸易伙伴】叙利亚主要贸易伙伴有伊拉克、沙特、阿联酋、伊朗、中国、科威特等国。2017年，叙利亚主要出口目的地有黎巴嫩（占出口总额的31.5%）、伊拉克（占10.3%）、约旦（占8.8%）、中国（占7.8%）、土耳其（占7.5%）和西班牙（占7.3%）。主要进口来源地有俄罗斯（占进口总额的32.49%）、土耳其（占16.7%）和中国（占9.5%）。见表3-47。

表3-47 2010年叙利亚十大贸易伙伴进出口情况（单位：亿美元）

排名	国家	进出口贸易总额	叙利亚出口	叙利亚进口	贸易平衡
1	意大利	27.9	15.1	12.9	2.2
2	伊拉克	23.1	22.8	0.3	22.5
3	土耳其	22.9	6.3	16.6	–10.3
4	德国	22.0	14.7	7.3	7.4
5	中国	16.1	0.8	15.3	–14.5
6	沙特	13.4	5.4	8.0	–2.6
7	乌克兰	11.8	0.6	11.2	–10.6
8	俄罗斯	11.3	0.3	11.0	–10.7
9	埃及	11.2	3.9	7.3	–3.4
10	韩国	10.6	1.4	9.2	–7.8

资料来源：叙利亚中央统计局

【中叙贸易结构】中国对叙利亚出口主要商品为机电产品、汽车、钢铁、纺织品服装、化工产品；从叙利亚进口商品主要为磷酸盐、橄榄油和棉线等。

约旦

【商品结构】约旦主要进口产品包括：石油制品、汽车/摩托车及零配件、钢材、粮食、设备和工具、电子产品；主要出口产品包括：服装、钾肥、蔬菜和水果、药品及化肥等。

【主要贸易伙伴】据约旦国家统计局统计，2018年，约旦主要贸易伙伴依次为沙特、美国、中国等。中国是约旦的第二大进口来源国，约旦自中国进口总额为28.86亿美元。

【服务贸易】世界贸易组织的数据显示，2017年约旦实现服务贸易出口63.71亿美元，同比增长9%（其中旅游增长71.2%、交通运输增长20.6%）；进口45.82亿美元，同比增长3%（其中运输增长55.7%、旅游增长29.7%）。约旦在《服务贸易总协定》下共承诺开放110个部门。

【中约贸易结构】中国主要出口商品是机电产品、通信器材和纺织服装类产品；进口则主要为钾肥和化工产品。中国对约旦贸易长期顺差。

阿联酋

【商品结构】阿联酋非石油出口前五大商品有：黄金、生铝、珠宝首饰、卷烟及雪茄、初级乙烯聚合物。非石油进口前五大商品有：生金或半加工黄金、电话设备、汽车、非复合钻石、石油及沥青矿物油。非石油再出口前五大商品有：电话设备、非复合钻石、汽车、珠宝首饰、自动数据处理设备。

【主要贸易伙伴】2017年，从地区来看，海合会国家和阿联酋的非石油贸易总额为455.6亿美元，占比10%。海合会国家中，沙特为最大贸易伙伴，其次为阿曼和科威特。阿拉伯国家是阿联酋的主要贸易伙伴和出口目的地，贸易额为782亿美元，占比18%。

【中阿贸易结构】据中国海关统计，近年来，中国对阿联酋出口商品主要类别包括：①机械器具及零件；②电机、电气、音像设备及其零附件；③针织或钩编的服装及衣着附件；④家具、寝具、灯具、活动房；⑤非针织或非钩编的服装及衣着附件；⑥钢铁及钢铁制品；⑦鞋靴、护腿和类似品及其零件；⑧塑料及其制品；⑨玩具及运动用品；⑩车辆机器零附件（铁道车辆除外）。

中国从阿联酋进口商品主要类别包括：①矿物燃料、矿物油及其产品、沥青等；②塑料及其制品；③铜及其制品；④珠宝、贵金属及制品；⑤有机化学品；⑥盐、硫黄、土及石料、石灰、水泥；⑦矿砂、矿渣及矿灰；⑧铝及其制品。

科威特

【商品结构】科威特主要出口商品为石油等燃料及矿产品、化学制品、塑料及橡胶制品、交通运输设备、珠宝首饰等；主要进口商品为机械及电器产品、金属制品、车辆及其部件、化学制品、服装纺织品等。见表3–48、表3–49。

表3–48　2017年科威特主要出口商品情况（单位：亿第纳尔）

商品名称	出口额	占比（%）
动物类产品	0.67	0.40
植物类产品	0.52	0.31
动植物油脂类	0.03	0.02
饮料、烟草等加工食品类	0.86	0.51
燃料及矿产品	149.59	89.79
化学制品	5.61	3.37

续表

商品名称	出口额	占比（%）
塑料及橡胶制品	1.89	1.14
皮革制品	0.02	0.01
纸浆制品	0.29	0.18
纺织制品	0.26	0.16
珠宝首饰类	0.33	0.20
金属制品	0.83	0.50
机械及电器类产品	1.21	0.72
交通运输设备	2.89	1.74
光学、医疗仪器	0.35	0.21
伞、帽类轻工业品	0.05	0.03
石材、陶瓷类	0.25	0.15
艺术收藏品	0.59	0.35

资料来源：科威特中央统计局

表3-49　2017年科威特主要进口商品情况（单位：亿第纳尔）

商品名称	进口额	占比（%）
动物类产品	4.76	4.67
植物类产品	5.01	4.92
动植物油脂类	0.59	0.58
饮料、烟草等加工食品类	5.14	5.05
燃料及矿产品	1.85	1.82
化学制品	10.08	9.89
塑料及橡胶制品	3.24	3.18
皮革制品	0.63	0.62
纸浆制品	1.36	1.33
纺织制品	4.42	4.34
珠宝首饰类	3.65	3.58
金属制品	10.79	10.59
机械及电器类产品	27.97	27.45
交通运输设备	11.97	11.75
光学、医疗仪器	3.77	3.70
伞、帽类轻工业品	0.92	0.90
石材、陶瓷类	1.68	1.65
艺术收藏品	0.15	0.15

资料来源：科威特中央统计局

【主要贸易伙伴】据科威特中央统计局统计，2017年科威特进口来源地前七位分别为：中国（16.7亿第纳尔）、美国（10.5亿第纳尔）、阿联酋（8.9亿第纳尔）、德国（6.0亿第纳尔）、沙特（5.6亿第纳尔）、印度（5.3亿第纳尔）、日本（5.2亿第纳尔）；其进口额占科威特进口总额的比重分别为：中国（16.4%）、美国（10.3%）、阿联酋（8.7%）、德国（5.9%）、沙特（5.5%）、印度（5.2%）、日本（5.1%）。

科威特出口目的地前七位(不含石油及其制品)分别是：印度（2.4亿第纳尔）、伊拉克（2.2亿第纳尔）、沙特（2.1亿第纳尔）、阿联酋（1.8亿第纳尔）、中国（1.6亿第纳尔）、卡塔尔（1.1亿第纳尔）、阿曼（0.6亿第纳尔）；其出口额占科威特出口总额（不含石油及其制品）的比重分别为：印度（14.3%）、伊拉克（12.8%）、沙特（12.2%）、阿联酋（10.8%）、中国（9.4%）、卡塔尔（6.5%）、阿曼（3.5%）。

【中科贸易结构】目前，中国是科威特的非油类最大贸易伙伴，而科威特是中国第八大原油进口来源国。据中国海关统计数据，中国对科威特出口商品主要包括：电机、电气、音响设备及其零附件、锅炉、机械器具及零件、钢铁制品等；中国从科威特进口产品主要包括：矿物燃料、矿物油及其产品、沥青、有机化学品、塑料及其制品等。见表3-50、表3-51。

表3-50　2017年中国向科威特主要出口商品（单位：亿美元）

商品	名称/描述	金额	占比（%）	同比增长（%）
85	第85章电机、电气、音像设备及其零附件	5.41	17.36	15.86
84	第84章锅炉、机械器具及零件	4.52	14.48	–0.73
73	第73章钢铁制品	4.45	14.26	–0.7
94	第94章家具、寝具、灯具、活动房	1.87	5.98	–6.18
87	第87章车辆及其零附件（铁道车辆除外）	1.50	4.81	71.67
62	第62章非针织或非钩编的服装及衣着附件	1.26	4.03	0.58
61	第61章针织或钩编的服装及衣着附件	1.26	4.03	–27.79
39	第39章塑料及其制品	1.25	4.01	–0.83
72	第72章钢铁	0.85	2.72	–25.34
48	第48章纸及纸板、纸浆、纸或纸板制品	0.65	2.1	9.86
40	第40章橡胶及其制品	0.63	2.01	13.17
69	第69章陶瓷产品	0.58	1.87	–36.36
63	第63章其他纺织制品、成套物品、旧纺织品	0.55	1.75	28.26

资料来源：中国海关

表3-51　2017年中国从科威特主要进口商品（单位：亿美元）

商品	名称/描述	金额	占比（%）	同比增长（%）
27	第27章矿物燃料、矿物油及其产品、沥青等	77.46	86.86	45.02
29	第29章有机化学品	7.78	8.73	21.71
39	第39章塑料及其制品	3.51	3.94	3.06
25	第25章盐、硫黄、土及石料、石灰及水泥等	0.21	0.24	-16.22
74	第74章铜及其制品	0.15	0.17	658.56
47	第47章木浆等纤维状纤维素浆、废纸及纸板	0.02	0.02	235.65

资料来源：中国海关

以色列

【商品结构】以色列出口产品以工业制成品为主，尤其是高科技产品；进口则主要是原材料和投资性商品。以色列是世界上最主要的宝石级钻石加工和交易中心之一。钻石出口是以色列最重要的出口行业之一，占全部工业出口的四分之一以上。主要进口商品为工业原料、粮食谷物、石油和石油制品、钻石原石、数据处理设备、机械设备等。主要出口商品为软件、切割钻石、农产品、服装、电子设备等。见表3-52。

表3-52　2013—2017年以色列货物贸易平衡表（单位：亿美元）

年份	2013	2014	2015	2016	2017
进口额	666.20	648.00	594.90	635.40	667.60606
出口额	718.84	524.00	562.90	561.70	606.00
顺/逆差	52.91	-124.00	-32.00	-73.70	-61.60

资料来源：以色列中央统计局、相关研究机构网站

【主要贸易伙伴】以色列国内市场相对狭小，因政治、宗教等原因与周边阿拉伯国家的市场长期处于相对隔绝状态。欧盟是以色列最大贸易伙伴，美国是最大单一贸易伙伴国。中国是以色列在亚洲第一大、全球第三大贸易伙伴。2017年以色列主要进口国为：中国（13.1%）、美国（11.5%）、德国（7.2%）、比利时（4.9%）、意大利（4.2%）；主要出口目的地为：美国（27.9%）、英国（8.5%）、中国香港（6.9%）、中国（5.4%）、比利时（4.4%）。

【中以贸易结构】双边贸易结构持续优化，从食品、钻石、化工等传统

产品贸易，不断向高科技、新能源、生物技术、现代医药等方向发展转变，产品结构呈现多样化态势。

中国对以色列主要出口商品有机电产品、纺织品、服装、鞋类、陶瓷制品等。近年来，中国对以色列出口商品数量增加的同时，结构不断优化，荣威汽车、长城皮卡、中兴智能手机等高附加值机电产品成功进入以色列市场，联想笔记本电脑等成为当地同类商品中最畅销的品牌，占据了约四分之一的市场份额。

巴勒斯坦

【商品结构】巴勒斯坦主要出口产品有石灰石、水果及蔬菜。主要进口产品有石油、食品、消费品、机器及金属。

【主要贸易伙伴】以色列、中国、土耳其、德国、意大利以及法国是其主要贸易伙伴。

【中巴贸易结构】我国出口巴勒斯坦的主要商品是鲜、冻牛肉和机电产品、鞋类、服装、医药品、礼品、皮包和纺织品等；进口商品主要是皮革制品。

卡塔尔

【商品结构】2018年，卡塔尔主要出口产品包括：液化天然气、原油、凝析油、聚乙烯以及其他工业品等，相关产品出口额约750亿美元，占总出口额的比例为88.54%，同类产品出口同比增长28%。

2018年，卡塔尔主要进口产品包括飞机及直升机配件、轿车、电缆等建筑材料、工程机械及配件、通信网络设备及配件、食品等。

【主要贸易伙伴】2018年卡塔尔前四大贸易伙伴分别是：日本（占比13.83%）、韩国（占比13.13%）、中国（占比11.66%）、印度（占比10.48%）。前四大出口目的国分别是：日本、韩国、印度、中国；前四大进口来源国是：美国、中国、印度、德国。

【中卡贸易结构】中国从卡塔尔进口的主要商品是液化天然气、原油和石油化工产品；中国对卡塔尔出口的主要商品是机械设备、电器及电子产品、家具、建材和日用品等。

黎巴嫩

【商品结构】黎巴嫩工农业基础薄弱，自然资源匮乏，产品多依赖进口，对外贸易逆差较大。黎巴嫩进出口商品结构详见表3–53、表3–54。

表3-53 2017年黎巴嫩进口主要商品种类

位次	商品种类	进口额（亿美元）	占进口总额（%）	同比增长（%）
1	矿产品	43.01	18.6	14.8
2	化学工业及相关工业产品	21.35	9.2	5.2
3	机械器具、电器设备及其零件	19.34	8.4	2.9

资料来源：黎巴嫩海关

表3-54 2017年黎巴嫩出口主要商品种类

位次	商品种类	出口额（亿美元）	占出口总额（%）	同比增长（%）
1	珍珠、宝石和贵金属	5.86	20.6	–29.2
2	食品、饮料及烟草	4.58	16.1	2.7
3	贱金属	3.4	12	34.4

资料来源：黎巴嫩海关

【主要贸易伙伴】黎巴嫩的主要贸易伙伴是中国、意大利、美国、希腊、德国、土耳其、法国和俄罗斯等。见表3-55。

表3-55 2017年黎巴嫩主要贸易伙伴双边贸易情况（单位：亿美元）

序号	国别	进口	占比（%）	出口	占比（%）	总额	增幅（%）
1	中国	18.79	8.1	0.17	0.6	18.96	–4
2	意大利	17.77	7.7	0.27	0.9	18.04	24.9
3	美国	14.42	6.2	0.66	2.3	15.08	21.8
4	希腊	13.73	5.9	0.23	0.8	13.96	27.7
5	德国	12.29	5.3	0.42	1.5	12.71	0.5
6	土耳其	7.77	3.4	1.2	4.2	8.97	21.9
7	法国	7.67	3.3	0.37	1.3	8.04	5.9
8	俄罗斯	7.46	3.2	0.03	0.1	7.49	2.7

资料来源：黎巴嫩海关

【中黎贸易结构】据中国海关统计，近年来，中国对黎巴嫩出口商品主要类别包括：①机械器具及零件；②电机、电气、音像设备及其零附件；③家具、寝具、褥垫、弹簧床垫；④非针织或非钩编的服装及衣着附件；⑤塑料及其制品；⑥钢铁制品；⑦针织或钩编的服装及衣着附件；⑧玩具、游戏产品、运动用品；⑨陶瓷产品；⑩鞋靴、护腿和类似产品。

据中国海关统计，近年来，中国从黎巴嫩进口商品主要类别包括：①铜及其制品；②铝及其制品；③塑料及其制品；④盐、硫黄、土及石料、石灰及水泥等；⑤机器、机械器具及零件；⑥钢铁制品；⑦钢铁；⑧石料、石膏、水泥、石棉、云母制品；⑨化学纤维短纤；⑩生皮（毛皮除外）及皮革。

巴林

【商品结构】巴林主要出口产品是球团铁矿、铝线、铝板、石化产品等，主要进口铝矿、机电产品等。

【主要贸易伙伴】巴林主要贸易伙伴包括沙特、中国、美国和阿联酋等国家和地区。

【中巴贸易结构】中国出口巴林的产品相对分散，主要包括：电气和电子设备、机械、核反应堆、锅炉设备、钢铁制品、塑料及其制品、陶瓷制品、无机化学品、贵金属化合物、同位素、矿物燃料、针织或钩编服装、饰品。

第四章

投资合作商业机会

西亚北非地区是“一带一路” 建设的重要区域，蕴藏大量投资合作商业机会。在“一带一路”沿线六十多个国家中，西亚北非地区国家超过了四分之一。目前，中国已同8个阿拉伯国家建立全面战略伙伴关系、战略伙伴关系或战略合作关系，与所有中东国家均保持友好关系。在“一带一路”倡议背景下， 我国与西亚北非地区国家在能源安全、贸易投资与产业调整等方面存在大量投资合作商业机会。

中国重视与中东国家建设机制化的合作关系。机制化建设是保证中国与中东国家投资合作顺利开展的制度保证。中国与其建立了一系列双边和多边合作机制，其中，中阿合作论坛是一个层次多元、内容丰富的多边合作框架。2016年5月13日，中阿合作论坛召开了第七届部长级会议，中阿双方签署了《多哈宣言》和《2016年至2018年行动执行计划》两份重要文件，明确以推进互联互通、产能合作和人文交流作为共建“一带一路”的三大支柱，并在此框架下设定了一系列重点合作领域和项目。2016年1月，国家主席习近平访问沙特、埃及、伊朗三国期间，进一步明确和充实了中国与中东国家的合作方向，即以“一带一路”为合作框架，不断推进基础设施、互联互通、产能、能源等领域的合作。

2016 年1月13日，中国政府出台首份《中国对阿拉伯国家政策文件》，倡议加强双方产能合作，“构建以能源合作为主轴，以基础设施建设和贸易投资便利化为两翼，以核能、航天卫星、新能源三大高新领域为突破口的‘1+2+3’合作格局”。

一 产业基础

西亚北非十六国产业基础的共同特点是：产业结构单一、工业基础薄弱。石油和天然气工业在西亚北非产油国的国民经济中占主导地位，更是国家财政收入的主要来源。近年来，为改变过度依赖油气产业的单一经济结构，西亚北非地区国家纷纷开始全面推进经济多元化战略，大力优化引资环境，积极打造制造、物流、旅游、矿业、金融等非油气产业。

沙特

【石油和石化工业】石油和石化工业是沙特的经济命脉，石油收入占国家财政收入的75%，占国内生产总值的45%。沙特过度依赖原油产业，使得其经济发展受制于国际油价。随着低油价时代的到来，沙特正在主动地谋求转型发展，这为中国企业提供了巨大的投资机会。

石化炼制是当前沙特重点发展的领域之一。虽然沙特拥有储量极大的石油资源，但是其石油深加工能力薄弱，而中国在石油炼化领域具有丰富的经验和成熟的技术，中沙双方在石油工业领域具有巨大的合作潜力。

【其他行业】此外，电力、机电设备、重工业、电子产品等行业也都是沙特当前大力发展的领域，这为中国企业提供了巨大的投资机会。以信息行业为例，现在沙特平均每人有两部手机，但目前沙特的网络建设并不是很完善，因此在该领域沙特有着巨大的需求缺口。中国较早在沙特开展相关业务的企业是华为公司，近年来，华为在沙特的分公司成长迅速，已成为华为最大的海外分公司，充分显示了沙特在这一市场具有巨大的投资潜力。

伊朗

伊朗是世界石油天然气大国，地处世界石油天然气最丰富的中东地区，石油出口是其经济命脉。石油生产能力和石油出口量分别位于世界第四位和第二位，是石油输出国组织成员。另外，其他矿藏资源也十分丰富，可采量巨大。

【农业】伊朗农耕资源丰富，但农业机械化程度较低。全国可耕地面积超过5200万公顷，占其国土面积的30%以上，农业人口占总人口的43%，农业约占伊朗国内生产总值的12%，创造了全国20%的就业机会，农业及农产品外贸在国民经济和非油贸易中占重要地位。近年来，伊政府高度重视、大力发展农业，目前粮食生产已实现90%自给自足。

【工矿业】伊朗工矿业包括矿产开发、制造业、水电气供应和建筑业。伊朗在海湾和西亚地区是工业强国之一。伊朗工业以石油勘探开发为主，另外还有炼油、石化、钢铁、电力、纺织、汽车和拖拉机装配、摩托车装配、食品加工、建材、机械加工、地毯、家用电器、化工、冶金、造纸、制药、水泥和榨糖等。

【汽车业】2017年日本、韩国及欧洲的汽车生产商纷纷返回伊朗并寻求投资设厂，伊朗本土汽车企业也不断发力，伊朗汽车行业发展势头强劲。

【旅游业】伊朗旅游资源丰富，旅游业发展较快，但是相关配套产业例如酒店业发展相对滞后。伊朗旅游业客源主要来自欧洲和东南亚。伊朗旅游业从业人数占总人口的1.8%。

埃及

埃及三次产业结构比重呈现“三、二、一”比例特征，埃及服务业在国民经济中占重要地位。随着人口增长，埃及仍需进口粮食，是世界上最大的食品进口国之一，农产品主要出口棉花、土豆和大米；埃及工业主要是油气工业和纺织工业，其炼油能力居非洲大陆首位，而且拥有较完整的纺织工业产业链；此外，埃及服务业主要集中于旅游业和交通运输业，为四大文明古国之一的埃及，有大量的埃及古代文明的遗迹，由此大力拉动了旅游业的发展。

【油气工业】埃及是非洲地区重要的石油和天然气生产国，埃及油气资源主要分布在“苏伊士湾—尼罗河三角洲—地中海沿岸”一线、西奈半岛、东部沙漠和西部沙漠等地区，其中苏伊士湾地区的蕴藏量占埃及油气资源的70%。

埃及是非洲第一大石油消费国、第一大天然气消费国。埃及从2009年起成为石油净进口国，2015年4月起成为天然气进口国。2015年9月意大利埃尼公司在地中海发现祖哈尔（Zohr）气田，预计蕴藏量可达约8500千亿立方米，是目前地中海最大气田。此后陆续又发现了三个较大气田。上述气田已从2017年中旬开始陆续产气，到2018年实现天然气自给自足，2019年力争实现净出口。

埃及油气产业链的上游环节高度对外开放，油气投资环境较好。其管理体系在埃及石油和矿产部统一领导下，由埃及国家石油公司、埃及国家天然气公司、埃及南部石油公司、埃及炼化公司等单位组成。

截至2018年末，在埃及从事油气上游业务的石油公司共有60家，其中51家是外国石油公司，占比高达85%，石油日产量70万桶。目前埃及已与十余家外国公司签署了14个天然气勘探协议，天然气日产量1.8亿立方米。受政局动荡影响，2010—2013年，埃及没有签署任何勘探开发协议，现已重新开始。

埃及炼油能力居非洲大陆首位，现有10座炼厂，炼油能力为75.8万桶/日，产出58.6万桶/日，利用率77.2%，日处理原油能力97.5万桶。现有4套LNG装置，年生产能力1870万吨。埃及于2004年制定了首个石化产业发展规划，计划在未来20年里，利用国内外100亿美元投资兴建14个大型石化企业，使石化产品年产能力达到1500万吨，产值70亿美元。

目前，在埃及石油石化行业的中资企业已有16家，涵盖石油石化全产业链，涉及勘探开发、石油工程服务、装备制造、物资贸易和炼化工程等领域。

【纺织工业】埃及有非洲最大的棉花和纺织工业集群，产业链较完整。从棉花种植到纺纱、织布直至成衣制造均可生产，在成衣制造方面有较强的能力，相对而言，织布和印染环节较弱，需要大量进口。纺织业占埃及GDP的3%，占制造业总产值的22%。

根据国际纺织工业协会数据，埃及纺织品每米成本为0.13美元，与印度和中国相当。不熟练工成本为0.5美元/小时，与中国相当；熟练工成本为0.8美元/小时，是中国的三分之一，比印度低0.3美元。有七十余家土耳其纺织公司在埃及设厂，有214家企业享有合格工业区政策，向美国出口免税产品。GAP、Pierre Cardin、Marks & Spencer等知名品牌也在埃及设厂。近年来，中国纺织企业对埃及市场的关注和兴趣不断提升，纷纷来埃及进行市场考察和调研，一些工厂已有明确的投资意向。

【汽车业】埃及本地无自主汽车工业，车辆基本以进口和本地组装为主。法国（标致、雷诺）、意大利（菲亚特）、德国（奔驰、宝马）、日本（丰田、本田、三菱）、韩国（大宇、现代、起亚）等国的产品在埃及占有较大比例。近年来，受外汇短缺影响，埃及进口汽车曾归类为奢侈品被限制进口，埃镑大幅贬值后，汽车市场大幅萎缩。

埃及政府制定了汽车行业三步发展战略，即“引进国外先进生产线试点组装—带动汽配行业快速发展—逐步进入自主设计和生产阶段”，并为此出台了下调汽车零部件进口关税、限制整车进口和使用本地产零部件等鼓励措施。埃及整车进口关税税率很高，小于1.6升排量的关税为40%，1.6升排量以上为125%。但根据世贸组织关税总协定，在2019年前，埃及必须将关税降至40%以下；根据欧盟与埃及双边减免关税的规定，埃及每年应降低关税10%，至2019年降至0。

目前，十余家中资汽车品牌在埃及市场有销售业务，其中奇瑞、吉利、比亚迪、金龙、福田设有CKD组装工厂，其他品牌均为整车进口。2017年，中国品牌乘用车销量为8488辆，同比下降32.8%；市场占有率为8.5%，同比下降0.4%。此外，中国品牌客车和重型汽车在埃及也有销售，轻客以金龙、金旅、华晨为主。2017年中国商用车在埃及共销售3887辆，同比下降38.3%，占轻客市场份额的63.0%；微面以北汽、奇瑞、华晨为主，2016年共销售1694辆，同比下降3.5%，占微面市场份额的15.4%。2018年1月，比亚迪签署了向埃及出口15辆电动公交车的合同。目前中国品牌在埃及市场占有率为8.9%。埃及汽车市场销售情况见表4–1。

表4–1　埃及汽车市场历年销量表（单位：万辆）

类别	2013	2014	2015	2016	2017
乘用车	13.38	20.80	19.56	14.20	9.95
商用车	6.21	8.50	8.28	5.63	3.61

资料来源：中国驻埃及大使馆经商参处

【农业】埃及是传统农业国，农业产值约占GDP的11%，可耕地面积占全国总面积的3.5%，农业从业人口占全国就业人口约31%。主要农作物有棉花、小麦、水稻、玉米等。埃及是世界最大的粮食进口国之一，2017年埃及进口小麦106万吨、玉米93万吨。埃及农产品是其出口创汇的主要来源之一，以果蔬为主，主要出口目的国为沙特、俄罗斯和意大利。

棉花是埃及最重要的经济作物，主要为超长绒棉、长绒棉和中短绒棉3种。其中，超长绒棉占棉花产量的20%，主要种植于北部地区；长绒棉是埃及棉的主要代表，占其棉花产量的70%，主要产区在尼罗河三角洲；中短绒棉主要产于南部的上埃及地区。埃及棉因其绒长、光洁、韧性好，被称为“国宝”。2016年埃及棉花种植面积仅为13.1万公顷，为历史最低。2017年，埃及政府采取鼓励措施，目标将棉花产量提高20%，2017—2018财年种植面积增至26万公顷。2017年，埃及棉花出口4.61亿美元，主要销往土耳其、意大利和印度。埃及进口棉花6.67亿美元，主要来自中国、印度和希腊。2017年，中国首次超过印度，成为对埃及棉花出口的主要来源国，对埃及出口额1.3亿美元，占其棉花总进口额的20%。

根据埃及2030发展规划，埃及政府制定了一系列农业发展规划，包括增加农作物种植面积，支持农业现代化，为战略性农作物建立分装和仓储设施，发展水产养殖，建立农业现代化中心，开发国家级家禽养殖项目等。

【钢铁】埃及是非洲第二大生铁生产国，占非洲生铁总产量的10%。钢铁行业为埃及支柱产业，产品主要应用于建筑、造船、汽车等行业。目前埃及私营钢铁公司经营尚可，国有钢铁企业多为亏损。埃及每年生产钢铁产品约1100万吨，包括110万吨螺纹钢、200万吨板材和60万吨其他钢材（不锈钢和特殊钢等），消费约730万吨。

2017年，中国向埃及出口钢铁制品60万吨，同比下降41.5%，占埃及钢材进口份额的8%，主要原因是埃镑贬值引发市场大幅萎缩。乌克兰、俄罗斯是埃及进口钢材主要来源国。

土耳其

土耳其三次产业结构比重呈现"三、二、一"比例特征，第三产业的主导地位愈发重要。土耳其农业基本能够实现自给自足，自给自足率达到98%；在第二产业中，制造业和房地产业占据重要地位，占土耳其第二产业产值的比重超过80%；第三产业中，批发零售业、交通、仓储和邮政业，以及房地产业起着主要拉动作用。

【纺织和服装】土耳其纺织和服装业的技术水平居世界领先地位。地毯、家纺家居产品、皮革制品、T恤衫和套头衫是土耳其纺织和服装业最独具特色也是最重要的产品门类。纺织和服装业在土耳其经济中具有举足轻重的地位。土耳其是世界第八大纺织和服装出口国。2018年土耳其纺织和服装出口额为176亿美元，较2017年增长3.6%。

【汽车制造】在政府大量引进整车制造和推行本地化生产政策的双重推动下，大批国外汽车生产商如菲亚特、雷诺、奔驰、福特、丰田和现代等在土耳其设立工厂，或与土耳其零部件厂进行技术合作。外资车企带来了先进的技术和管理经验，有效地促进了土耳其汽车零部件工业整体水平的提高。由于发展迅猛，汽车业正在逐步取代纺织业成为土耳其新的龙头产业。土耳其是世界第十四大汽车制造国。根据土耳其汽车制造商协会的统计数据，目前，土耳其共有13家大型汽车生产商，创造了近5.5万个就业岗位。2017年，土耳其汽车产量为174.96万辆，成为欧洲地区最大的轻型商务车和公交车辆制造国；出口辆为134.61万辆，实现出口额201.17亿美元，主要出口市场包括意大利、法国、英国、德国和西班牙。

【农业】土耳其是世界第七大农业产区和第九大农产品生产国，拥有较好的农业基础，粮棉油糖等主要农产品基本实现自给自足。产量较大的农产品有烟草、棉花、稻谷、橄榄、甜菜、柑橘、牲畜等，同时还是无花果干、榛子、小葡萄干、提子干、杏脯和蜂蜜的主要生产国。近年来，农业机械化程度不断提高，机耕面积不断扩大。此外，森林面积达22万平方公里的土耳其，木材加工业也较为发达。土耳其农业从业人数超过该国劳动力人口的五分之一，收入占国家GDP的6%。2017年，土耳其生产了6806.1万吨谷物、3082.6万吨蔬菜、2080.9万吨水果、112.64万吨红肉、2069.99万吨牛奶、213.67万吨鸡肉和63.08万吨水产品，向全球190个国家和地区出口1781种农产品，实现出口额172.46亿美元。

【旅游业】土耳其旅游资源极其丰富，旅游业是土耳其外汇收入重要来源之一，德国、俄罗斯和英国是土耳其最重要的外国游客来源地。近两年，受暴恐袭击频繁发生、俄罗斯遭遇经济危机和土俄两国关系恶化等影响，土耳其旅游产业遭受了严重冲击。根据土耳其文化和旅游部发布的数据，2017年，赴土耳其旅游的外国游客数量为3207.95万人次，同比增长26.97%；土耳其旅游业实现收入224.78亿美元，同比增长19.93%。土耳其是世界第八大旅游目的国。

【钢铁】土耳其钢铁业起步于20世纪30年代，与其工业同步发展。进入21世纪以来，土耳其钢铁产量增长较为迅速。土耳其已成为世界第八大和欧洲地区第二大钢铁生产国，拥有24座电炉钢铁厂、5座感应炉钢铁厂和3座氧气转炉钢铁厂，年均粗钢产能达到5180万吨。2017年，土耳其钢铁产量为3752万吨。

【建材】土耳其是全球主要的建材生产国和出口国之一，主要产品包括建筑钢材、水泥、陶瓷和玻璃制品。2015年，土耳其建材出口总额为165亿美元，出口市场遍布全球两百多个国家。其中，建筑钢材是最大的出口产品门类，钢筋、型钢和钢丝出口额为63亿美元，钢管和管件出口额为14亿美元；水泥出口量排名全球第五；绝缘电线、电缆出口额为13亿美元；塑料建材出口额为11亿美元；瓷砖产量占全球的3.2%，出口额为5.01亿美元；玻璃制品出口额为1.11亿美元。

【化工】土耳其化工产业现代科技含量高，产品种类丰富，是土耳其工业体系的重要组成部门。土耳其拥有6.2万家化工企业，从业人数20万人，主要产品包括石油化工产品、无机和有机化工产品、化肥、涂料、药品、肥皂和清洁剂、合成纤维、精油、化妆品和个人护理用品。此外，土耳其拥有中东地区最大的碱厂，年产能75万吨。

【机械】机械制造是土耳其经济主要增长动力之一，该行业对其较大规模制造业的发展发挥了至关重要的作用。机械制造业是土耳其吸引外国直接投资的重要领域。土耳其机械制造业以研发密集著称，土耳其每年工程师毕业生超过45万，2014年机械制造研发支出达6亿美元，约占土耳其总研发支出的10%。2016年，机械行业出口总额为134亿美元，机械产品出口至两百多个国家和地区。

【船舶】土耳其为全球第五大船舶制造国，拥有77座造船厂，造船产能440万载重吨，修船1900万载重吨，具备建造8万吨级船舶的能力。船舶制造和维修产业每年可为土耳其经济带来25亿美元收入，创造两万余个就业岗位。主要产品包括：石油运输船、化学品运输船、货柜船、散货船、普通货船、拖船、驳船、游艇、渔船、快艇和军用船舶。2017年，土耳其各类船舶出口额为9.5亿美元。

也门

总体来说，除能源外，也门各行业的发展排名都十分落后。也门是典型的农牧业国家，农业和渔业是也门最主要的产业，全国近70%的人口从事农业生产，工业主要集中于石油和天然气生产，服务业中的贸易批发和零售业近年来正加快发展，也门的产业结构也在逐步优化。

也门的主要工业包括：原油生产、石油精炼、天然气开发。其他工业包括：小规模棉织品生产、皮革产品、食品加工、手工艺品、铝产品、水泥、商船维修。主要农产品包括：谷物、水果、蔬菜、豆类、咖特（从阿拉伯茶叶中提取的一种麻醉剂）、咖啡、棉花、奶制品、家畜、禽类和鱼。

【石油和天然气开发】石油和天然气勘探开发是也门最重要的产业，但石油加工能力薄弱。2013年，该产业占GDP的比重为10.3%，对国家财政收入的贡献率超过70%。也门的石油加工能力非常薄弱，仅有亚丁和马里布两家石油精炼工厂。石油精炼业占GDP的比重一直处于0.5%以下。这两家精炼油厂的产品主要供应国内市场。由于产能不足，也门每年还需进口柴油、燃油和汽油。

也门的天然气资源相对充裕，天然气储量在中东地区排名第8位，具备较大的商业开发及出口潜力，但目前尚处于起步阶段。

政府份额油出口收入是也门最为重要的财政收入来源。但随着产量的降低和国际油价的波动，也门的石油收入基本呈下降趋势。也门石油主要出口至泰国、中国、印度和南非。

【渔业】渔业在也门国民经济中是仅次于石油天然气的重要产业。也门有较长的海岸线，近海水产资源丰富，品种近三百多种，蕴藏量约160万吨，现在每年的总捕捞量约10万吨左右。南部的阿拉伯海是世界上较好的渔场，主捕鱼种包括：墨鱼、带鱼、石斑鱼、沙丁鱼、金枪鱼及鲷鱼。

也门海产品除本地消费外，主要出口沙特、意大利、法国、约旦、瑞士、加拿大、中国、新加坡、中国香港、埃及、阿联酋和美国等国家和地区。

伊拉克

油气产业是伊拉克为数不多的有价值的投资领域，伊拉克高度依赖石油工业，政府高达96%的财政预算来自石油利润。工业是伊拉克经济的支柱产业，农业占比较小。

【石油和天然气开发】伊拉克工业主要有石油开采、提炼和天然气开采。伊拉克于1973年开始石油工业的国有化， 其一度石油出库收入约占国内生产总值的45%，政府收入的90%。伊拉克战争结束后，石油生产逐渐恢复，迄今已经举行四轮油气田开发招标。近年来，伊拉克的服务业发展迅猛，在GDP中的占比不断提升。

【农牧业】农牧业在国民经济中占有重要地位。伊拉克可耕地面积占国土总面积的27.6%，农业用地严重依赖地表水，主要集中在底格里斯河和幼发拉底河之间的美索不达米亚平原。主要农产品有小麦、黑麦、大麦、稻米、棉花、烟草、温带水果与椰枣等。农业人口占全国总人口的三分之一，粮食不能自给。

打击“伊斯兰国”战争期间，北部被占领区农业发展受到很大影响，农产品产量较战前下降了40%。2018年1月，《伊拉克重建与投资》提出农业项目88个，以促进农业恢复发展。

【旅游业】伊拉克的服务业发展较为滞后，伊拉克旅游资源丰富，战后动荡不安的安全局势给伊拉克服务业特别是旅游业造成了极大的创伤。

阿曼

石油和天然气工业在阿曼国民经济中占主导地位，更是国家财政收入的主要来源。近年来，阿曼为改变过度依赖油气产业的单一经济结构，全面推进经济多元化战略，大力优化引资环境，积极打造制造、物流、旅游、矿业、渔业等五大非油气产业，提供了较为便利的营商环境。

为满足国内电力生产和工业企业对天然气的潜在需求，应对随时可能出现的供应短缺，阿曼政府正加大力度发展上游天然气行业，鼓励本地及外资企业开展油气勘探、生产、气基项目及支持性服务，并开始对页岩气和页岩油进行研究。

【石油和天然气】石油和天然气工业是阿曼的支柱产业，在国民经济中占主导地位，更是国家财政收入的主要来源。2018年，阿曼油气行业产值为287.9亿美元，占GDP的比重达到38.3%；石油产量为3.57亿桶，产值为245.3亿美元，出口量达2.9亿桶，其中的75%销往中国；天然气产量达457.2亿立方米，产值为42.6亿美元。阿曼作为非欧佩克产油国，自2016年末起，积极配合欧佩克的减产协议，同意将石油日产量削减180万桶的决议。

【旅游业】旅游业是阿曼政府近年来重点发展的行业，为此，阿曼于2004年正式成立了旅游部，作用在于规划和推动阿曼旅游业的发展。阿曼具有丰富的旅游资源，生态环境保护较好，旅游设施比较完善。

叙利亚

叙利亚地处世界石油天然气最丰富的中东中心位置，油气资源丰富。但2011年之后，美欧等国陆续实施对叙利亚石油的制裁协议。由于原油无法输出，叙利亚政府不得不采取大规模石油减产措施。

叙利亚工业基础非常薄弱，经济发展水平滞后，且高度依赖石油产业，产业结构单一。除了能源领域外，其他有投资吸引力的行业不多。虽然叙利亚在农业、工业、旅游业等行业拥有相对可以发展的基础和潜力，并有支持政策，但是由于战乱，目前不建议中国企业对其进行投资。

【农业】叙利亚为中东地区农业大国，农业在国民经济中占据重要地位。叙利亚盛产各种粮食作物，但武装冲突摧毁了大量农田和农业基础设施，农业人口也离开了家园。因此，2011年之后的农业产出大为缩减。联合国粮农组织估计，内战前农业占叙利亚国内生产总值的26%，其中棉花种植业在叙利亚极为重要。根据联合国粮农组织数据，2014年叙利亚小麦产量下跌至202.43万吨；棉花种植直线下跌，2014年籽棉产量下跌至16.24万吨，棉花年产量从战前的90万吨跌到2017年的仅16万吨。

【石油及矿产品】2011年之前，石油矿业产值占叙利亚GDP的19%，已探明石油储量为25亿吨。2010年日产原油40.1万桶，其中本国消费24.5万桶，出口13.5万桶，当年石油及矿产品出口金额36亿美元，占出口总额的35%。自2011年9月起，美欧等国陆续实施针对叙利亚石油的制裁协议，包括禁止进口叙利亚原油及石油产品，以及对叙利亚和石油出口相关的融资和保险进行制裁。由于原油无法输出，叙利亚政府不得不采取大规模石油减产措施。据联合国报告估计，叙利亚政府控制区2014年原油日产量已跌至9000桶，石油矿业产值与2010年相比下降98%。作为支柱产业的石油出口2011年曾占叙利亚出口总额的57%，原油相关制品出口到2015年已经可以忽略不计。

约旦

约旦经济基础薄弱，资源较贫乏，可耕地面积少，全国缺水，对外依存度高。国民经济主要支柱为侨汇、旅游和外援。约旦的农业不发达，粮食不能自给。农业人口约占全国劳动力的12%，可耕地面积仅占国土面积的7.8%，水资源缺乏是制约农业发展的主要障碍。约旦的工业发展较快，以轻工业和小型加工业为主，主要有采矿、炼油、食品加工、制药、玻璃、纺织、饲料制品。

【工矿业】约旦规模较大的工业企业主要集中在磷酸盐、钾盐、炼油、水泥、化肥生产和制药几个方面，其他多属轻工业和小型加工工业，涉及的主要领域有采矿、炼油、食品加工、玻璃、纺织、塑料制品、卷烟、皮革、制鞋、造纸等。约旦是主要磷矿石出口国。

【服务业】约旦服务业主要集中于旅游业、电信服务业、金融业等。旅游业是约旦三大经济支柱之一和主要外汇来源之一。近年来，约旦大力发展电信和信息产业。约旦金融系统比较发达、开放，国内银行全部是上市私有银行，外国银行可在约旦设立分行，但不得为境外实体融资。2008年金融危机后，约旦加强了金融监管，暂停外国银行在约旦设立分行。

【旅游业】旅游业是约旦支柱产业之一，佩特拉古城、死海和瓦迪拉姆沙漠等景点成为世界各国游客探险旅行和休闲度假的首选目的地。旅游业的发展也带动了航空业、房地产、宾馆、医院以及其他行业的发展，是约旦的主要就业领域。

阿联酋

在油价持续低迷的形势下，阿联酋为实现可持续发展，致力于推行经济多元化政策，鼓励创新发展，至目前，阿联酋已经逐步成为中东地区的金融、商贸、物流、旅游中心和商品集散地，从而在一定程度上拉动了第三产业的发展。阿联酋农业不发达，粮食和主要肉类产品都依赖进口；工业主要是以石油化工业为主，天然气产业以及房地产和建筑业其次；阿联酋服务业主要包括批发零售及修理业、交通运输及房地产业。

【石油产业】阿联酋的石油资源丰富，已探明的石油储量为978亿桶（约133亿吨），居世界第七位。石油生产在阿联酋经济中占据了十分重要的地位。阿联酋石油生产主要在阿布扎比酋长国。阿布扎比石油业正处在成熟期，按目前的产量和储量计算，还可生产一百二十多年。迪拜酋长国的石油业处于枯竭期，储量有限，按目前的产量和储量计算，最多还能开采二十年。其他酋长国处于开发、勘察找油阶段。阿联酋2017年石油产量约为290万桶/天，原计划至2017年实现日产量的350万桶，但限于国际油价长期维持低迷以及欧佩克达成的减产协议，这一增产目标的实现已经延后。

【天然气产业】阿联酋已探明的天然气储量约6.09万亿立方米，排在俄罗斯、伊朗、卡塔尔、土库曼斯坦、沙特和美国之后，居世界第七位。其中大部分位于阿布扎比。阿联酋虽拥有巨量的天然气资源，但由于国内天然气需求量大，大部分用于回灌采油，同时多为酸性气田，开采难度高，成本大，目前阿联酋仍高度依赖天然气进口，通过海豚计划（Dolphin Project）从卡塔尔进口天然气。为满足日益增长的天然气需求，阿布扎比国家石油公司将投资200亿美元启动阿布扎比西部高酸度气田开发项目。据悉，阿布扎比西部天然气总储量达5万亿立方米，预计至2020年日产量可达2800万立方米，可满足阿联酋18%的天然气需求。

【非石油产业】目前，阿联酋正着力推动石化冶金、加工制造、新能源、金融、旅游等产业的发展，非石油产业在经济增长中的比重不断提高，其地区性贸易、金融、物流枢纽的地位进一步加强。2016年阿联酋非石油产业占GDP比重超过80%。

科威特

石油、天然气工业为科威特国民经济的主要支柱。科威特经济总体上以石油、天然气和石化工业为主，产业结构相对单一。科威特政府近年来强调发展多元化经济，着力发展金融、贸易、旅游等行业，并提出2035年的发展愿景——将科威特建设成为地区商业和金融中心。目前科威特的服务业相对来说不是特别发达，但是当地居民在医疗、通信、网络、旅游等方面的需求日益增加，为此科威特政府出台了一系列相关政策推动本国服务业的发展，也催生了许多值得我国企业关注的投资机会。

【工业】以石油开采、炼化和石油化工为主。2017年原油日产量为295万桶，炼化能力为93.6万桶/天。按不变价格计算，2017年石油、天然气工业产值达214.6亿第纳尔（约合707.3亿美元），占GDP的54%。据联合国贸发会统计数据，2017年科威特出口石油、石油产品及相关原料达到305.6亿美元。科威特石油公司为世界十大石油公司之一，全面负责科威特国内外的原油和成品油销售。科威特原油公司负责国内石油生产，是世界第七大石油公司。

【农渔业】科威特可耕地面积约14182公顷，无土培植面积约156公顷。近年来，政府重视发展农业，农业产值占国内生产总值的1.1%。科威特农业以种植蔬菜为主，农牧产品主要依靠进口。科威特渔业资源丰富，盛产大虾、石斑鱼和黄花鱼，年产量在1万吨左右，产值约1060万第纳尔。

【金融业】科威特的金融业十分发达，一些银行已把业务扩展至其他海湾及中东地区国家。科威特国民银行的业务遍及黎巴嫩、约旦、伊拉克、埃及、巴林、沙特、阿联酋及土耳其。

科威特各产业发展状况见表4–2。

表4–2　科威特各产业发展现状

名称	发展现状
农牧业	可耕地面积约14182公顷，无土培植面积约156公顷。近年来，科威特政府重视发展农业，但农业产值在国内生产总值中的比例最高时只占1.1%。以生产蔬菜为主，农牧产品主要依靠进口。农牧业从业人口1.4万人，主要为外籍人。渔业资源丰富，盛产大虾、石斑鱼和黄花鱼。根据科威特中央统计局最新资料，2017年农业和渔业产值为1.73亿第纳尔
工业	工业以石油开采、冶炼和石油化工为主。日产石油约295万桶。2016—2017财年，科威特石油收入为116亿第纳尔（383亿美元），占总收入的89.2%
服务业	科威特服务业收入约占非石油收入的一半，较低的通信和卫生收费极大地拖累了科威特服务业收入增长。每年有大量的科威特人外出旅游度假，旅游消费庞大。目前，科威特共有宾馆93家、客房7138间、床位15365个、套房1435间

注：获取科威特部分重点企业名录，请参考中国驻科威特大使馆经商参处网站kw.mofcom.gov.cn。

资料来源：中国驻科威特大使馆经商参处

以色列

从产业结构来看，以色列属于混合型经济，工业化程度较高，以知识密集型产业为主，高附加值农业、生化、电子、军工等部门技术水平较高。以色列也是世界上最主要的宝石级钻石加工和交易中心之一。以色列高科技产业在多个领域内闻名世界，并且有超过八十家高科技企业在美国纳斯达克上市，被称为“第二个硅谷”。以色列第三产业主要是信息通信和高科技产业以及旅游业。根据世界银行的资料，以色列有着中东地区管理最完善、对财产权利保护最佳的经济体制。近三年来，中国对以色列的投资增长迅速，代表企业有百度、阿里巴巴、小米等互联网企业，另外，复星集团也进行了大量的投资。

【农业】以色列自然环境恶劣，但农业较发达，享有欧洲“冬季厨房”的美誉。以色列农业科技含量很高，其灌溉设备、新品种开发举世闻名。农村经济主要以基布兹、莫沙夫及个体农场为主；同时，以色列主要农作物有小麦、棉花、柑橘等。以色列粮食接近自给，水果、蔬菜生产自给有余，并大量出口。

【制造业】20世纪60年代末开始，以色列的工业生产不仅能满足国内市场需求，而且还用于大量出口。20世纪90年代以来，随着劳动成本不断提高，一些传统的劳动密集型产业逐步被淘汰，高科技或技术含量高的产业成为发展重点。主要工业部门有：机械制造、军工、飞机制造、化工、电子和通信设备、精密仪器和医用激光器材、太阳能利用、建材、纺织、造纸、钻石加工等。2017年，制造业出口总额448亿美元（不含钻石贸易），同比增长3.46%。

【钻石加工业】以色列是世界上最主要的宝石级钻石加工和交易中心之一。以价值计算，全球约60%的宝石级钻石是在以色列加工的。以色列钻石交易所有3000名会员，1300个私人工作间，拥有世界最先进的钻石加工工厂、尖端的钻石加工技术和经验丰富的钻石工匠。近年来，以色列已经将其生产基地扩展到印度、中国、非洲等海外地区，利用国外成本优势，加工钻石进口到以色列，再由以色列公司销往北美、亚洲、欧洲等市场。

钻石出口是以色列最重要的出口行业之一，占全部工业品出口的四分之一以上。美国、中国香港和比利时是以色列抛光钻石的三大主要出口市场。

【可再生能源】以色列缺乏常规能源，能源需求高度依赖进口，长期以来，以色列在提高能源利用效率和研究开发新能源方面做出许多积极探索。目前，以色列有一百多家公司拥有较为成熟的开发利用可再生能源的先进技术，涉及太阳能、风能、地热、生物燃料、海浪能源、核能等门类较为齐全的新能源领域，并在太阳能、地热技术等方面居全球领先地位，在推动人类摆脱过分依赖碳基燃料方面起到了重要的作用。近年来，以色列年均太阳能热水总功率高达82.4亿千瓦时，是全球人均太阳能利用率最高的国家。

【生物技术】以色列非常重视生命科学及生物技术产业，其生物技术产业综合实力全球领先。以色列生物产业多为跨学科技术，特别是信息技术与生物技术的交叉十分明显，充分体现了以色列在这些领域的全球技术领先地位和整体研发实力。以色列医疗器械产品有95%使用了现代信息技术，为全球医疗器械制造领域信息技术运用最为广泛的国家。在生物技术产业中，生物制药和医疗器械约占72%，生物农业约占4%，生物信息产品和疾病诊断技术等约占22%。

【信息通信和高科技产业】以色列高新技术发展在全球处于领先地位，有着很强的学术基础建设、丰富的军事和民事研发经验，同时得到了政府和私有企业的大量支持，其高科技研发投入占国民生产总值的比重居世界第三，仅次于日本和瑞士。得益于以色列在一些高科技领域的独创性，以色列信息通信产业发达，是该国处于前沿的高科技行业之一，拥有从电子元件到最终设备及服务的完整产业链。该行业内为数众多的新兴创业企业，为以色列带来大量的风险投资和并购投资机会，其中许多公司已经成为各自领域的全球领先企业。

【工业研发】以色列政府鼓励工业研发投资并且通过法律支持工业研发和项目开发。政府对工业研发的支持主要体现在以下方面：安排专门预算扶持技术研发；为科学技术劳动力创造就业机会；通过增加高科技产品出口减少进口，促进国际收支平衡。2015年，民用研发投资总额达500亿新谢克尔，占GDP的比例达4.3%，其中政府对各类民用研发投资的资金扶持占总额的1.7%。

【水技术】以色列是世界上利用循环水最多的国家，水的循环利用率达到75%，拥有全球最大的反渗透海水淡化厂，淡水成本每立方米约为60美分。以色列开发的农业低压滴灌技术使得灌溉用水效率高达80%，位居全球第一。以色列60%的农业用地使用了滴灌技术，在滴灌技术领域，以色列企业占全球市场份额的50%以上。以色列30%的初创公司都与水利有关，是全球最大的水技术创新基地，是世界上唯一一个成功遏制沙漠扩张趋势并不断扩大农业用地规模的国家。此外，以色列在输水设备、仪器、仪表等方面也拥有全球领先的技术。

【旅游业】旅游业在以色列经济中占有重要的地位。以色列复杂的地形地貌、众多的古迹和宗教场所，以及一年四季灿烂的阳光和地中海沿岸现代化的休假设施，每年都吸引着大量旅游观光者。以色列的主要旅游景点有：耶路撒冷、拿撒勒、海法等重要宗教城市和港口城市埃拉特、死海以及地中海沿岸地区。

2017年以色列旅游业发展迅猛，外来游客总数达361万人次，同比增长25%。不仅游客数量创新高，以色列旅游业收入也首次突破200亿新谢克尔（约合58亿美元），并创造了2.5万个就业机会。

巴勒斯坦

巴勒斯坦尚未建立完整的经济体系。目前，巴勒斯坦百废待兴，基本上以农业为主，经济上严重依赖以色列，巴以冲突持续对巴勒斯坦经济发展形成严重制约。同时巴勒斯坦经济在很大程度上依靠外国援助。

【农业】农业是巴勒斯坦的主导产业。巴勒斯坦四季分明，农产品丰富，农业是巴勒斯坦的经济支柱。主要农产品有水果、蔬菜和橄榄（油）等。巴勒斯坦可耕地面积约为16.6万公顷。从事农业的劳动力约占劳动力总数的20%。2012年，巴勒斯坦农业产值达3.3亿美元，约占国内生产总值的5%。

【工业】巴勒斯坦工业发展水平较低，工业规模小，主要是加工业，如塑料、橡胶、化工、食品、石材、制药、造纸、印刷、建筑、纺织、制衣、家具等。2012年，巴勒斯坦工业产值约为14亿美元，约占国内生产总值的19%。

【服务业】巴勒斯坦的服务业主要以旅游业为主。巴勒斯坦气候宜人，有大量的历史文化古迹，旅游资源丰富。主要旅游城市有耶路撒冷、拉马扎、比拉、伯利恒、杰里科、纳布卢斯、希伯伦、加沙等。

卡塔尔

2000年以来，卡塔尔政府大力推行经济多元化战略，制造业、建筑业、金融业甚至旅游会展、知识经济和高技术经济等在石油美元的支持下异军突起，成为推动其经济增长的重要动力。近年来，传统能源产业增长空间有限，新兴产业增长较快，经济结构正在持续优化。卡塔尔经济正在由原来的油气工业主导型向多元复合型经济转型初显成效。

虽然卡塔尔目前在寻求经济转型，但是依赖于石油、天然气的工业依旧是其支柱型产业。主要产品有：液化天然气、原油、凝析油、汽油、聚氯乙烯、液化丙烷、尿素和甲醇等，产品绝大部分供出口。

黎巴嫩

【农业】由于本国面积狭小，可耕地面积有限，加上投资不足，黎巴嫩农业集约化程度较低，发展相对滞后。

【工业】工业是黎巴嫩的一个薄弱产业，受人力资源以及较高的生产成本所限，黎巴嫩工业品难以与本地区及国际同行竞争。黎巴嫩的主要工业为食品饮料、珠宝、建筑材料等，但工业生产成本高，市场竞争力弱。

【服务业】黎巴嫩是一个以服务业为主的国家，服务业是黎巴嫩经济的支柱产业，其产值占国内生产总值的70%以上，而服务业主要靠旅游业带动。

巴林

近年来，巴林开始向多元化经济发展，服务业已经成为巴林的重要产业，农业占比非常小，石油天然气行业作为其支柱性产业为巴林政府提供了主要的财税收入。不同于其他海湾国家，早在20世纪70年代末，巴林就开始实行自由开放的经济政策，积极推进多元化战略，重点发展金融、贸易、旅游和会展等产业，以减少对油气产业的过度依赖。目前巴林已经成为海湾地区银行和金融中心。

油气产业是其支柱型产业，由于近年油价较低并且巴林政府对油气产业管理较为严格，现阶段并不建议投资石油产业。但是由于巴林本国天然气供不应求，需要从俄罗斯进口，因此相关管道建设也给投资带来了机会。

【金融业】2017年，巴林金融业产值占GDP的17%。作为海湾地区的金融业中心，金融市场开放、规范，巴林的金融产业有较大投资潜力。

【石油和天然气】石油和天然气是巴林最重要的自然资源，油气产业是巴林经济的战略支柱。目前已探明石油储量2055万吨，天然气储量1182亿立方米。该产业也是巴林政府最主要的收入来源，对巴林财政贡献率达76%，产值约占国内生产总值的18.4%。2017年日均开采石油20万桶，多用于炼油。日均开采天然气5663万立方米，全部用于国内，主要用于发电、淡化水和生产化工产品。

二 外资需求

西亚北非地区各国政府一直将吸引外资作为发展经济的重要战略，不断改善营商环境，降低投资准入门槛，出台有利于外国投资者的政策法律。由于该地区石油矿产资源丰富，长期以来吸引外资大都集中于油气行业、采掘业。近年来，为了摆脱经济高度依赖石油，政府制定了各领域发展规划，旨在吸引外资发展基础设施、电子产业、汽车产业、航空业、电信业、纺织业、新能源产业、旅游业等非油气行业。然而，受到地区政局动荡的影响，西亚北非地区吸引外资投入呈下滑趋势。

中国对该地区扩大直接投资，既可优化我国国内的产业结构、促进产业升级，也有利于中东地区国家产业与经济结构优化调整，为中东国家经济转型、升级提供支持。2015年底，由中国发起筹建的亚洲基础设施投资银行（以下简称“亚投行”）正式成立，埃及、伊朗、约旦、阿曼、科威特、卡塔尔、土耳其、沙特、阿联酋、以色列等10个中东国家成为亚投行的创始成员国。2016年初，中国同阿联酋、卡塔尔设立了200亿美元的共同投资基金，将联合投资中东传统能源、基础设施建设、高端制造业等领域。这些措施都为中国与中东国家实现互利共赢合作，在中东国家进行更大范围、更强力度投资提供了重要基础。

沙特

近十年来，沙特投资环境不断改善，据世界银行发布的《2019年营商环境报告》显示，沙特的营商便利程度在全球190个经济体中排名第92位，是最受投资者欢迎的阿拉伯国家之一。

（1）吸收外资情况

据联合国贸发会议发布的《2019年世界投资报告》显示，2018年，沙特吸收外资流量为32.09亿美元；截至2018年底，沙特吸收外资存量为2307.86亿美元。从投资存量上看，约百分之四十的外商直接投资集中在沙特的工业领域，如炼油、石化、矿业、建筑、食品、塑料、橡胶等行业。

近年来，沙特对投资领域和投资比例的限制逐步减少，利润可自由兑换和汇出。通信、交通、银行、保险及零售业已陆续对外国投资者开放。2017年上半年，沙特继续向外资公司开放投资领域，宣布开放外资独资设立建筑师事务所，旨在进一步促进外资公司来沙特投资。

【中沙双向投资】据中国商务部统计，2018年中国对沙特直接投资流量3.83亿美元；截至2018年末，中国对沙特直接投资存量25.95亿美元。2017年沙特对华直接投资流量1493万美元。截至2017年底，沙特对中国累计投资达16.4亿美元。

（2）重点投资行业

沙特正在积极寻求转型发展，无论是其传统的能源领域还是其他领域，比如电力、机电设备、重工业、电子产品都有较高外资需求，存在巨大的投资潜力。

伊朗

伊朗的投资前景风险与收益并存，在中东地区伊朗是政局相对稳定的国家，随着国际制裁的逐渐松绑以及政府鼓励外资政策有利于吸引外商投资。伊朗已于2000年出台法律放宽了外资准入政策，但外国直接投资仍因美国重启对伊朗的经济制裁受到较大影响，因此在投资时不得不考虑伊朗特殊的政治风险。世界银行《2019年营商环境报告》显示，伊朗在全球190个国家和地区中营商环境便利度综合排名第128位。

伊朗除了给外国投资者提供国民待遇，对各领域的外国投资不设金额限制，还提供了外国直接投资、合同条款范围的投资，以及石油工业领域投资的特殊优惠。除此之外，特殊经济区域内的投资者还可享有从落户起20年免税、免签证并发放外籍员工居住证等优惠。

（1）吸收外资情况

据联合国贸发会议发布的《2019年世界投资报告》显示，2018年，伊朗吸收外资流量为34.8亿美元；截至2018年底，伊朗吸收外资存量为569.68亿美元。

伊朗吸收外资主要集中在原油、天然气、汽车、铜矿、石化、食品和药品行业。从外资来源地看，亚洲和欧洲是伊朗最主要的外资来源地。目前，欧洲外资企业纷纷撤出伊朗，亚洲企业在伊朗开展规模经营的也数量有限。在伊朗汽车行业投资和经营的主要外资/合资公司有：标致、雪铁龙、大众、尼桑、丰田、起亚、奇瑞、力帆、江淮等；石油天然气行业先后进入伊朗市场的外资企业主要有：法国Total、挪威Statoil、荷兰壳牌、俄罗斯Gasprom和韩国Lucky Goldstar、中国石油CNPC、中国石化SINOPEC等；电信行业由于受制裁，西方公司撤出，目前只有华为、武汉烽火等。

【中国对伊朗投资】据中国商务部统计，2018年中国对伊朗直接投资流量-5.67亿美元；截至2018年末，中国对伊朗直接投资存量32.34亿美元。

（2）重点投资行业

伊朗是继沙特之后，中东的第二大经济体。现阶段，伊朗正在寻求经济多样化。在2016年出台的第六个"五年（2016—2021年）社会经济发展计划"中，伊朗准备了一揽子经济刺激计划来促进经济增长，尤其加大对油气领域的项目投资力度。具有投资潜力的行业包括：石油行业、化工行业、基础设施建设、工业生产制造业、食品加工业、旅游业、现代农业等。

埃及

塞西总统执政后，埃及局势趋稳定，同时推出了一系列吸引外国投资的政策，投资环境大为改善。埃及的投资优势体现在如下几个方面：

独一无二的区位优势，运输成本优势明显；优越的国际贸易条件，积极参与各种多边和双边贸易协定；充足的人力资源，埃及的低端劳动力和高端劳动力并存，整体工资水平在中东和地中海沿岸地区很有竞争力；较丰富的自然资源，同时拥有大量未开发荒地，价格低廉；充满潜力的国内市场。作为非洲第二大经济体，第三人口大国，埃及的国民消费意识较强，国内市场规模大；具有相对完善的基础设施，尽管整体上埃及基础设施面临老旧的问题，但就整个非洲而言，仍属较为完善。

根据世界银行《2019年营商环境报告》，2018年埃及在全球190个国家和地区中排名第120位。跨境贸易、税负、履约能力均排在160名以后，营商环境有待改善。

（1）吸收外资情况

据联合国贸发会议发布的《2018年世界投资报告》显示，2018年埃及吸收外资流量为67.98亿美元；截至2018年底，埃及吸收外资存量为1163.85亿美元。据埃及方面统计，欧洲、阿拉伯国家和美国是埃及外国投资的主要来源地。2017—2018财年前十名外资来源国依次为：英国、比利时、美国、阿联酋、荷兰、沙特、法国、瑞士、卡塔尔、日本，中国列第11位。

埃及吸收外资排名前三位的产业是：石油和天然气、通信和信息技术、工业，其他领域包括：服务业、金融业、建筑业、房地产业、农业和旅游业。外资投资金额较大的项目以地中海和西部沙漠地区的油气开发项目为主。

【中国对埃及投资】据中国商务部统计，2018年中国对埃及直接投资流量为2.22亿万美元；截至2018年末，中国对埃及直接投资存量为10.79亿美元，创造本地就业岗位一万多个，中方派驻员工（含临时派驻）约3000人。投资领域集中在油气开采和服务、制造业、建筑业、信息技术产业以及服务业等。

据埃及投资和自由区总局统计，截至2018年底，在埃及投资的中国企业有1560家，较上一年新增167家，在所有投资来源国中排名第21位。

据中国驻埃及大使馆经商参处不完全统计，中国企业通过不同渠道对埃及的直接和间接投资额累计超过了70亿美元，包括在石油领域的并购和股权投资等。在中国驻埃及大使馆经商参处备案并开展经贸活动的埃及中资企业机构共一百四十多家，其中在埃及正式注册的境外企业80家，其余为办事处、项目部等。中石油、中石化、国家电网、振华石油、中远海运、埃及泰达公司、中埃钻井公司、华晨汽车公司、中国港湾、巨石集团、新希望等公司在埃及投资额居前。见表4–3、表4–4。

表4–3 2013—2017年中国对埃及投资统计（单位：万美元）

年份	直接投资额	累计投资额
2013	2322	51113
2014	16287	65711
2015	8081	66315
2016	11983	88891
2017	9276	83484

资料来源：中国商务部

表4–4 中国重点投资企业

中国投资主体名称	境外企业（机构）名称	经营范围
中石化集团新星石油有限责任公司	中萨钻井公司	陆地、海洋钻井，修井工程服务，钻机设备贸易
振华石油控股有限公司	北方石油国际有限公司	油气勘探开发及生产
中非泰达投资股份有限公司	埃及泰达投资公司/埃及泰达特区开发公司	工业区开发、建设、运营和管理
巨石集团有限公司	巨石埃及玻璃纤维股份有限公司	生产销售玻璃纤维制品

续表

中国投资主体名称	境外企业（机构）名称	经营范围
华为技术有限公司	华为技术埃及有限公司	通信设备、信息技术产品和相关服务
中国西电电气股份有限公司	西电EGEMAC高压电气有限责任公司	高压开关、变压器、电容器、避雷器等输变电产品的制造、销售和服务业务
安琪酵母股份有限公司	安琪酵母（埃及）有限公司	干酵母、烘焙粉、生物化肥
新希望六和股份有限公司	新希望埃及有限公司	养殖和饲料加工
美的集团有限公司	美的开利埃及合资公司	家用电器制造

资料来源：中国驻埃及使馆经商参处

苏伊士经济区是"一带一路"倡议建设的聚焦点，是埃及参与"一带一路"建设的重要依托，埃及欢迎更多的中国企业在区内投资实业，进一步巩固中埃经济合作。在中国企业的投资带动下，苏伊士经济区有望成为地区物流和相关增值服务的枢纽。外国投资者青睐苏伊士经济区，说明埃及政府吸引投资的政策是有效的。

2018年8月，中国巨石埃及公司在苏伊士经济区举办20万吨玻璃纤维生产基地投产典礼。该项目是我在埃及制造业领域投资规模最大的项目，也是我在海外最大的玻纤生产基地。同时，该项目是非洲唯一的玻纤生产基地，不仅填补了非洲玻纤制造业空白，也使埃及一跃成为世界第五大玻纤生产国。

（2）重点投资行业

埃及政府表示，纺织、汽车制造、油气化工等是未来的重点领域，将出台额外的扶持政策。中国企业可重点考虑对上述行业进行投资。

土耳其

2016年以前，土耳其政局总体稳定，经济快速发展，投资环境日益改善，越来越受到外国投资者尤其是欧洲投资者的青睐。2016—2017年，由于中央政府更迭、经济增速放缓、未遂军事政变、修宪法案公投、安全形势恶化等因素叠加，土耳其吸引的外国投资大幅减少。

总体来看，土耳其投资合作环境仍然具有以下一些比较优势：经济总量迅速上升，经济前景依然光明，2017年，土耳其成为经济合作与发展组织（OECD）和二十国集团（G20）成员国中发展最迅速的经济体之一；区位优势继续凸显，土耳其处于亚洲、欧洲、非洲三大洲的交界处，已成为货物、服务、人员、资金、技术的集散地；本地市场日趋扩大，土耳其民众消费能力很强，消费观念超前；海外市场日渐广阔，土耳其为欧盟关税同盟成员，并与27个国家和地区签订了自由贸易协定，目前仍有多个自由贸易协定在谈；劳动力供应充足，素质较好。

世界经济论坛《2019年全球竞争力报告》显示，在全球最具竞争力的141个国家和地区中，土耳其位列第61位。在世界银行《2019年营商环境报告》排名中，土耳其在190个经济体中位列第43位。

（1）吸收外资情况

据《2019年世界投资报告》统计数据，2018年土耳其吸引外国直接投资129.4亿美元，吸收外资存量为1345.2亿美元。据中国商务部统计，2018年中国对土耳其直接投资流量为3.53亿美元；截至2018年末，中国对土耳其直接投资存量为17.34亿美元。

根据土耳其中央银行统计，2018年土耳其吸引的外国直接投资中65%来自欧盟，其中荷兰、奥地利和英国位列前三位，分别为6.1亿美元、5亿美元和4.5亿美元。

2018年，外国直接投资流入最多的前五大行业是金融保险业、运输仓储业、制造业、能源业和建筑业。

根据土耳其贸易部统计，截至2018年底，位于伊斯坦布尔的外资企业为40542家，安塔利亚为5561家，安卡拉为3153家，伊兹密尔为2646家。

（2）重点投资行业

当前，土耳其迫切需要从中国获得高技术、高附加值投资，如铁路、电力、电信、机器制造、汽车、飞机制造业、电子行业。中资企业可重点关注上述行业。

也门

也门是联合国公布的全球最不发达国家之一。2010年以来，也门政府大力推进经济改革，实行适度“积极”的财政政策，增加预算，扩大基础设施投资，加快经济发展。同时，国际社会也在不断加大对也门的经济援助力度。随着经济逐步好转，也门在能源和矿产开发、渔业、基础设施、旅游、通信、电力、农产品加工等众多领域都存在大量投资机会。然而，胡塞武装发起的反政府内战，终止了这一进程。

据世界银行《2019年营商环境报告》显示，在全球190个经济体营商环境排名中，也门名列第187位。其中，开业便利度排名第173位，建筑许可办理便利度排名第186位，用电便利度排名第187位，财产注册便利度排名第81位。世界经济论坛《2018年全球竞争力报告》显示，也门在全球最具竞争力的140个国家和地区中，排名第139位。

（1）吸收外资情况

据联合国贸发会议发布的《2019年世界投资报告》显示，2018年，也门吸收外国直接投资估值为-2.82亿美元；截至2018年底，也门吸收外资存量为23.13亿美元。目前，也门吸引的外商投资主要来自沙特、科威特等海湾国家，以及黎巴嫩等阿拉伯国家，其他国家有美国和印度等。

【中国对也门投资】据中国商务部统计，2018年中国对也门直接投资流量为1045万美元；截至2018年末，中国对也门直接投资存量为6.23亿美元。投资领域主要是资源开发、餐饮、建筑工程和渔业捕捞等。其中，中资企业在也门油气和矿产资源开发领域的风险性投资较为活跃。2011年2月以来，由于也门的安全局势越来越差，经济持续恶化，投资环境较差，大多数中资机构已撤离也门。2012年2月，也门局势有所好转，至2014年4月，共16家中资公司返回也门开展经营活动。

（2）重点投资行业

也门具有非常丰富的石油和天然气资源，而且未加入任何石油组织，石油生产的自主性很高，因而在石油、天然气领域具有较高的投资吸引力。总之，企业在投资时还要特别注意也门政局的不稳定性。

伊拉克

战后的伊拉克政府于2006年10月首次通过了《国家投资法》，并于2010年和2015年进行了修订，其目的在于开放经济和吸引外国投资，为伊拉克提供一个更加有利的投资环境。伊拉克同时也在积极努力重新融入国际社会，其中一个重要目标就是争取尽早加入世界贸易组织。2014年下半年以来，由于油价持续低迷和反恐战争耗费巨资，伊拉克政府入不敷出。伊拉克政府意识到国家经济不能过于依赖石油收入，因此加大招商引资政策实施力度，尤其是加强对境外投资者利益保护以及政策扶持。如大力推动由于技术、设备落后而无法进行正常经营活动或濒临倒闭的国有企业与境外企业合资，在土地、矿产、水、油、电等重要生产要素和生产资料方面给予优惠，要求伊拉克政府必须优先从上述企业采购，提高伊拉克本国可生产产品的进口关税等。

世界银行发布的《2019年营商环境报告》显示，伊拉克在190个经济实体中，排名第171位。伊拉克尚未被列入达沃斯世界经济论坛全球竞争力排名中。安全形势动荡、基础设施落后、法律及金融体系不完善，是伊拉克排名靠后的主要原因。

（1）吸收外资情况

据联合国贸发会议发布的《2019年世界投资报告》显示，2018年，伊拉克吸收外资流量为-48.85亿美元；截至2017年底，伊拉克吸收外资存量为101.3亿美元。在利用外国投资方面，主要集中在石油、电力、基础设施建设三大行业。

【中国对伊拉克投资】据中国商务部统计，2018年中国对伊拉克直接投资流量为773万美元；截至2018年末，中国对伊拉克直接投资存量为5.99亿美元。在伊拉克主要中资企业有中石油、中海油、绿洲石油公司、上海电气、天津电建、苏州中材、中建材、中国交通建设、葛洲坝、中地国际、中曼石油、中国机械设备工程股份有限公司、华为技术有限公司、中兴通讯股份有限公司和上海杰溪国际贸易有限公司等三十余家。主要从事油田开发、电力建设、基础设施建设、通信和建材等行业。

（2）重点投资行业

伊拉克石油产业较为发达，是比较有投资价值的领域。但伊拉克基础设施建设落后，前期投资大，且国内存在不安定因素，需慎重进行投资决策。

阿曼

阿曼政局稳定，社会安定，经济持续发展。2017年国际油价止跌回升，一定程度缓解阿曼经济下行压力，但经济总体状况仍未从低油价冲击中完全恢复。为改变过度依赖油气产业的单一经济结构，阿曼全面推进经济多元化战略，并制定专项落实计划——“坦菲兹”，大力招商引资，扶持制造、基础设施、旅游、矿业、物流、会展等产业发展，鼓励和支持私营企业特别是中小企业在经济建设中发挥更大作用。以杜库姆等经济特区、工业园区为载体吸引外资，以新机场、高速公路等重大项目为重点完善基础设施，稳定境内外投资者对其经济的信心。国际货币基金组织、世界银行、标准普尔等国际机构预测阿曼经济转为向好态势，预计2019年该地区经济增长将逾4%。

世界经济论坛《2019年全球竞争力报告》显示，阿曼在全球最具竞争力的141个国家和地区中排名第53位。在世界银行《2019年营商环境报告》排名中，阿曼位列创业手续简便度排名的第37位，列营商便利度排名的第78位。

（1）吸收外资情况

据阿曼国家统计和信息中心数据，2018年，阿曼吸引外商直接投资93.4亿里亚尔，同比增长15%。英国是阿曼第一大投资来源国，投资额为44.55亿里亚尔，同比增长27.1%。其次为阿联酋（10.28亿里亚尔）、科威特（4.17亿里亚尔）、卡塔尔（3.88亿里亚尔）、巴林（3.37亿里亚尔）、美国（2.94亿里亚尔）、印度（2.81亿里亚尔）、瑞士（2.77亿里亚尔）。从行业分布看，外国对阿曼的直接投资主要集中在油气行业，达51.63亿里亚尔，同比增长29.8%，占55.3%；其次，金融业、制造业和房地产业吸引外资金额分别为14.16亿里亚尔、10.48亿里亚尔和6.52亿里亚尔。

【中阿双向投资】据中国商务部统计，2018年中国对阿曼直接投资流量为5191万美元；截至2018年末，中国对阿曼直接投资存量为1.51亿美元。2018年重点投资项目主要包括：中阿（杜库姆）产业园一期，预计于2021年建设完成；江苏常宝钢管股份有限公司油井管加工线于2018年10月竣工投产，投资金额2000万美元；沈阳华氏食品饮料有限公司投资设立阿曼塑料有限公司，建设饮料包装厂，预计投资金额1亿美元；河南正佳能源环保股份有限公司计划投资2000万美元建设聚合物工厂，目前已进入建设阶段。

2018年阿曼无对华直接投资。截至2018年末，阿曼在中国间接投资项目数量4个，投资额为1922万美元。其中，包括阿曼石油公司与韩国GS集团签订协议，购买了青岛丽东化工有限公司30%的股份。

（2）重点投资行业

阿曼产业空白多，目前处于产业多元化发展的关键阶段，因而十分重视外资对产业完善、经济、创造就业等方面的促进作用。优惠政策主要体现在特定区域和重点行业两个层面。总体而言，阿曼鼓励在旅游、加工制造、农牧渔业、采矿、物流、信息技术等领域的投资，欢迎外国企业在自由区、工业区、经济特区等专属区域内投资。

建议企业关注阿曼转型重点发展行业，比如基建、制造、物流、旅游等非油气产业。另外阿曼政府制定了严苛的环保法，政府也特别重视环保问题和施工安全问题，中国企业在投资传统的油气产业时，应注意全面把握市场环境特点与行业规则。

叙利亚

受国内动荡局势和外部经济制裁的影响，叙利亚的投资吸引力无疑受到重创。目前，外国投资者对叙利亚是望而却步。

世界银行《2019年营商环境报告》显示，在报告统计的全球190个经济体中，叙利亚排名第179位。其中，开业便利度排名第136位，建筑许可办理便利度排名第186位，用电便利度排名第158位，财产登记便利度排名第157位。

（1）吸收外资情况

据联合国贸发会议发布的《2019年世界投资报告》显示，截至2018年底，叙利亚吸收外资存量为107.43亿美元，当年无新增外商直接投资；对外投资存量为500万美元，当年无新增对外直接投资。

【中国对叙利亚投资】据中国商务部统计，2018年中国对叙利亚直接投资流量为-1万美元；截至2018年末，中国对叙利亚直接投资存量为87万美元。

（2）重点投资行业

目前叙利亚深陷战争困扰，国内局势相对混乱，不建议中国企业前去投资。

约旦

约旦的投资环境要优于周边国家，拥有自由导向的经济，加上良好的基础设施条件、便利的交通运输和发达的银行业，以及西亚北非地区较为先进的资本市场。约旦是众多投资者密切关注的国家，其司法体系较为先进，对外国投资者的资本和利润汇出没有限制。约旦政府致力于改善投资环境，不断制定和完善投资法规，积极吸引外资，尤其鼓励外商在工业区投资办厂。但约旦国内同样面临经济基础薄弱、贫困和高失业率的经济风险，以及周边战乱与恐怖主义威胁等外部风险。

世界经济论坛《2019年全球竞争力报告》显示，约旦在全球最具竞争力的141个国家和地区中，排名第70位。世界银行《2019年营商环境报告》显示，在全球190个经济体的营商环境便利度排名中，约旦综合排名第104位。

（1）吸收外资情况

根据约旦中央银行公布的数据，2017年，约旦吸引外国直接投资额为11.77亿第纳尔，同比增长8%。这些投资主要流向旅游、能源、仓储、地区办事处、信息、医疗卫生、教育、重型机械、汽车等领域。

据联合国贸发会议发布的《2019年世界投资报告》显示，2018年，约旦吸收外资流量为9.5亿美元；截至2018年底，约旦吸收外资存量为351.1亿美元。

从投资来源看，超过一半的外国投资来自阿拉伯国家；欧美国家也是重要的投资来源地。从投资流向看，工业、交通、旅游等是主要的投资领域。

【中约双向投资】据中国商务部统计，2018年中国对约旦直接投资流量为8562万美元；截至2018年末，中国对约旦直接投资存量1.42亿美元。2016年，约旦对华投资约19万美元，新设立项目（企业）62个，同比增加31.91%。

（2）重点投资行业

投资领域方面，可关注当地特色资源和政府倡导的产业，如钾盐、磷矿和硅砂等资源。约旦政府鼓励对上述资源型产品的下游深加工行业进行投资。约旦政府致力于解决能源短缺问题，重点推动太阳能和风力发电等清洁能源，以及油页岩发电、核电等重点能源项目。此外，旅游、酒店等服务业也是政府重点发展的领域。

中国企业可以视约旦为平台，通过向约旦投资，把产品出口到世界不同国家，特别是伊拉克等因战乱需要大力发展经济的国家。

阿联酋

阿联酋自然资源丰富，政局长期稳定，地理位置优越，基础设施发达，社会治安良好，商业环境宽松，经济开放度高，是海湾和中东地区最具投资吸引力的国家之一。

世界经济论坛《2019年全球竞争力报告》显示，阿联酋在全球最具竞争力的141个国家和地区中，排名第25位。世界银行《2019营商环境报告》显示，阿联酋在全球190个经济体中，排名第11位。

（1）吸收外资情况

据联合国贸发会议发布的《2019年世界投资报告》显示，2018年，阿联酋吸收外资流量为103.85亿美元；截至2018年底，阿联酋吸收外资存量为1403.19亿美元。见表4–5。

表4–5　2014—2017年阿联酋吸引外国直接投资统计（单位：百万美元）

	2014	2015	2016	2017
吸引外国直接投资额	11072	8551	9605	10354
增幅（%）	14	–22.8	12.3	7.8

资料来源：联合国贸发会议

在阿联酋投资的国际跨国公司涵盖各行各业，在油气领域有中石油、埃克森美孚、BP、道达尔、日本国家石油公司、韩国国家石油公司等；在金融领域有汇丰银行、渣打银行、德意志银行等；在新能源领域有晶科、第一太阳能等。世界知名跨国公司大多在阿联酋有投资，目前20%的跨国集团将地区商业总部设在阿联酋。

阿联酋主要吸引来自新兴市场和中东、北非地区的资本。以印度、中国、巴西和俄罗斯金砖四国为主的新兴市场对阿联酋的投资已超过中东、北非地区国家。印度在金砖国家中对阿联酋资本流入占比最大。摩根士丹利将阿联酋列为新兴市场，更使得阿联酋成为全球最热门的投资目的地。

【中阿双向投资】在“走出去”战略推动下，中国企业赴阿联酋投资步伐加快。目前，超过四千家中国公司在阿联酋开办了公司或办事处。据中国商务部统计，2018年中国对阿联酋直接投资流量为10.81亿美元；截至2018年末，中国对阿联酋直接投资存量为64.36亿美元。目前，中国对阿联酋投资主要领域为能源、钢铁、建材、建筑机械、五金、化工等。其中，主要投资项目包括：中阿宣布成立100亿美元的共同投资基金；Adnoc和中石油合资成立Al Yasat石油作业公司，中石油占股40%；中石化冠德控股有限公司（占50%）与新加坡宏国能源有限公司（占38%）、富查伊拉政府（占12%）在阿联酋富查伊拉投资建设的石油仓储合资项目——富查伊拉石油仓储公司；中远海运收购阿布扎比哈利法港2号码头运营权；中石油和华信能源各获得阿布扎比陆上石油区块8%和4%的股份权益；中石油获得阿布扎比海上石油区块中两个区块各10%的股份权益。

2017年，阿联酋在中国投资项目26个，实际投资金额1357万美元。2008年12月，阿联酋博禄公司（Borouge）投资2980万美元在上海奉贤区海港开发区建立工程塑料生产基地，年产复合树脂5万吨。2010年5月，博禄公司与广州市南沙区政府签署协议，在广州南沙建立生产工厂，该工厂于2012年中期建成，设计年产复合聚丙烯树脂10.5万吨。2014年，迪拜著名酒店集团朱美拉宣布在中国新签3家酒店和度假村的管理协议，其在华管理的酒店地产项目已达8处。

（2）重点投资行业

阿联酋正在积极推动产业转型战略，具有巨大的投资空间，中国企业可特别关注可再生能源、核电、航天等高新领域市场的投资机会。同时，也不应忽视其境内石油化工领域的投资机会。值得注意的是，由于阿联酋经济高度开放，许多项目在投标时要面临欧美企业的激烈竞争。

科威特

科威特是石油输出国组织（OPEC）成员，不仅资源丰富，而且政局稳定，法律健全，市场需求较大，主权信用较高，开放水平居该地区前列，对外国投资者有较强的吸引力。

在世界银行发布的《2019年营商便利指数排名》中，科威特得分62.20，在190个经济体中位列第97位，较上年提升一个位次。各项指标排名如下：开业便利度排名第133位，办理施工许可便利度排名第131位，电力供应便利度排名第95位，登记财产便利度排名第69位，纳税便利度排名第7位。

在世界经济论坛发布的《2019年全球竞争力报告》中，科威特在全球141个国家和地区中，排名第46位。

（1）吸收外资情况

科威特欢迎外国直接投资。据联合国贸发会议发布的《2019年世界投资报告》显示，2018年，科威特吸收外资流量为3.46亿美元；截至2018年底，科威特吸收外资存量为147.42亿美元。

【中科双向投资】据中国商务部统计，2018年中国在科威特直接投资流量为1.92亿美元；截至2018年末，中国对科威特直接投资存量为10.92亿美元。截至2015年，科威特在中国人民币市场QFII投资额度达25亿美元。截至2015年底，科威特阿拉伯基金向中国的37个项目提供优惠贷款9.7亿美元。2018年科威特在华直接投资443万美元。

（2）重点投资行业

建议中国企业持续关注科威特在能源领域、信息技术、交通运输等基础设施建设领域的投资机会。另外，科威特政府强调发展多元化经济，着力发展金融、贸易、旅游等行业，这些也是值得重点关注的投资机会。

以色列

（1）吸收外资情况

据联合国贸发会议发布的《2019年世界投资报告》显示，2018年，以色列吸收外资流量为218.03亿美元；截至2018年底，以色列吸收外资存量为1480.45亿美元。

外资主要来源于新加坡、美国、匈牙利、荷兰、卢森堡等国家，投资领域主要包括制造业、商贸服务业、房地产等行业。

不同于其他以自然资源和服务业为主的新兴市场国家，以色列自然资源匮乏，吸引外国直接投资主要依靠高科技行业。以色列高端人才资源丰富，科研实力雄厚，创业条件优越，微软、谷歌、苹果、英特尔等高科技跨国公司均在以色列投资设立分公司或研发中心。

【中以双向投资】据中国商务部统计，2018年中国对以色列直接投资流量为1.82亿美元；截至2018年末，中国对以色列直接投资存量为43.31亿美元。

以色列对中国投资存量累计超过4亿美元。其中较有影响的项目包括在北京和新疆等地的示范农场、天津海水淡化厂、苏州工业园风险投资、华亿创业投资基金等。

以色列是最早在中国设立非法人制合资创投人民币基金的国家，中以创投基金规模已超3亿美元，主要投向中国现代农业、电子信息等高新技术产业。

（2）重点投资行业

以色列高科技产业发达，初创企业众多，创新成果丰富，而中国加工制造能力强，双方产业优势互补，相互投资机会多。建议中国企业与以色列企业合作或投资高科技领域、智力密集型产业。

巴勒斯坦

巴勒斯坦投资环境较为恶劣，巴以冲突成为影响投资的重要因素。巴勒斯坦吸纳的外国直接投资金额不多，中国过去在巴勒斯坦的直接投资极少。

卡塔尔

卡塔尔投资环境吸引力主要体现在政治稳定、支付能力较强、社会治安状况良好和市场化程度较高等几个方面。卡塔尔政府规划在未来十年重点开发与2022年世界杯足球赛相关的基础设施项目、石化工业、水电及除能源外的其他产业，以实现卡塔尔经济兼具竞争性和多样化的目标。同时也应看到，卡塔尔拥有丰富的石油及天然气资源，能源出口收入高，对外资虽有需求，但并不过分依赖。此外，卡塔尔国土面积小、人口少，市场容量相对有限。

世界经济论坛《2019年全球竞争力报告》显示，卡塔尔在全球最具竞争力的141个国家和地区中，排名第29位。在世界银行《2019年营商环境报告》中，卡塔尔经商环境在190个国家和地区中，排名第83位。

（1）吸收外资情况

根据联合国贸发会议《2018年世界投资报告》数据，2018年卡塔尔吸引外资-21.86亿美元；截至2018年末，吸引外资存量为327.43亿美元。

卡塔尔吸收外资主要集中在石油天然气上游开发和石化项目上。例如，已建成和在建的共14条液化天然气生产线全部由卡塔尔石油公司与欧美跨国石油公司和日韩企业合资。卡塔尔吸收外资的一个显著特点是：在卡塔尔所有大型石油天然气企业和工业企业中，几乎全部由卡方控股。

美国、日本、巴林是卡塔尔主要外资来源地。

【中卡双向投资】目前中卡两国双边投资总体规模不大，但发展势头良好。据中国商务部统计，2018年中国对卡塔尔直接投资流量为-3.68亿美元；截至2018年末，中国对卡塔尔直接投资存量为4.36亿美元。

（2）重点投资行业

卡塔尔的承包市场投标竞争较激烈，全球大承包商都在参与。同时，卡塔尔对中国的经济依存度不高，更多是中国对其能源资源的需求，中国企业想在卡塔尔开拓市场存在一定的困难。

建议企业关注卡塔尔多元化重点发展行业，比如贸易、金融服务、旅游等非能源产业。基建设施领域也拥有较大的投资潜力。

黎巴嫩

黎巴嫩国土面积不大，资源相对匮乏，但位置重要。其投资吸引力主要表现在以下几个方面：较为宽松的投资政策，黎巴嫩政府积极鼓励投资，提供了在中东地区最为宽松的投资环境和优惠政策，并以法律的形式加以保障；开放稳定的金融环境，对资金、资本收益、汇款、股份分红的国内流动以及跨国流动，没有任何限制；人力资本优势明显，拥有更多的高素质专业人才；黎巴嫩市场极强的辐射效应显而易见。当然，黎巴嫩的投资优势还包括其拥有先进的医疗保健、便捷的咨询、租赁服务等等。

黎巴嫩吸引外国投资者的优势明显，备受青睐，即便是在其政治和区域安全局势不太稳定的情况下，各国投资者也从未放缓对其投资的步伐。据世界银行发布的《2019年营商环境报告》显示，黎巴嫩营商便利度在全球190个经济体中列第142位。世界经济论坛《2018年全球竞争力报告》显示，黎巴嫩在全球最具竞争力的137个国家和地区中，排名第105位。

（1）吸收外资情况

2011—2017年黎巴嫩吸收外商直接投资总额分别为35亿、37.8亿、28.3亿、31亿、23.4亿、25.6亿和26亿美元。投资的主要领域则从原来主要集中在旅游服务和房地产业逐渐向能源、交通、电信、教育、医疗、媒体、高科技、环境、农业、工业、基础设施建设等领域转移。

据联合国贸发会议发布的《2019年世界投资报告》显示，2018年，黎巴嫩吸收外资流量为28.8亿美元；截至2018年底，黎巴嫩吸收外资存量为661.87亿美元。据黎巴嫩经贸部统计，在黎巴嫩注册外资公司主要来源于阿拉伯国家和欧美。

2017年黎巴嫩尽管面临政治、安全挑战，但吸收外国直接投资26亿美元，在阿拉伯国家中居阿联酋、沙特、埃及和摩洛哥之后，排名第5位。

【中黎双向投资】据中国商务部统计，截至2018年末，中国对黎巴嫩非金融类直接投资存量为222万美元，黎巴嫩对中国直接投资金额为167万美元。见表4–6。

表4–6　2013—2017年中国与黎巴嫩双边投资流量情况

年份	对黎投资（万美元）	黎对华投资（万美元）
2013	68	199
2014	9	91
2015	—	1114
2016	—	160
2017	—	19

注：“—”表示未获取相关资料。

资料来源：中国商务部

目前在黎巴嫩的中资公司有华为技术有限公司、中兴通讯股份有限公司、安福贸易公司（合资）。黎巴嫩在华投资主要集中在化学原料及制品、小型机械、纺织、服装、家具等制造企业、批发和零售业、房地产业、租赁，以及咨询服务业等行业。

（2）重点投资行业

建议中国企业关注黎巴嫩的基础设施领域投资机会，尤其是黎巴嫩电力系统正在不断改革。同时旅游业也是较好的投资方向。黎巴嫩政治环境复杂，局部冲突较为频繁，和周边一些国家关系紧张，中国企业需要做好安全和防范。

巴林

作为开放性和市场化程度较高的国家，巴林的政治局势比较稳定，投资风险较低。如今巴林为了降低对石油的过度依赖，实现经济多元化发展，进一步开放市场，欢迎国外资本进入巴林投资金融、基础设施等领域。

世界经济论坛《2019年全球竞争力报告》显示，巴林在全球最具竞争力的141个国家和地区中，排名第45位。世界银行发布的《2019年营商环境报告》显示，巴林在全球190个经济体中营商便利度，排名第62位。

（1）吸收外资情况

据联合国贸发会议发布的《2019年世界投资报告》显示，2018年，巴林吸收外资流量为15.15亿美元；截至2018年底，巴林吸收外资存量为289.97亿美元。根据巴林官方公布的数据，2018年，巴林吸收外资8.3亿美元，全年共有七十多家外国企业来巴林投资。外资主要来自其他海合会和阿拉伯国家、欧盟和美国，投资领域为金融业、零售业、通信、石油勘探、餐饮、港务经营，以及房地产等。

巴林金融行业主要跨国公司有汇丰银行、安联保险、法国巴黎银行、印度工业信贷投资银行、毕马威、安永、罗兰贝格、诺顿罗氏等公司；制造及零售业跨国公司有西门子、巴斯夫、卡夫、通用、益力多、可口可乐、重庆国际复合材料等公司；物流类企业有DHL、马士基、中东快递、Agility等公司；以及微软、华为、思科等科技跨国巨头。

【中国对巴林投资】中国在巴林主要中资企业有八家，从事制造、通信、工程承包、环保等行业。据中国商务部统计，2018年中国对巴林直接投资流量为-235万美元；截至2018年末，中国对巴林直接投资存量为7196万美元。

（2）重点投资行业

由于政府要进一步完善基础设施建设，巴林的基础设施领域存在投资空间。此外，作为海湾地区的金融业中心，巴林的金融市场开放、规范，金融产业也有较大投资潜力。

三　重点地区

近年来，中国与西亚北非地区国家投资合作不断向深度和广度发展，呈现出以能源合作为主，其他合作同时并进，投资合作领域不断扩大的态势。金融合作以及信息、通信技术等高新领域的合作，则成为双方合作的新亮点。

中国对西亚北非地区国家投资的主要特点如下：

（1）投资产业单一，多数聚焦于油气行业。中国对西亚北非地区国家投资多为资源驱动型，对油气资源和石油工程的投资与合作较为集中，主要涉及勘探、炼制、油气管道建设与开发等领域。目前，中国直接投资可有利于发挥东道国资源禀赋优势，但是也存在投资产业单一的问题。

（2）投资国别集中度高，区域分布不均衡。中国对沙特、阿联酋等政治稳定、资源丰富的国家投资占很大比例，而对于伊拉克、叙利亚、巴勒斯坦等这些局势不稳定的国家投资力度较小，存在区域分布不均衡的特点。

（3）投资企业以大型国有企业为主。能源投资需要雄厚的资金和技术支持，并且西亚北非动荡的局势需要企业具有较强的风险防御能力。相较于其他类型的企业，中国大型石油企业能够更好地应对在西亚北非地区的投资运营。总体而言，近年来，中国在西亚北非地区投资已取得显著的成果，投资规模日益扩大。但仍需注意到，中东国家由于特殊的环境形势，对石油资源投资往往存在着许多风险和不确定性。

按照投资环境可以将西亚北非十六国分成三类：

（1）第一类是投资环境较好的国家，这些国家也是中国企业优先选择的重点。该类国家包括沙特、土耳其、卡塔尔、阿联酋、巴林、科威特和阿曼共7个。这7个国家均为高收入国家，2017年人均GDP超过10000美元，最高的卡塔尔达到97513美元，最低的土耳其也达到10529美元。这些国家资源丰富，均为石油大国。而且这7个国家社会政治比较稳定，基础设施较为完善，投资环境优异，可以成为中国投资者直接投资的优先区域。

（2）第二类是投资环境存在风险的国家，中国企业在选择时需重点做好风险防控。该类国家包括以色列、伊朗、约旦、伊拉克、埃及共5个。这5个国家经济发展势头较好，基础设施也均位于西亚北非地区中上游水平，资源较为丰富，但是相比之下，该类国家的社会稳定性明显不如第一类，其政治局势存在一定程度的不稳定性，尤其是以色列和伊拉克，恐怖事件时常发生。

（3）第三类是投资环境风险较高的国家，中国企业须审慎选择。该类国家具备明显的两个特点，即政治局势不稳定或者经济发展水平低。黎巴嫩虽然是中高收入国家，但国内政治局势动荡，战争频频，投资风险大，所以投资环境并不理想。也门、叙利亚、巴勒斯坦属于中低收入国家，该类国家经济落后、资源匮乏且政局动荡不稳

中国企业在对西亚北非地区国家进行投资时，可以参考以下几方面建议：

（1）加强投资区位的正确选择。中国企业对中东国家投资应该优先考虑那些区位优势明显的国家，即投资环境为第一类和第二类的国家。这两类国家的市场广阔、资源丰富，政治局势稳定，是中国企业对西亚北非地区投资的首选之地。例如，卡塔尔、阿联酋等投资环境、资源禀赋均较好的国家，开展能源合作具有较大潜力和机遇。但需要加强对以色列等国内局势动荡国家的投资风险防范。

（2）降低在第三类国家的投资风险，应建立健全投资风险管理体系。中国企业对第三类国家应审慎投资，确保在局势动荡区域投资的安全可靠性，对于中低收入国家投资时应全面衡量投资的效率和回报率。其中黎巴嫩、也门局势动荡，政治风险和社会风险尤其突出，民族宗教纠纷突出，且存在较为严重的政治腐败、法制不完善，以及严峻的社会治安形势等问题。因此，中国企业在对该类国家投资时，应强化风险防范意识，借鉴国外风险管理经验，建立健全一套有效的中东投资风险管理体系，具体包括：投资前的预防策略、投资中的多元化策略和风险发生后的补救策略。同时，企业应该充分了解东道国相关投资、货币政策，积极寻求东道国国家政府的保护。

（3）充分发挥机制化平台的作用，强化中东国家在推进"一带一路"建设中的重要作用。中东作为中国"一带一路"建设的战略高地和重要枢纽，中国应该积极开展与中东国家的能源投资合作，同时推动对基础设施和工程及服务项目等非石油领域的直接投资。发挥中阿合作论坛和中国—海合会战略对话等两大平台机制，加强对话合作，提升中阿战略合作地位，共同推动中国对中东国家地区的直接投资。积极倡导与设立"中阿丝路投资基金"，为企业提供投资激励和优惠政策，鼓励和吸引中国与沿线国家参与该地区基础设施和互联互通领域的投资建设。积极利用"中阿合作论坛"的人文领域交流计划，加强与中东国家各种形式的交流，增进民心相通。

四 重点项目

根据商务部投资项目信息库的数据，本书将西亚北非十六国各国拟建重点投资合作项目（截至2019年12月底仍在项目有效期内）总结如下，见表4–7。

表4–7 西亚北非十六国重点项目汇总

项目地点	项目名称	所属行业	项目类型	投资方式	投资金额（万美元）
阿联酋	迪拜自备水厂海水淡化项目（EPC）	水利、环境和公共设施管理业	其他	其他	50000
阿联酋	迪拜光热光伏混合电站项目（EPC）	电力、热力、燃气及水生产和供应业	其他	其他	50000
阿联酋	阿拉伯联合酋长国联合水泥公司水泥窑余热发电项目（EPC）	电力、热力、燃气及水生产和供应业	其他	其他	2220
沙特	水泥	制造业	其他	其他	748305
沙特	沙特沙巴阿美机场跑道升级项目	建筑业	其他	其他	40000
伊朗	宁夏银阳与伊朗海陆能源重工1000兆瓦光伏发电一期项目EPC	电力、热力、燃气及水生产和供应业	其他	其他	1000000
伊朗	Larestan1.114兆瓦光伏发电站项目（EPC）	电力、热力、燃气及水生产和供应业	股权投资	其他	5000
埃及	埃及第三条120t/d压延玻璃生产线项目（EPC）	制造业	其他	其他	5000
埃及	埃及军方太阳能电池板生产厂项目	电力、热力、燃气及水生产和供应业	股权投资	其他	200000
伊拉克	伊拉克Garraf油田水处理项目（EPC）	水利、环境和公共设施管理业	其他	其他	3116
伊拉克	伊拉克巴士拉650兆瓦燃机联合循环电站扩建项目	电力、热力、燃气及水生产和供应业	股权投资	其他	231000
阿曼	阿曼年产50万吨高线扩建项目	采矿业,有色金属矿采选业	其他	其他	60000

数据来源：商务部投资项目信息库

表中所列项目绝大部分为EPC项目，并且集中于电力工程。事实上，长期以来，中国企业凭借质优价廉在西亚北非国际工程承包市场占据一席之地。

近年来，越来越多的项目要求中国企业“带资进场”为项目提供融资方案，中国企业宜尽快向投建营一体化转型升级，提升国际竞争力。国际油价持续低迷，西亚北非地区大部分国家高度依赖传统资源出口，因此政府财政收入锐减、国内宏观经济不稳、外债负担加重，基础设施及公共服务建设资金缺口越来越大，纯粹的现汇EPC项目越来越少。与此同时，随着格上涨、劳动力成本上升，中国企业的价格竞争优势越来越弱，利润空间越来越小。传统主权担保贷款支持基础设施建设也因受到东道国债务情况的影响，受到较大制约。在行业竞争激烈、获取项目难度提升、利润空间压缩背景下，以小比例资金投入带动工程承包，再进一步介入运营环节的投建营一体化的商业模式，打通基础设施项目投建营各个环节，从全产业链获得综合性利润成为当前中国企业海外项目转型发展的迫切需要。

第五章

贸易和投资政策法规

一 外贸法规

(一)贸易主管部门

对外贸易是西亚北非各国经济的重要组成部分，各国政府都设有部门管理对外贸易事务，代表国家政府进行多边、双边贸易谈判，制定贸易法规和政策。大部分国家对外贸易的协调、管理和组织由负责经济、工商事务的政府内阁部门负责。同时，各国与对外贸易相关的管理部门涉及海关、标准、检验检疫、商标、保险、行业总会、投资等。见表5–1。

表5–1 西亚北非十六国贸易主管部门

国家	对外贸易主管部门	国家	对外贸易主管部门
阿联酋	经济部	沙特	商业投资部、海关、标准局、农业部、卫生部、商工总会
阿曼	工商部	土耳其	经济部
埃及	贸易与工业部	叙利亚	经贸部
巴勒斯坦	—	也门	工业和贸易部
巴林	工商和旅游部	伊拉克	贸易部
卡塔尔	经济和商业部	伊朗	工业、矿业与贸易部
科威特	工商部	以色列	经济部
黎巴嫩	经济和贸易部	约旦	工业、贸易与供给部

注：“—”表示未获取相关资料。
资料来源：作者整理

（二）贸易法规体系

在西亚北非十六国中，除以色列以外，其余15个国家中有些国家奉伊斯兰教为国教，而部分国家则是政教合一，宗教法规对这些国家的贸易政策有较大的影响。土耳其位于亚洲最西部，横跨欧洲、亚洲两大洲，正在积极申请加入欧盟，因此其贸易投资法律法规更多地融入了欧盟法律和标准。同一区域的以色列总体上奉行自由贸易政策，与美国、欧盟等国家和地区签署了自由贸易协议，贸易开放度高，是西亚北非地区第四个加入世界贸易组织的国家。

西亚北非十六国中，部分国家是世界贸易组织和区域组织成员，多边和区域贸易体制对其贸易法规和政策的制定有较大影响；部分国家在贸易自由化进程中步伐比较缓慢。这种区别体现在各国贸易法规中。

第一，多边贸易体制。

目前，西亚北非地区有11个国家为世界贸易组织（简称"世贸组织"）成员国，遵循世贸组织非歧视、更加开放、可预测和透明、更具竞争性、对不发达国家更加优惠、注重环境保护的多边贸易体系原则，制定贸易法规和政策，进出口产品关税和跨境贸易措施执行统一的多边规则。其中，巴林和科威特为世贸组织创始成员国，其余9个成员国以加入世贸组织的时间为序依次为土耳其、以色列、埃及、卡塔尔、阿联酋、约旦、阿曼、沙特和也门。另有5个国家尚未加入世贸组织，其中伊拉克、伊朗和叙利亚三国目前作为世贸组织观察员列席世贸组织会议，黎巴嫩和巴勒斯坦尚未加入。这5个国家的贸易法规不受世贸组织规则的约束，实行较为严格的贸易管制，比如在伊拉克、叙利亚仍在较大范围内实行进口许可证制度。见表5-2。

表5-2　西亚北非各国参与世贸组织情况

世贸组织成员国	加入时间或加入进程
巴林	1995年1月1日
科威特	1995年1月1日
土耳其	1995年3月26日
以色列	1995年4月21日
埃及	1995年6月30日

续表

世贸组织成员国	加入时间或加入进程
卡塔尔	1996年1月13日
阿联酋	1996年4月10日
约旦	2000年4月11日
阿曼	2000年11月9日
沙特	2005年12月11日
也门	2014年6月26日
世贸组织观察国	
伊朗	伊朗工作组于2005年5月26日成立。尚未召开过会议
伊拉克	伊拉克工作组于2004年12月13日成立。2008年4月召开第二次会议
叙利亚	叙利亚工作组于2010年5月4日成立。尚未召开过会议
非世贸组织成员国	
黎巴嫩	黎巴嫩工作组于1999年4月14日成立。2009年召开第7次会议
巴勒斯坦	未有确切信息

资料来源：世界贸易组织网站

第二，海湾合作理事会关税同盟。

海湾合作理事会（Gulf Cooperation Council，简称“海合会”）是西亚北非地区一个重要的区域组织，包括6个成员国：巴林、科威特、阿曼、卡塔尔、沙特和阿联酋，均为君主制国家，涵盖约4000万人口。海合会成立于1981年5月，主要目的是实现经济、社会和文化等领域的区域合作和融合，具体目标是建立成员间共同市场，成员国公民享受平等待遇。1983年海合会成员国自由贸易区正式形成。海合会关税同盟于2001年12月31日签署成立，2003年1月1日正式生效。自此，海合会国家采用统一对外关税、海关程序和海关估价，大多数产品的关税税率为0%～5%。2013年11月，海合会通过了应急措施、动物检疫和植物检疫统一立法。根据海合会协议，各成员国保有本国的进口限制和禁止项目清单。所有成员国对多数进口货物实行统一的对外关税，但某些货物实行不同的关税（比如酒精类产品）。此外，海合会成员国之间出于安全和其他原因的考虑，海关检查的规定被保留下来。禁止类货物不允许在成员国领地之间周转；在提供适当文件的前提下，限制类产品可以在限制同类货物进口的成员国领地转口。

第三，泛阿拉伯自由贸易区条约。

1998年1月1日，泛阿拉伯自由贸易区（PAFTA）条约签署，目前有11个成员国，包括：阿联酋、阿曼、巴林、卡塔尔、科威特、黎巴嫩、沙特、叙利亚、也门、约旦和埃及，其中包括了海合会所有成员。根据该条约，成员国之间解除大部分贸易障碍，部分产品因健康、环境、安全和宗教原因未解除障碍除外。泛阿拉伯自由贸易区成员国均为世贸组织成员国。

具体到各个国家的外贸法规可见下文。

沙特

沙特贸易法规体系涉及贸易、投资、知识产权、税收等，主要包括《商业资料法》《关于执行商业资料法的规定》《贸易秘密保护条例》《商业代理法》《商业代理规定及实施细则》《商标法》《关于执行商标法的规定》《商标名称法》《关于执行商标名称法的规定》《版权法》《关于执行版权法的规定》《专利、集成电路设计图案、植物种类和工业模型法》《商业竞争法》《保护商标和版权知识产权的边境手续》《进口许可原则》《进口许可获取程序》《沙特动植物卫生检疫规定》《海关估价程序》《合作保险公司管理法》《关税法》《政府招标与采购法》《沙特投资总署法令》《外国投资法》《外国投资法实行条例》《公司法》《反借壳条例》《反商业欺诈法》《资本市场法》《私营实验室法》《商业注册法》《商业法院法》《商业账簿》《反洗钱法》《仲裁法》《所得税法》《执法准则》《沙特标准局技术指南》《关于合作保险公司管理法执行规定》和《关于保护商业信息机密的规定》。

伊朗

伊朗与贸易有关的法律主要有《进出口法》《海关法》及其实施细则。此外，伊朗工矿贸易部还不定期地发布最新的进出口规定。

埃及

埃及对外贸易管理方面的法律主要有1963年颁布的《海关法》、1975年颁布的《进出口法》、1999年颁布的《贸易法》。2002年制定了《出口促进法》。2005年修订了《进出口法》和《海关法》，颁布了《进出口法实施条例》。

土耳其

土耳其贸易法规体系主要包括关税体系、进口管理、出口管理和贸易救济。贸易法律法规主要有《对外贸易法》《海关法》《进口加工机制》《配额及关税配额行政法》《进口不公平竞争保护法》《增值税法》《自由经济区法》《出口促进关税措施》《出口机制法规》和《出口加工体系法》等。

也门

也门于1992年颁布《对外贸易法》，按照自由贸易原则，分别于1996、2007和2008年对该法进行修正，消减了大部分技术性贸易壁垒，主要包括：取消了进出口许可证；取消价格管制；除柴油和石油外，对所有商品取消了价格补贴；调整海关税率；赋予商业银行开具进出口信用证，用外汇进行交易和汇出境外的自由；允许外国人在也门独资设立贸易公司，这是也门加入海合会和世贸组织进程中的一项重要举措。2009年3月，也门政府内阁批准通过《对外贸易法实施细则》。2014年也门加入世贸组织。

伊拉克

伊拉克的外贸法规目前仍沿用萨达姆政权时期的《商业法》和《公司法》。《商业法》于1984年颁布实施，对所有国营和民营公司及个体经营业者的盈利性商业行为和交易活动进行了规定，范围涉及进出口、制造、物流、运输、建筑、旅游、银行、保险、债券股票买卖及工程承包等领域。《公司法》于1997年颁布实施，对有法人代表的国营和民营公司以及外商投资公司从成立、运营到破产清算等进行了规定。此外，伊拉克《民法典》等法律以及其他行业性法律（例如石油行业的相关法律）也对贸易行为做出规定。

阿曼

与贸易相关的法律法规主要有《商业法》《代理法》《商标法》和《专利法》等。

叙利亚

叙利亚与贸易有关的法规主要有《贸易法》《统一合同法》《境外企业在叙利亚指定代理注册法》《境外企业在叙利亚分支机构注册法》《公司法》《劳工法》《8号投资法》《工业产权法》《竞争法》《仲裁法》和《消费者权益保护法》等。

约旦

约旦于2000年颁布了《进出口法》，对进出口管理机构、管理范围、管理的方式，如进出口许可证管理、自动许可管理、禁止进出口的货物等，都做出了明确规定。

约旦于2000年加入世贸组织。在加入世贸组织前，约旦于1998年颁布了《国内产品保护法》，以保证在加入世贸组织后本国产品的市场份额不受进口的同类外国产品的挤占。

阿联酋

阿联酋是松散联邦制国家，除国防、外交相对统一外，经济、贸易、投资等方面各酋长国自成一体，联邦政府的一些法律在一些酋长国未得到严格执行。阿联酋实施自由经济政策，对外贸易进出口自由。除军事装备和武器由政府统一进口外，对一般消费品和机械设备等没有限制。政府大型项目采购由政府统一招标进口。阿联酋现行有关贸易的法律主要有《公司法》《商业代理法》《商标法》《保险法》《审计法》《商业交易法》等。近年来，阿联酋经济部牵头修订包括《公司法》《投资法》《破产法》《知识产权法》等在内的十部法律，其中新的联邦《商业公司法》《破产法》《反倾销、反补贴和保障措施法》《外国直接投资法》已分别于2015、2016、2017、2018年颁布，其余也将陆续出台。

科威特

科威特对外贸易及投资的相关法律主要包括《贸易公司法》《公共招标法》《直接投资促进法》《自由区法》《商业代理法》《合营公司法》和《所得税法》等。

以色列

以色列与贸易相关的法律主要有《标准法》《贸易征税法》《海关法》《自由进口法令》和《消费者保护法》等。

卡塔尔

卡塔尔贸易法规主要有1988年第5号《海关法》、2000年第13号《投资法》、2002年第5号《公司法》、2002年第7号《版权保护法》、2002年第8号《商业组织法》、2002年第9号《商标、地理标示和工业设计法》等。

黎巴嫩

黎巴嫩没有专门的贸易法，调节商事关系的法律为《黎巴嫩商法典》。与贸易有关的主要法律法规有2006年12月8日颁布的《国家生产保护法》和1967年8月5日颁布的第34号关于商业代理的法令。为保护本国产业，黎巴嫩制定了《国家生产保护法》，对有关的税收政策及其他事项作了较详细规定。

黎巴嫩实行商业代理制。黎巴嫩工农业基础薄弱，绝大部分商品依靠进口，因此商业代理制度在其外贸活动中具有特殊地位。外国出口商和生产商经常通过黎巴嫩代理人在该国及中东和其他地区经销产品。

巴林

巴林与贸易相关的法律主要有《工业注册法》《公司法》《商业注册法》《产品规格和质量法》《商业秘密法》《破产保护法》《商标法》《专利法》《电子商务法》和《商业代理法》等，以及工商和旅游部根据有关立法颁布的实施细则。

（三）贸易管理的相关规定

阿拉伯国家禁止违反伊斯兰教义的商品进口。阿拉伯国家联盟对以色列产品实行抵制，西亚北非地区大部分阿拉伯国家禁止进口在以色列制造或源自以色列的产品。任何有与以色列相关的标识或使用希伯来语标签的物品都被禁止入境和销售。

沙特

按照沙特《商业代理规定及执行细则》，在沙特没有设立实体但希望从事贸易活动的外国投资者，必须委派沙特代理人协助分销货物。其贸易活动包括从国外进口商品到沙特零售和在沙特采购本地商品再零售。外国公司必须指定沙特代理或经销商进行分销，代理协议须在沙特商工部进行登记。法律不禁止多重代理，但商工部通常不会为同一个外国委托人注册一个以上的代理协议。

有关沙特《商业代理规定及执行细则》，可登录中国驻沙特大使馆经商参处网站查阅发布的全文信息。

伊朗

【贸易类别】进出口商品分为允许商品、限制商品和禁止商品3类。

【进口管理】伊朗的进口项目规定在每年伊朗农历的元旦由工矿贸易部颁布。伊朗《海关法》规定禁止进口下列商品：①海关税目表和专门法律规定禁止进口的商品；②根据有关法律规定属于不许进口的商品；③任何武器、猎枪、炸药、雷管、子弹、炮弹、爆炸物、易燃易爆物品，除非获得国防部和武装部队后勤部的许可；④任何毒品，除非获得卫生医疗教育部的许可；⑤空中摄影、摄像专门仪器，除非获得国防部和武装部队后勤部的许可；⑥任何发射机及其零配件，除非获得邮电部的许可；⑦经伊斯兰文化指导部认定属破坏公共秩序，有损国家形象、宗教风化的唱片、录音带、电影片、书籍；⑧经情报部队认定属破坏公共秩序，有损国家形象或宗教风化的杂志、报纸、图画、标记、出版物；⑨外表外包装上、提货单及有关文件上有破坏公共秩序，有损国家形象或宗教风化的句子或标记的商品；⑩在发行国已作废的外国纸币、仿制的纸币、邮票、货签；⑪彩票；⑫会使消费者和购买者因为商品外包装上的名字、标志、商标或其他特征而对原产品制造商、生产厂家和其特性产生误解的商品。

2015年7月，伊朗开放热带水果进口。伊朗农业部宣布对香蕉、菠萝、椰子和杧果进口不设置任何限制，以防止水果进口垄断。除伊朗本国不能生长的热带水果外，伊朗农业部禁止任何其他水果进口，以保护伊朗本国农民和供应商的利益。

2018年6月24日，伊朗规定禁止1339种货物的进口，具体可参阅伊朗贸易促进组织网站的有关信息。

【出口管理】伊朗禁止古董、古玩出口，除非获得伊斯兰文化指导部的许可。

【贸易项下的外汇管理】由于受制裁影响，伊朗国内的外汇相对短缺。伊朗通过独特的商业证来管理进出口商的外汇。只有获得伊朗官方许可的商业证，才可以通过银行等机构兑换进出口过程中使用的外汇。伊朗工矿贸易部将允许进口的商品划分为10类，对不同类别的进口商品实行不同的外汇汇兑率。伊朗进口商首先取得工矿贸易部的进口批准文号后，才能在伊朗外汇交易中心按照上述汇率购买外汇。但许多中小进口商需要通过外汇兑换钱庄等渠道以高于官方汇率的价格兑换取得外汇。

埃及

埃及的贸易管理规定主要包含在埃及财政部于2007年颁布的第256号部长令中。该部长令规定，凡对埃及出口的产品原产地证书、文件及附件须由埃及驻出口国大使馆或领事馆予以认证。如果埃及在出口国尚未设立大使馆或领事馆，则应由其他阿拉伯国家驻出口国的贸易代表机构予以认证。

【进口管理】根据埃及进口规定，进口商品清关应满足以下条件：①未经使用的商品、规定目录内的二手商品、主管外贸的部长批准进口的二手商品；②商品应配有国际编码；③进行清关的进口商品应附有写明生产商名称、商标（如有）、地址、电话、传真号码和电子邮件的发票；④除了特殊说明的情况，对于价值超过5000美元的进口商品，须通过在埃及境内运营的银行以正规方式支付；⑤商业进口商品清关时需提供进口商注册卡，进口商品应在该卡注明的商品之列；⑥进口商品清关须配有经主管部门认证的产地证明。未配有产地证明的商品，在商品所有者提供根据海关定价填写的无条件保单后可予以放行。

此外，对于参展物品，禁止进口成品状态的原材料、维生素和食品添加剂，对于新的、二手的以及翻新的医疗器械等进口都有具体规定。

外国生产厂商向埃及出口部分消费品，须在埃及进出口控制总局（GOEIC）注册。未注册的厂商，埃及海关将对其产品不予放行。

近年来由于国内经济压力，埃及进口政策有收紧的趋势。2017年修订的《埃及进口商登记法》（1982年第121号）对消费品进口做出更加严格的规定。

【出口管理】从事本地产品或商用进口商品出口的企业必须进行出口商登记。埃及商品出口无须批准。生产企业在获得从事相关业务的批准后可自营其产品的出口业务。石油产品出口须经埃及石油总局批准，包括煤气、汽油、煤油、燃料、柴油、航空油、柏油、重油、沥青等。

出口商应向进出口控制总局提供发放产地证所需的内容和信息，以便在进口国要求核查产地真实性时进行调查。埃及贸易商会根据其职责向埃及商品发放产地证。自产地证发放起5年内应保存产地证明记录和资料。

土耳其

土耳其进口制度是基于世贸组织成员义务、欧洲关税同盟国协定、欧洲自由经济区的自由贸易协定、普惠制原则和国家发展需要而制定的。

【进口管理】在全国八大区域设立了50个外贸产品检测站，隶属于经济部。这些检测站依据70种标准，对进口和出口农产品进行检测和证书发放。

土耳其工业品的检测由土耳其标准局负责。如果进口商已经取得欧盟认证，产品可以在欧盟国家内自由销售，则进口商可以从标准局取得免检证书。为保护环境、公共安全、健康和公德，遵守国际公约，土耳其禁止以下产品的进口：毒品、化学武器、对身体有害的燃料、武器弹药、蚕种、自然肥、游戏机、水果机和水果产品，以及其商标有违国际公约的工业产权。

【出口管理】根据土耳其修订后的出口制度，有税号的自然人或法人、合资企业和联合体都可以从事出口贸易。

出口类型包括：注册出口、预先取得许可证出口、寄售出口、无利润出口、易货贸易、租赁贸易（以海关法规为准）。

除法律、法规及国际协议禁止之外，所有产品都可在出口制度条例框架下自由出口。在世贸组织规则框架内，当市场混乱时，出于保护公共安全、道德、健康的考虑，稀缺产品、动植物、环境以及具有艺术、历史和考古价值的产品出口会被限制或禁止。

也门

【进口管理】也门政府在1996年16号修正案中废除了1992年外贸法中的进口许可证制度，但规定以下产品仍需工业和贸易部签发进口许可证方可入境：①有关国家补贴的产品，如小麦、面粉等；②有关危害也门的宗教、人民健康、环境和安全的产品；③事先需要获得相关主管当局批准的产品，如药品、农业杀虫剂，化肥等。

【出口管理】也门不实行出口许可证管理，出口商品不受海关的任何限制。有关维护国家安全、环境保护以及需要检验检疫的特殊产品，在出口前必须按照工业和贸易部的规定办理。此外，出口产品的规范要按照国家的统一规范、标准或进口国指定的标准实施。

伊拉克

伊拉克尚未加入世贸组织，实行进口许可制度。

【进口许可】未经进口许可而进入伊拉克的商品被视为走私物品，将予以没收并拍卖。通常情况下，进口许可证只发给特定的进口商，包括国有商业公司、政府采购代办或者伊拉克商会成员。贸易部下属的伊拉克商贸公司负责向私营企业发放进口许可证。

【进口关税】进口商品主要征收从价税。此外，对所有应征收进口税的项目都必须课征相当于关税一定比例的附加预提税。没有商业价值的样品和贸易目录（包括价格表、广告传单和海报）准许免税进关。

阿曼

阿曼实行自由贸易制度。任何自然人、法人经许可均可以贸易为目的进口商品；个人进口自用商品无须批准；进口许可须向商工部贸易司申请。以下情况允许临时进口，期限为6个月并可延长：（1）为实施工程项目或进行与项目有关的科学实验所需机械和重型设备；（2）用于加工而进口的商品；

（3）用于运动场、剧院、展览而临时进口的商品；（4）维修用的机械、设备、仪器；（5）集装箱填充物、包装用品；（6）用于放牧而进口的动物；（7）用于展示的样品。

叙利亚

叙利亚对进口贸易实行许可证制度，进口商进口任何产品都必须从经贸部或其附属机构取得进口许可证。通常情况下，只要是经贸部允许进口的商品，进口商都能取得进口许可证。所有商品必须从原产地直接进口到叙利亚，但收割机、汽车零配件、国际市场上公开交换的产品（大米、糖、咖啡等）、冷藏集装箱和大型建筑设备等商品除外。

叙利亚鼓励出口，产品出口无须许可证，出口商需提交以下单据：（1）经当地商会认证的发票；（2）原产地证明；（3）产品说明书；（4）出口除水果和蔬菜以外的其他产品，出口商必须提交一份银行保函，保证出口收汇在3个月内（出口到阿拉伯国家）或4个月内（出口到其他国家）返回叙利亚。该期限可延长至9个月。

叙利亚私营公司欲从事进出口活动，必须在商会、工业协会或农业协会注册成为会员。

约旦

与贸易管理相关的规定主要有《进出口法》《海关法》，以及与进出口商品检验检疫有关的规定。

阿联酋

阿联酋对外贸易管理规定主要体现在《商业公司法》中，通常情况下外国公司不得在其境内直接从事经营活动，但允许在自由区内设立公司，经相关部长与部门协商并报请内阁批准后允许作为例外在自由区外设立公司。阿联酋实行贸易代理制，外国公司从阿联酋经济部获取营业执照，只能通过阿联酋公民或由阿联酋公民全资拥有的企业法人作为保人或代理。外国公司可在阿联酋境内一个或几个酋长国委托一家代理，但不得在同一个酋长国委托多家代理。双方必须签订书面代理协议。外国公司通过代理在阿联酋境内销售产品和提供售后服务。

科威特

科威特对部分产品实行进口管制。禁止进口的产品有：麻醉剂、酒精饮料及其原料、气枪、猪肉或者含猪肉的食品、色情和反政府材料、使用达5年以上的旧车、具有核辐射的产品、废旧轮胎、工业废物和赌博用具。另外，出于保护当地产业的需要，目前仍然禁止进口的产品有：石棉管、面粉、工业和医药用氧气、浇铸铁和焊管等。限制进口的产品有：烟花鞭炮、马科动物、盗版制品、武器弹药、部分药品和爆炸物等。

以色列

以色列总体上实行自由贸易政策，是世贸组织成员，与美国、欧盟等国家和地区签署了自由贸易协议。以色列工业产品贸易自由化程度很高。实施进口许可证管理的商品大多出于安全方面的考虑，仅占全部HS商品种类的7.8%。对进口商品征收的国内税费也与本国产品相同。目前以色列实施进口限制的领域主要包括农产品、食品、医疗产品、化学产品、涉及安全的产品等。限制方式主要包括高关税、季节调节税（主要针对水果和蔬菜）、各种进口税费、保障措施、关税配额和数量限制、许可证、卫生和植物检疫、安全、环保、技术标准等。

【进口管理】禁止进口的商品包括：有损公共道德、健康、安全等方面的产品、毒品、部分化学品，不按犹太教教规制作的肉及肉制品，以及从伊朗、黎巴嫩和叙利亚进口的商品。

对羊肉、含脂肪1.5%以上的牛奶和奶油等少数农产品实行数量限制。

【出口管理】以色列对出口产品一般没有限制，没有出口配额，也不征收任何税费。仅在少数领域采取出口限制措施，如战略物资、武器和军用产品、从美国获得的美国限制出口的敏感技术。为控制质量和出于健康考虑，或执行有关国际协议（如动植物保护、毒品、危险品等），或保护本国资源，根据《自由出口法令》，目前对53种产品实行出口许可证管理，其中多数为农产品和化学制品。此外，实行出口许可证制度的产品还包括钻石和犹太宗教物品。

卡塔尔

卡塔尔《海关法》规定，非卡塔尔人不得直接从事贸易活动，贸易商号必须是卡塔尔人拥有的全资公司，个体进口商必须具有卡塔尔国籍。个人进口货物必须在进口商注册处注册，并获得卡塔尔工商会的批准。外国公司在下列情况下可直接从事进口贸易：（1）从事大型工业或农业项目，并与卡塔尔政府有直接合约，允许其进口与本项目有重要关系的货物；（2）进口商得到埃米尔特令，不受1990年颁布的第25号法令的制约（该法令对外国公司在卡塔尔从事商业、工业、农业及服务业活动进行了规定）；（3）进口商为工业企业，企业资本中至少51%由卡塔尔人持有，并获得特令进口货物。

卡塔尔不实行出口配额，也不征收出口关税。

黎巴嫩

黎巴嫩实行自由贸易，进出口商品中只有1%以下的商品受黎巴嫩政府有关部门贸易措施的限制。这些措施包括禁令、许可证、技术证书、动物检疫证书和植物检疫证书等。如需进口和处理因安全理由而受到控制的产品，则需要在商会登记。关于产品是否受非关税措施的限制，具体可查询黎巴嫩海关网站（www.customs.gov.lb）。

黎巴嫩禁止进口9类产品：雪松种子及幼苗，用于生产面包的化学改良剂，不含碘的食盐，矿物和金属制品的废物/矿渣/灰/废料，黑色水泥和熟料，出厂超过八年的车辆和使用超过五年的货物运输车辆，使用过的医疗器械和辐射仪器，气体燃料打火机，频率为900兆赫的无线电话机。

黎巴嫩要求商品标签应注明产品净重、成分、原产地、生产日期和有效期及终止日期。标签语言可使用阿拉伯语、英语或法语。

巴林

巴林《商业法》规定，非巴林籍人不能在巴林直接从事商业活动，除非与巴林籍公民合伙，且巴林一方占股51%以上。

巴林是一个资源匮乏的国家，所需的生产与生活资料大多依靠进口，除少数商品禁止进口或受许可证的限制以外，大部分进口商品无配额限制。但国家对关系国计民生的大宗商品进出口实行专营管理，国家控股的铝厂、炼油厂专营其生产所需原材料的进口，并有固定的进口来源地，大宗食品的进口由政府指定的公司经营，石油及石化产品由国家控股的专营公司经营出口。

【进口管理】巴林禁止进口的物品包括：所有麻醉药品（海洛因、可卡因、大麻以及具有类似效果的药品）、印度槟榔及制品、二手及翻新轮胎、人工养殖珍珠、香烟广告、无线电及遥控飞机模型、能够发射子弹的儿童玩具枪支；原产以色列或者印有以色列商标或标识的货物；违背伊斯兰教义和礼仪或者道德规范的印刷出版物、照片、图片、书籍、杂志、雕塑和展示用模特、煽动蛊惑类宣传材料；石棉及含石棉制品、象牙、象牙制品和犀牛角等。这些物品中的绝大部分在西亚北非地区阿拉伯国家也属于禁止进口类。

巴林对部分商品进口实行许可证管理，包括：活的野生动物、动物和鸟类及其产品、放射性化学物品和活跃同位素、部分化学品、影视作品等。

【出口管理】禁止出口的物品包括：各种燃料和享受政府补贴的物品，如柴油；享受政府补贴的各类面粉、牛羊肉和标有“Delmon”商标的肉鸡都被禁止出口。

以下出口物品需获得有关部门出口许可证书：活的马匹、骆驼、棕榈树幼苗、垃圾和废弃物、古董。

以上产品的目录可通过巴林海关网站（www.bahraincustoms.gov.bh）查询。

（四）进出口商品检验检疫

阿拉伯国家对清真食品进口有严格的规定，必须符合伊斯兰教对屠宰人员、被宰动物、宰用工具及方法等方面的要求，并获得驻出口国使领馆或其授权机构、有关机构认可的伊斯兰组织颁发的认证。

各国参照世界动物卫生组织（OIE）、联合国粮农组织（FAO）、世界卫生组织（WHO）和欧盟的相关规定，制定本国的动物检疫规章制度。《海湾合作委员会国家第460号动物检疫规定》对进口各类动物及动物源性产品规定了严格的检验检疫程序及通关办法，并规定进口动物及动物源性产品必须符合欧盟制定的卫生标准，须由进口商事先向气候变化与环境部申领进口许可证。

西亚北非部分国家检验检疫机构与中国国家质量监督检验检疫总局（现“国家市场监督管理总局”）签署了合作协议及行动计划。通常情况下，买卖双方签订出口合同后，中国出口商到当地中国检验检疫机构报检，提交相应的报检文件和商业单证。当地中国检验检疫机构依法受理报检并及时实施查验。中国检验检疫机构出具的“装运前检验证书”是进口商向所在国口岸检验检疫机构提交的法律文件，是办理进口产品放行的凭证之一。

沙特

沙特商业投资部、标准局、海关及相关实验室依法对进出口商品实施检验检疫。

伊朗

伊朗对进口商品实行严格的检验检疫制度，如输入规定法检产品进入伊朗，需要进行强制性法检VOC（Verification of Conformity，符合性检查），并需获得COI证书（Certificate of Inspection for Exports to Iran，输入伊朗检验证书）。该检测由伊朗标准工业研究院经伊朗政府授权执行，负责对进口至伊朗的货物品质进行管理。到达伊朗港口但未办理该认证的法检产品将被拒绝清关入境。

伊朗海关对某些食品、饮料、药品和盥洗设备有检验检疫规定。向伊朗出口要注意遵守伊朗标准工业研究院新的标准。许多工业用化学药剂需要特殊的进口许可。

对进口的活动物、蜜蜂和昆虫、禽蛋，植物的根、球茎、杆梗、嫩枝，新鲜的水果蔬菜、种子，以及任何植物或植物部分，都需提供原产国的卫生证明文件，并得到伊朗农业部的事先许可。进口许可通常规定了入境要求、特殊对待、入境口岸限制及有关细目所需的证明文件。另外，向伊朗出口兽药制品（包括喂养精料和补充饲料）须按伊朗农业部的要求提交一份证明，阐述该产品在原产国内自由生产、使用和销售的情况。该证明书要经原产国农业部兽医药部门的批准。

2011年，伊朗标准与工业组织与中国国家质量监督检验检疫总局签署了合作协议及行动计划。根据协议，自2011年12月1日起，中国出口至伊朗的法定检验目录内的工业产品需要取得中国出入境检验检疫部门出具的装运前检验证书。

埃及

埃及进出口控制总局负责进出口商品的检验，某些特殊商品需要由相关机构进行检验。对于食品工业、能源及电力部下设的防辐射、卫生、农业（兽医办公室）、供应（进出口控制）部门有权对任何进口船只抽取样品进行检验。每个部门各自抽取样本进行独立测试。

埃及要求进口食品的标签上必须标示下列信息：配料及其所占比例；制备方式；保存方法和条件；添加剂和防腐剂等。

2007年4月18日，埃及植物检疫总局发布了《植物和植物产品进口许可条件》，规定了消费或加工用植物产品原料以及生长介质的进口必须提供植物检疫证书。

2015年埃及贸工部发布第991号部长令，列明部分产品的进口需要提供第三方认证机构的检验合格证书或装运前检验证书，在埃及进出口控制总局注册的“白名单”中的公司除外。

土耳其

土耳其进出口检验检疫相关的立法有《卫生法》《农业检疫法》《动物卫生检验法》《食品的生产、消费和检验法令》《水产品法》和《土耳其食品药典法规》。相关法律规定，药品、化妆品、清洁剂、食品等进口产品，必须经卫生和健康检验方能批准进口。进口农产品和食品需提交由土耳其农业和农村事务部签发的检验证书，进口医药产品、化妆品、清洁剂须提交由卫生部签发的检验证书。

【中土卫生检疫协定】2006年1月24日，中国和土耳其在北京签署了《中土两国政府关于动物检疫及动物卫生的合作协定》。

【技术性贸易壁垒】土耳其要求进口玩具、医疗器械、机械、低电压设备、电磁互换类等产品必须加贴欧盟标准标志——CE认证。土耳其对瓷制餐具的进口设置了烦琐的试验和认证要求。

也门

也门政府对部分进口商品实施强制质量保护计划。

也门负责进口商品检验检疫的机构是标准计量和质量控制机构。也门自2009年3月1日起全面实施新的进口商品检验制度，即“进口商品质量保护计划”，由也门海关负责实施。也门标准计量和质量控制机构授权BUREAU BERITAS 和 COTECNA 两家公司，按照也门政府认可的标准和程序对相关进口商品进行强制性检验，并颁发品质检验合格证书。也门各口岸办理所有相关进口商品的海关清关手续，且办理时必须附交上述两家公司出具的检验证书，否则不予验收通关。

伊拉克

伊拉克政府规定，进出口商品如果是一般商品，需要向海关提供商检证即可；如果是食品和药品，须提供物品所含成分的清单和样品，由伊拉克卫生部检验后颁发许可证；如果是动植物，由伊拉克农业部检验样品后颁发许可证。大多数产品需要达到伊拉克规划部制定的质量检验要求。

阿曼

阿曼是海合会成员国，按照海合会关于进出口商品检验检疫方面的规定制定本国的检验制度。

叙利亚

叙利亚进出口商品检验检疫中心隶属于叙利亚经贸部，在叙利亚各主要海关设有分支机构，负责对除药品以外的各类进出口商品按标准进行检验检疫，药品进出口的检验由叙利亚卫生部负责。

约旦

约旦进出口商品检验检疫机构是标准计量局。按照《约旦标准计量法》的规定，约旦标准计量局通常负责进口商品的检验，农业部、卫生部或其他相关部门负责商品的检疫。

约旦与许多国家在进出口检验方面开展合作，通常采用国际标准或欧盟标准。约旦对进口商品实行严格的检验，对出口产品没有强制检验的要求，只在进口国有相应要求的情况下，才接受委托进行检验。

阿联酋

阿联酋实行与海合会标准基本一致的进口商品标准，除对影响公共生活、健康、安全、环境的商品控制较为严格外，其他进口商品的准入标准相对宽松。

阿联酋各酋长国政府均有权酌情对当地口岸的进口产品实施进口禁令。所有进口食品需提供相关单证，符合联邦有关法律对有效期、标签等方面的规定。阿联酋进口食品监管部门包括：气候变化与环境部、阿联酋标准计量局、各酋长国市政厅。各类食品进口的具体要求可向上述机构咨询。

科威特

科威特工业总署负责进口商品质量标准及检验。科威特市政厅下辖的进口食品局负责抽查进口食品的质量。

以色列

以色列大部分进口商品的检验由标准协会负责。医药、农产品等分别由卫生部、农业部负责。检验按照标准协会制订的程序进行。涉及卫生、安全、环境和消费者保护等方面的检验较为严格，分为强制标准和非强制标准两大类。强制标准适用于大多数食品、饮料、烟草、纺织品、服装、玩具、鞋类和皮革制品。

标准的制定及监督执行主要由标准协会负责，经济部、农业部、卫生部和通信部等部门协助执行。目前，标准协会已公布了2600项标准，其中604项为强制标准，主要涉及电力、机械和食品。目前以色列三分之一的强制标准与国际标准一致。

此外，犹太教律法对食品等有一些特别规定，类似伊斯兰教的“清真”

要求。如进口商欲在以色列销售带Kosher（按犹太教规定制作的食品）标记的食品，必须首先获得由犹太教大拉比签发的证书。

卡塔尔

【食品】卡塔尔市政与环境部活禽管理司是活畜类产品进口的主管部门，卡塔尔食品进口主管部门为公共卫生部口岸卫生及食品管理局。具体标准规范由卡塔尔标准局制定。

中国和卡塔尔签有检验检疫合作协议，对出口到卡塔尔的肉类及肉类制品须提供清真认证、原产地证明和食品卫生证明。清真认证由中国贸促会认证后，需到卡塔尔驻华使馆办理认证。清真食品应符合中国食品卫生标准，出具原产地证明和食品卫生证明，其他无特别要求。产品运抵卡塔尔后，海关将例行抽样检查。食品的外包装应采用阿拉伯文，标明品名、成分（按百分比）、净重、生产日期、保质期（必须注明失效期，否则不准进口）、保存方法和商标、产地等内容。

【其他商品】只需提供原产地证书、产品合格证和货物装箱单即可报批。但玩具类商品必须提供商检证书，如果没有，则须将样品送卡塔尔标准局进行检验，合格后方可放行。

黎巴嫩

黎巴嫩对进出口商品检验检疫方面的规定基本与国际接轨，如有特殊检疫要求，官方一般会提前发出通知。

【进口管理】进口商如希望享受优惠待遇，则需要有由出口国商会出具的原产地证书。另外，根据进口商品的具体种类，可能要求提供一些特定单证，例如进口许可证、法定标准合格证或植物检疫证等。

【出口管理】需要黎巴嫩商会出具原产地证书（向欧洲出口除外）；源于植物的所有食品需要经黎巴嫩农业部认证的原产地证书；所有工业产品，需要经黎巴嫩工业部认证的原产地证书；出口到欧洲的工业产品原产地证书由黎巴嫩工业部依据货物流转证明EUR1和FORMA出具，并须经过海关认证。根据出口商品的具体种类，可能要求提供一些特定单证，例如出口许可证、源自植物的食品品质合格证、农业证和农业卫生证等。

黎巴嫩工业部工业研究所（IRI）提供质量证明、符合标准的合格证或符合购买要求的合格证。黎巴嫩也认可某些外国公司（例如SGS和Veritas）出具的质量证明或合格证。黎巴嫩农业部有权签发出口农产品合格证。经出口商申请，黎巴嫩经贸部有权签发合格证和出口证明书。经出口商申请，黎巴嫩卫生部可以签发检疫证书。

依据中国国家质检总局（现“国家市场监督管理总局”）与黎巴嫩农业部签署的文件，中国向黎巴嫩出口乳制品的卫生证书、冷冻肉类产品的兽医卫生证书有专门的格式。

巴林

【检验检疫的规定】巴林《海关法》第52至59条规定，海关有权要求对任何进口商品进行检验。海关质量检查员可对有关进口商品进行全部检验或部分抽验。这种检验可以在货物存放地进行，也可在指定的地点进行，如有必要，海关有权在货主不在场的情况下对可疑货物进行检查。如经检验认定某商品含有有害物质或不符合规定的质量标准，海关有权要求销毁货物（货主在场的情况下）或要求其运回出口地，相关费用由货主承担。

【商品质量的规定】巴林工商和旅游部质量监控司负责质量标准制定和进口商品质量检验。其质量标准参考海湾合作委员会国家统一的质量标准、阿拉伯国家和国际质量标准。

（五）海关管理规章制度

第一，HS编码的采用。西亚北非十六国均为世界海关组织（WCO）成员国（见表5-3），货物分类采用国际通用的《商品名称及编码协调制度》（HS）编码。各国的海关管理制度包括海关程序、原产地规则、进口限制、配额和许可证、税费征收等。。

表5-3　西亚北非十六国加入世界海关组织的时间

国家	加入时间	国家	加入时间
土耳其	1951年6月6日	阿联酋	1979年2月7日
埃及	1956年10月26日	伊拉克	1990年6月6日
以色列	1958年5月23日	卡塔尔	1992年5月4日
伊朗	1959年10月16日	也门	1993年7月1日
叙利亚	1959年11月19日	科威特	1993年10月4日
黎巴嫩	1960年5月20日	阿曼	2000年9月11日

续表

国家	加入时间	国家	加入时间
约旦	1964年1月1日	巴林	2001年4月18日
沙特	1973年5月8日	巴勒斯坦	2015年3月24日

资料来源：世界海关组织网站

第二，关税同盟。海合会成员国实行《海合会成员国统一海关法》。该法共17章179条，对商品的进出口、海陆空运输、商品检验、清关及关税税率等都做了统一的规定。成员国之间只要提供海合会国家商会出具的产地证明，可免征进口关税。海合会设定了统一的对外贸易关税标准。根据海合会国家关税同盟的规定，自2003年1月1日起实行成员国之间进口商品零关税。2017年海合会国家统一关税税率为：在HS编码98章商品中，免税商品涉及22章，其余大部分章节商品统一征收5%的关税。海合会国家进口货物在该货物抵达第一个成员国港口时征收5%的关税，而后转运至其他海合会国家时不再征收关税。成员国可自行决定允许进口的"宗教禁止的货物"问题。

第三，海关程序便利化。2014年5月海合会金融和经济合作委员会批准了《首次进入海合会成员国海关程序统一指南》（以下简称《指南》），2015年1月开始执行。《指南》是根据国际惯例和海关程序制定的，目的是进一步促进海合会成员国海关程序便利化，实现关税联盟的要求。《指南》对下列类目的海关程序作出规定：①进口（包括商业进口、个人进口）；②出口（包括本国产品出口、货物再出口、临时出口）；③海关税暂缓（包括临时放行、转口货物、海关仓库货物存放、自由区和免税店货物存放、以再出口为目的的进口）；④关税退税；⑤豁免（外交豁免、军事豁免、产业豁免、个人豁免、基金会/慈善机构豁免、再进口货物豁免、有特殊需要的人的豁免）。

第四，特殊商品的进出口管制。为维护公共健康与安全，维护伊斯兰宗教信仰，西亚北非地区阿拉伯国家对部分商品实行进口管制。进口管制所涉及的商品包括禁止进口商品和限制进口商品。禁止进口商品一般包括：猪肉产品、石棉、药类（麻醉剂、可卡因、海洛因等），含有害物质的废料，伪造及复制货币、象牙和犀牛角、旧轮胎、赌博产品，与宗教、道德不符且会引起社会动荡的出版物、照片、油画、卡片、书籍、杂志及雕刻等。限制类进口商品一般包括：一切武器及弹药、酒精及酒类，用于医疗目的的药品、化学制品、肥料、农业染色剂、种子及农业植物、出版物、视听磁带、电话交换设备、食品、活蜂及蜂王、烟花及爆炸物，一切类别的骆驼、猎鹰、马科动物（包括马、骡、驴、马驹及斑马）等。对于某些商品，如香烟、烟草制品和各种酒精饮料，实行特殊关税，如酒精饮料税率最低为50%，烟草征收100%的关税，并保留征收附加进口税的权力，且须获得进口许可。

各国海关管理规章制度可见下文。

沙特

【关税总体情况】多数基本消费品免进口税，如糖、大米、茶叶、未经焙烧的咖啡、豆蔻、大麦、玉米、牲畜、肉类（鲜肉或冻肉）；最高关税为20%，以保护本国的幼稚产业；少量进口商品的海关关税按照重量或体积，而不是按价计算，关税可能更低。

【优惠关税税率】签有贸易促进协议的阿盟成员国可享受优惠的关税税率；签有双边经贸协定的阿拉伯国家享有更加优惠的关税税率。

进口商品分为4类：需接受强制认证的进口商品（关系到公共安全的5类商品）、禁止出口的商品（13种沙特独有的物种）、需事先取得出口许可的商品（47种，主要是矿产品和农产品）、禁止进口的商品（猪及猪肉制品、狗和青蛙肉、麻醉品、天然有机肥料等三十余种）。

沙特关税情况详见沙特海关网站（www.customs.gov.sa）“Tariff”一栏。

伊朗

根据伊朗《进出口法实施细则》，凡被列为禁止进口和限制进口的商品、商业利润税被调高的商品，在其进口前必须到工矿贸易部办理进口申请，并到海关进行备案。见表5-4。

表5-4　伊朗主要商品关税税率

商品分类	税率（%）
化工产品、金属制品、测量仪器、医药制品及其他	10～20
食品、矿石、皮革、纺织品、纸张、机械设备	15～20
农产品、电子仪器	25～50
交通工具及配件	25～120

资料来源：伊朗海关

【关税调整】自2011年12月，伊朗农业部将苹果、橘子等水果的关税税率从90%～120%降至4%；自2013年3月起，伊朗每年降低汽车进口关税5%，以鼓励汽车进口，加强国内汽车市场竞争，降低国产汽车高企的售价；2014年5月，伊朗政府免除了电动汽车和排量2500cc以下混合动力车的进口关税，这是伊朗首次针对电动和混合动力车减免关税；2015年3月21日起，伊朗将大米进口关税税率提高至40%。

2014年，中国检验认证集团（CCIC）在伊朗设立代表处。

埃及

1963年颁布的《海关法》（2005年修订）是埃及海关管理和关税制度的基本法律。2006年颁布《海关法实施条例》。埃及财政部负责制定关税政策，其下属的海关总署是关税政策的执行机构，为副部级机构。海关总署设有关税高级理事会，主要任务是根据本国政治和经济发展的需要，讨论并制定相应的关税税率及执行方案。

埃及海关从1994年2月开始实行国际通用的海关税则协调制度。2008年4月，埃及加入《关于简化和协调海关业务制度的国际公约》（即《京都公约》），促进通关手续与世界海关组织的标准相一致。

【进出口关税税率】埃及关税基本按从价税原则计征。绝大多数进口商品的税率保持在目前的5%～40%之间。2016年底，埃及贸工部宣布提高320种进口商品的关税税率。调整后，空调、冰箱、风扇等家用电器的税率由40%提高至60%。2009年11月，中埃两国海关签署《海关行政互助协定》。

土耳其

【进口管理制度】土耳其实行进口限制、配额及许可证制度。

出于环境、公共安全、健康等因素的考虑，土耳其限制进口麻醉剂、大麻、鸦片、消耗臭氧物质、蚕卵和用于农业的任何种类土壤、茎、叶、杆、自然肥料以及游戏机，以及违反《保护工业知识产权国际公约》的产品等十一大类产品。根据2005年土耳其外贸标准公报，土耳其对下列产品实施进口许可：新鲜水果和蔬菜或干果、豆类、食用蔬菜油及棉花等农产品，固体燃料、废物、废金属、制药产品、药品、清洁剂、食品、农业及动物产品、兽药产品、某些化学品、烟草及制品和酒精饮料。

【出口管理制度】土耳其出口商必须注册成为出口商联盟及当地商会的会员，并需缴纳FOB出口额的0.05%作为会员费。

土耳其禁止出口下列产品：历史文化作品和自然动物、印度大麻、烟草植物、安卡拉山羊、所有的野生及狩猎动物（允许出口产品清单上的除外），某些植物，如胡桃、桑树、樱桃树、李子、紫杉、岑树、榆树、菩提树、《保护臭氧层维也纳公约》所列产品、禁止出口的开花植物的球茎、木柴和木炭、亚洲苏合香、某些化学品等。

【主要产品进出口关税税率】土耳其对进口产品征收5种税费：①海关关税；②货物税；③民众住宅基金税（针对鱼类产品）；④特别消费税；⑤增值税。其关税结构分为5种：从价税率、从量税率、混合税率、复合税率和形式税率。对所有贸易伙伴（包括非世贸组织成员）均采用最惠国税率，且不含季节性税率。

2004年，土耳其对进口产品所征收的从价关税税率平均为10%，但对部分进口产品征收的关税远高于这一水平。税率最高的产品包括：农产品（25%），肉类产品（227.5%），奶制品（170%），水果（61%~149%），加工果汁、水果汁和蔬菜（41%~138%）。

自2015年5月起，土耳其对来自中国等非欧盟以及其他自贸协定伙伴国的部分产品提高关税税率。已知提税产品主要包括箱包、钢丝绳、坐具、医疗用家具、办公家具、寝具、照明设备、吸尘器、家用专用电器、电热水器等多个品种。规章规定以上产品关税税率在原有基础上提高10%~50%。

也门

也门海关主管部门是海关总署。

2005年出台了第41号关税法。新关税法将包括汽车、农用机械、固定和移动通信设备、家用电器等在内的大多数商品的关税税率均下调至5%，少量商品税率为15%或25%，基本实现了与海合会国家关税税率接轨。

除大幅下调关税税率外，第41号关税法还对部分关系国计民生的商品予以免关税，主要包括：小麦、面粉；大米；避孕药品和用品；部分书籍、报纸、杂志和纸制宣传品；黄金、白金；部分型号的电子计算机；供残疾人使用的车辆、轮椅；部分体育和娱乐器材。

此外，第41号关税法还对部分违反宗教教义、污染环境和危害健康的商品做出了禁止进口的明确规定，主要有6类商品，除猪肉、麻醉品、酒精饮料外，还有部分矿产资料、化工废料、二手橡胶制品等。

除关税外，也门政府还对进口商品征收相应的进口环节税。目前，这部分税收主要包括销售税、增值税和商业利润税。

伊拉克

【进口单证】

①商业发票。商业发票中必须包括所运货物的详细说明，包括启运地和货物生产的原产地。如果货物中含有其他国家生产的部分，则其在货物中所占的百分比须予以标明，且须写明制造商的全称及地址。

②提货单。至少要求三份，且提货单上应当标明装运人姓名、收货人姓名和地址、目的港、货物说明、运费及其他费用、提货单的总份数、承运人正式承认船边提货的签名及日期。还应写明承运船舶的国籍，否则，银行就会拒绝接收这些文件。在空运货物时，空运单可取代提货单。

③原产地证书。原产地证书首先要找合适的商会证明，然后送往大使馆以验证其合法性。该证书上须写明生产商未被列入伊拉克政府的黑名单。

④包装清单。与其他文件一起送出的还应有两份包装清单，上面分别列出每个集装箱内的货物，包括商标、说明、重量、尺寸、数量以及颜色等。

⑤分析证明。进口抗生素、化合物和制剂都要求提供一份英文的分析证明。它必须是由一家公认的专门实验室出具的指定形式的证明书，并且每6个月要提供一份经过公证的分析证明。

【标签和包装及仓储】

①标签。进口的布匹，最好将标签贴在布匹的底部；进口的药物，其标签上应有阿拉伯文使用说明；进口的酒精类饮料，其标签须用英文和阿拉伯文写上“专供伊拉克”字样。

②包装。商品的包装应当能经得住粗暴搬运，布匹应当装在箱子里，并用铁丝箍紧，以防转运时丢失。

③仓储。进入伊拉克海关仓库的货物，无论是入境、储存或转口，都必须登记、清理。在规定期限内无人认领的货物，伊拉克海关将进行拍卖。

阿曼

海关报关应提交的文件包括：商业发票、原产地证明、装箱单。需要获得相关部门特别许可的进口商品包括：农产品、食品、出版物、电影及音像制品、药品、武器防卫装备等。

阿曼遵守执行《海合会成员国统一海关法》，目前所有进口商品均按货值CIF价的5%征收关税，但免税类商品、征收保护性关税的商品，以及限制或禁止进口的物品除外。

叙利亚

叙利亚《海关法》规定，除有协议或本法章程规定及其他法律条款规定的豁免条件外，所有进出口商品均执行现行海关关税。《海关法》章程规定普通税率适用于所有国家，对部分国家实行优惠税率，允许对部分国家实行最高税率。根据关税委员会的建议，可以对下列两种情况的进口商品补征关税：（1）商品原产地国家对商品出口进行补贴；（2）因倾销而降低价格的商品。见表5-5。

表5-5 叙利亚主要产品进出口关税税率表

序号	产品名称		税率
1	汽车		40%-60%
2	机械设备		1%-50%
3	化工品		1%-5%
4	纺织品		1%-50%
5	轻工品		1%-50%
6	农产品	鱼类	3%-50%
7		奶酪类	1%-4%
8		肉类	5%-30%

资料来源：叙利亚海关

约旦

【海关监管】约旦海关依据海关法对进出口货物实行监管。具体措施如下：①对资本性进口货物、机械、设备、工业原材料及其他工业必需品免征关税；对生产用的原材料、工业半成品实行挂税放行，或在出口时对成品中包含的进口原材料和工业半成品部分实行退税等。②限制或禁止进口与本国产品相同、近似或对环境有污染的商品。约旦海关同时负责打击各种走私活动。③简化海关手续，扩大贸易服务。在办理清关方面采取一人负责到底的做法来简化海关手续。

【关税计征】约旦海关采用国际通行的协调制度对进口商品进行分类。对绝大部分商品征收从价税，少部分商品如农产品、卷烟等征收从量税。从征税的幅度来看，海关对汽车、烟、酒、化妆品等非生活必需品实行高关税政策。对生产用的机械、设备、运输工具、原材料和生活必需品（如粮油、食品等）实行免税和低关税。

有关单证、货物查验、货物估价、货物纳税、货物分类和计算以及进口税费等通关步骤的详细规定，可通过约旦海关网站（www.customs.gov.jo）查询关税细则。

【海关关税】据世贸组织最新数据，约旦承诺的最终平均关税为16.3%，2017年实施的平均关税为9.9%。

阿联酋

阿联酋联邦海关总署（FCA）负责关税政策、监督海关有关法律和法规的执行，对内对外代表政府处理海关事务。每个酋长国设有地方海关机构，根据《统一关税法》起草海关政策和执行监督工作。阿联酋于2003年1月1日正式实施海合会国家关税联盟规定。

对货物样品免征进口关税；食品、本地工业生产所需的原材料和有关设备、药品、报纸、书籍、杂志、船舶及商用飞机免征关税。

出口和再出口（转口）免征出口关税，但是再出口货物发运人须向海关提供原始发票和清关手续。另外，在特殊情况下，海合会国家还根据实际情况对某些特定产品制定相关的税收政策，如为了缓解阿联酋建筑业原材料水泥及钢材国内需求紧缺，阿联酋经济计划部决定，从2004年8月28日起，对于承包商协会会员企业自用水泥进口实行零关税。

科威特

科威特整体关税水平较低，自2003年1月1日起，根据海合会关税同盟的规定，科威特将一般商品的进口关税统一为5%（CIF价）；对少数产品征收较高的关税，如对香烟、烟草制品和各种酒精饮料征收高达100%的关税；食品、生活必需品、药品以及新设企业所需进口的机械设备，免征关税；来自海合会其他成员国的工业产品及部分农产品享受免关税待遇。另外，科威特于1995年成为世贸组织成员，自2004年起，取消所有与世贸组织原则相悖的关税和保护性措施。

以色列

【管理制度】按照世贸组织有关规定，以色列进口完税价格主要根据进口商支付价格确定。以色列对进口货物实施海关检查，根据原产地及海关税则号码不同征收有关税费。进口关税由财政部关税与增值税司负责制订，具体通关业务由各入境口岸的海关负责。

【关税税率】目前，以色列的平均最惠国关税为8.9%，但农产品平均关税仍然很高，为32.9%。对来自自由贸易协定国家的进口工业产品基本免除关税，农产品也享受优惠税率。最惠国非农产品平均关税为5.1%。约有48.5%的税目实行零税率，其他经常项目的税率包括12%（2094项）、10%（614项）、8%（603项）等不同档次。见表5–6。

表5–6 以色列主要商品进口关税税率

商品名称	平均关税税率（%）	商品名称	平均关税税率（%）
农产品	32.9	电子产品	24.2
冶金产品	21.3	自行车、摩托车	15.5
纺织品、服装	22.5	汽车零部件	41.8
鞋	22.5	玩具	22.5
陶瓷、玻璃制品	22.5	打火机	20.1

资料来源：以色列税务总局网站

中以互认安排。2018年10月1日起中国与以色列双方海关正式实施《中华人民共和国海关总署和以色列国财政部税务总局关于中国海关企业信用管理制度与以色列海关“经认证的经营者”制度互认的安排》（以下简称《互认安排》）。根据《互认安排》规定，中以双方相互认可对方海关的“经认证的经营者”（以下简称“AEO企业”），为进口自对方AEO企业的货物提供通关便利。其中，以色列海关认可中国海关的高级认证企业为中国的AEO企业；中国海关认可以色列海关“经认证的经营者”为以色列的AEO企业。中以双方海关在进口货物通关时，相互给予对方AEO企业如下通关便利措施：降低进口查验率；进口货物优先通关；在各自项目下，指定海关关员处理与项目成员货物通关相关的事宜；贸易中断恢复后优先办理手续。

卡塔尔

卡塔尔的标准进口关税一般为5%的从价税。对少数与本国工业有冲突的进口商品，征收较高的保护关税。卡塔尔关税税率为：普通货物不超过5%；音像带及音像设备为15%；烟草为100%。禁止进口酒类。

黎巴嫩

黎巴嫩《海关法》采用国际标准货物估价方法，实施现代、公平的争端解决程序，推动工业区和免税区的发展。

黎巴嫩海关进口关税采取从价税、从量税和混合税三种方式。黎巴嫩海关关税细目中，83%以上细目的关税税率小于或等于5%，少数为15%~40%不等（通过黎巴嫩海关网站可查询每个关税税则号所对应的进口关税税率）。海关征收增值税，税率为货物价值的10%。

黎巴嫩海关引入网上自动清关系统，贸易商和报关公司可以联网注册，跟踪报关进展情况，估价并从其银行账户上直接支付清关费用。有关单证、货物查验、货物估价、货物分类、货物纳税等详细规定，可登录黎巴嫩海关网站（www.customs.gov.lb）查询。

巴林

巴林是海合会国家关税同盟成员，海合会国家间实行零关税。巴林与美国签署了自由贸易协定，对原产自美国的商品实行零关税。

【进口关税】一般实行5%的从价关税，但对特殊商品有不同的规定：①对于某些商品，如香烟、烟草制品和各种酒精饮料实行特殊关税，如自2016年2月起，酒精饮料税率上调为225%，烟草征收200%的关税，且须获得进口许可；②对用于展览、维修和贸易样品而进口的商品，在提供海关必要证明和办妥手续后，免征关税；③出口和再出口（转口）免征出口关税，但是再出口货物发运人须向海关提供原始发票和清关手续。

二 投资法规

(一) 投资主管部门

利用外资是西亚北非各国经济活动的重要组成部分，各国政府都设有专门的部门管理外商投资。见表5-7。

表5-7 各国外资主管部门

国家	外资主管部门
阿联酋	经济部和财政部
埃及	投资与国际合作部及所属的投资与自由区管理总局
卡塔尔	经商部
黎巴嫩	投资发展局（IDAL）
阿曼	商工部

续表

国家	外资主管部门
巴林	工商和旅游部
科威特	工商部
沙特	最高经济委员会
土耳其	经济部
叙利亚	叙利亚投资总局
也门	投资总局
伊拉克	国家投资委员会
伊朗	财经部
以色列	经济部
约旦	约旦投资署（JIC）

资料来源：作者整理

（二）投资行业的规定

沙特

【禁止的领域】根据沙特投资总局官方网站发布的外商禁止投资目录，被禁止的产业领域包括：①石油资源的勘探和生产（但不包括国际分类码883-5115项下的矿产领域服务）；②军用机械设备及服装生产；③民用爆炸物生产。被禁止的服务领域包括：①军用物资供给；②调查和安全领域；③麦加和麦地那不动产投资；④与朝觐和小朝觐相关的导游服务；⑤劳务服务；⑥不动产经纪人服务；⑦部分与印刷和传播法规相关的服务；⑧国际分类码621项下规定的有偿商业代理服务；⑨声像服务；⑩陆路运输（除城市内铁路客运外）；⑪护理服务、医疗服务及国际分类码93191项下的半医疗服务；⑫鲜活水产捕捞；⑬毒剂中心、血液银行及卫生检疫机构。

最高经济委员会定期核对此清单，将逐步对外资开放部分领域。投资总局对此名单中未提及的领域将向外国投资者颁发许可证，投资者向投资总局提交在沙特政府有关部门取得的必要证书，投资总局服务中心向投资者提供帮助。新清单中已经开放了一些新的外资准入领域，其中包括：保险服务、国际编码96113项下的电影及录像制品、分配服务、批发贸易（包括部分药店在内的零售贸易）、除有偿代理外的贸易代理、通信业、城市间铁路运输业、航空运输业和太空运输。

伊朗

【投资准则】根据《伊朗鼓励和保护外国投资法》的规定，在工矿业、农业和服务行业进行建设和生产活动的外国资本的准入，必须同时符合伊朗其他现行法律、法规的要求，并符合下列条件：①有利于经济的增长、技术的发展、产品质量的提高、就业机会的增加和出口的增长及国际市场开发；②不得危害国家安全和公共利益、破坏生态环境、扰乱国民经济及阻碍国内投资产业的发展；③政府不授予外国投资者特许权，避免外国投资者处于垄断地位；④外资提供的生产性服务和生产的产品价值的比例，不应超过外资在获取投资许可时国内经济部门提供的生产性服务和生产的产品价值的25%、国内行业提供的生产性服务和生产的产品价值的35%。

【禁止的领域】《伊朗鼓励和保护外国投资法》不允许以外国投资者的名义拥有任何种类、数量的土地。

此外，2015年8月，伊朗石油部规定，重返伊朗市场的外国石油企业必须通过与伊朗本国企业合资的方式进行，合资成立的新企业不仅应经营伊朗本国市场，而且应对周边国家具有辐射性。

埃及

埃及限制外资进入的行业和地区规定如下：

（1）建筑业。埃及政府规定外商只能以合资的形式成立建筑公司，并且外资股权不得超过49%，非埃及员工在公司里的比例不得超过10%。

（2）商业流通。外国人不得在埃及从事商品流通和批发业务；在埃及开办超市和连锁经营需经过特别委员会审批。

（3）中介。只允许埃及人注册从事投标业务的商业代理；根据2003年4月颁布的《劳动法》，非埃及人不得从事职业介绍、为企业招募员工等经营活动。

（4）航空业。在未得到国有航空公司（埃及航空公司）许可的情况下，任何私营或外国航空承运人不得经营从开罗出发和抵达开罗的定期航班业务。

（5）金融业。埃及中央银行已有数十年未发放新的商业银行和保险公司牌照，外国公司进入当地金融业市场的唯一方式是并购当地的银行或保险公司。同时，如果持有埃及金融企业的股份超过10%，须获得管理部门许可。银行业和其他金融业监管部门分别为埃及央行（CBE）和埃及金融监管局

（EFSA）。

（6）采矿业。埃及政府鼓励国际石油公司参与埃及油气资源开发，但必须与埃及的 4 家国有石油公司以分成协议的形式合作，目前已有超过50家国际石油公司在埃及经营。但也有以服务合同的形式合作，比如，2010年英国石油公司以服务合同的方式获得了深水区块的勘探开发权。

（7）进出口贸易。根据2017年3月修订的《埃及进口商登记法》（1982年第121号法），允许外国人对埃及进口公司进行投资，但不得超过49%。进口公司的经营者必须拥有埃及国籍。

（8）汽车制造业。2018年4月，贸工部发布部长令，要求在埃及组装汽车的配件本土化比例不得低于46%。

（9）铁路建设。2018年3月，埃及议会通过对1980年第152号法（《铁路管理法》）修正案，允许私人部门参与铁路运营、管理和开发。但仍未向外资开放。

（10）天然气销售。2017年8月，塞西总统签署《天然气市场管理法》，打破政府垄断，允许私人投资天然气市场。根据该法，政府将成立天然气管理局，负责天然气市场管理及制定发展计划。允许私营企业从事天然气进口业务，以及利用埃及管道系统和基础设施进行天然气的运送、储藏和销售。

（11）西奈半岛。在西奈半岛投资，或收购任何在西奈半岛持有土地的公司，需要获得特殊许可。

土耳其

【外国投资法律法规】土耳其的外国投资立法主要包括第5084号《鼓励投资和就业法》、第4875号《外国直接投资法》、外国直接投资管理条例法、多边和双边投资公约、各种法律以及促进行业投资的相关规章。

外商投资公司与当地公司享有相同的权利和减免，承担相同的义务。对外资公司无进入前或成立前的审核要求。外资公司在土耳其设立商业活动组织，可以选择符合《商业法》规定的任何组织类型。除个别受特殊法律管辖的行业外，外国投资者可以全资拥有所有类型公司的股份。

【外国投资者的权利】外国投资者可以向国外自由转移各种资金，包括净利润、红利、任何投资项目的全部或部分销售收益或结算收益、补偿性质付款、经营许可协议、管理协议或类似协议涉及的资金，以及外国银行或特殊金融机构借贷产生的偿还利息资金等。具体法规可查询网址：www.invest.gov.tr。

【开放的行业】土耳其投资立法符合国际标准，对外国资本的参与没有限制，在投资行业上外资与本土企业享受同等待遇（国民待遇）。土耳其所有向民资开放的行业都向外资开放。外资企业可以聘请外籍经理和技术人员。

【限制的行业】外国投资进入土耳其某些行业受到限制。这些限制一是取决于土耳其加入世贸组织关于服务贸易所作的承诺，二是取决于其国内立法的规定。限制的行业主要有广播、石油、航空、海运、金融、房地产等。限制方式有投资禁止、股比限制、进口许可证、购置数量等。在金融服务（包括银行和保险）和石油行业成立企业须获政府的特别批准。外商的股权比例限制在广播业为20%；在航空和航海运输业为49%。在半导体、电视机产业，外国投资股份不得超过25%；在邮政、电信、电报业，外国投资股份不得超过51%。

如果在土耳其的外国投资经营范围中包括国家垄断部分，则外资不能在该实体中占有主要股份。

也门

根据国民经济社会发展计划的目标和前提，在不违背伊斯兰法律条款的情况下，也门鼓励外国资本在除武器和炸药外的所有领域进行投资。但银行和钱庄、进出口贸易、批发和零售贸易、石油、天然气勘探和开采领域、矿产勘探和开采领域的投资要按照相应的法律规定执行。

伊拉克

除军工、自然资源、土地（库区除外）等领域外，其他领域均适用投资法。对于生产性企业，外国投资者投资不少于25万美元，伊拉克雇员不少于全部雇员的50%，并提供各项福利待遇。

阿曼

【外国投资法律法规】阿曼现行外资法规规定，一般性投资项目，外国投资比例不超过49%，项目最低投资额为39万美元。经商工大臣批准，外国投资比例可放宽至70%。对于个别对国民经济发展具有重要作用的投资项目，经商工大臣推荐、内阁批准，外国投资比例可达100%，但投资额不少于130万美元。

除个别已经明确的行业外，外国投资者在阿曼注册公司仍需要有阿曼籍合伙人，注册者可在网上提交注册信息，完成注册后需要在财务年度结束后4个月内提交公司年度报表。

【行业与地区限制】阿曼《外国投资法》对外商投资领域、地区没有作出明确限制规定。但以下商业活动只限于阿曼人经营：①宗教朝觐活动；②劳务雇佣和提供；③保险服务；④商业代理；⑤海关清关服务；⑥机场货物处理；⑦海运服务；⑧政府部门的跟踪服务；⑨房地产服务、土地和建筑租赁与管理；⑩相关社会活动，包括残障人士福利机构、残障人士康复机构、老年人福利机构、任何形式的社会服务中心；⑪相关文化活动，包括出版印刷、报纸杂志、照相与电影、艺术生产、商业演出、电影院、博物馆；⑫租车服务；⑬广告服务；⑭各类运输服务；⑮旅行社。

阿曼正在起草新矿业法，以吸引更多投资者进入矿业领域，包括铜矿、铬铁矿、铁矿、石灰岩、白云石、大理石、石膏、硅石英等矿产资源开采领域亟待发展，前景广阔。

叙利亚

叙利亚目前的《投资法》允许投资者投资除涉及军事和国家安全项目外的其他任何领域。鼓励的投资领域主要有农业和土地改良项目、工业项目、运输项目、通信项目、环保项目、服务项目、电力项目、石油和矿产项目等。叙利亚原定在2012年颁布新《投资法》，但因内乱未能如期颁布。

约旦

约旦政府承诺，外国投资者和当地投资者享有同等待遇；除建筑业、贸易或矿产开采等法律规定的行业要求有约旦合伙投资人之外，允许非约旦投资人拥有项目的全部和部分产权；除参与公共股份公司外，非约旦人投资不得少于5万约旦第纳尔（约合7万美元）。

《关于非约旦人投资法规》明确规定了对非约旦人投资行业的限制。法规第4条规定了非约旦籍投资者拥有的资本比例不得超过50%的经济活动和服务；第5条规定了非约旦籍投资者拥有的资本比例不得超过49%的经济活动和服务；第6条规定了不允许非约旦籍投资者全部或部分拥有、参与某些项目或行业。在此基础上，除非有关立法规定了股权或股权限制，非约旦投资者可以拥有项目全部或部分产权或以任何比例参股，且不得危害和妨碍约旦国家安全、公共秩序、公共道德和公共卫生。

阿联酋

阿联酋对外国直接投资设定了禁止类和限制类行业。外资禁止类行业包括：商业代理、房地产服务、汽车租赁服务、农业与狩猎及林业服务（包括兽医药）、渔业服务、人力资源服务、公路运输服务、调查和安保服务。只有阿联酋公民或由阿联酋公民完全所有的企业法人方可提供上述服务。外资限制类行业包括：艺术、电影工作室、剧团、电影院、剧场、艺术品展览馆和体育活动。

外商对自然资源领域的投资规定由各酋长国制定。阿联酋的石化工业完全由各酋长国自行持有，外商投资必须以合资企业的形式并由国家控股。电力、水、气等资源领域也均由国家垄断，但近年来由于国际油价下跌，阿联酋各级政府财政压力增大，政府启动的大部分水电项目都纷纷采用PPP、BOT等模式以吸引民营及外国资本。

科威特

科威特2015年第75号部长会议的决定明确了10类不允许外资进入的领域，其中包括：原油开采、天然气开采、焦炭生产、肥料和氮化合物生产、煤气制造、通过主管道分配气体燃料、房地产（不包括私人运营的建设项目）、安全和调查活动、公共管理与国防、强制性社会保障、成员组织和劳动力雇用（包括家政人员雇用）。

以色列

以色列对外商投资采取积极和开放的政策。政府制定吸引外资的政策来促进以色列出口和增加就业。除少数跟国家安全相关的领域外，对外商投资行业基本上无限制。以色列企业也积极寻求与国外投资者合作，以拓展国际市场，提高产品竞争力。

【禁止的行业】博彩业。

【限制的行业】国防工业、通信、发电和铁路运输的某些领域。

【鼓励的行业】由于以色列在科技水平、劳动力素质、政府对研发鼓励政策、培育环境等方面的领先优势，外商特别适合投资高科技产业，尤其是在以色列设立研发中心。以色列高科技产业和技术创新企业是外资投资的重点。以色列政府特别鼓励有利于提高以色列产品竞争力、创造就业机会、推动工业研发型企业和技术创新型企业发展的长期投资。对工业研发有大量的鼓励措施。

卡塔尔

【鼓励的行业】卡塔尔鼓励外国投资者在农业、工业、卫生、教育、旅游、自然资源、能源及采矿业的开发和利用等领域投资，允许外国投资者的股份超过项目资本的49%，直至100%，但要符合本国发展规划，并经政府主管部门批准。重点扶持那些能够最有效地利用本国现有原材料的项目和出口导向型产业，可提供新产品、使用新技术的项目，致力于把具有国际声誉的产业国产化的项目，以及重视人才本土化并使用本国人才的项目。

【禁止的行业】除非获得特别许可，外国投资者禁止在卡塔尔银行业、保险业及商业代理和房地产等领域投资。

目前，卡塔尔仅允许在其自由区和经济特区内设立外商全资企业。为进一步吸引外资，促进经济多元化发展，卡塔尔政府目前也考虑进一步放松对外资的限制，拟出台允许外商独资（100%出资）设立企业的法律。拟颁布的法律草案规定，非卡塔尔籍投资者可参与卡塔尔所有经济部门的投资，出资比例最高可达100%；经卡塔尔经商部审核同意，上市公司组织大纲和章程中外方持股比例之后，外方投资者可持有在卡塔尔证交所上市公司不超过49%的股份；此外，经由大臣提议，并报内阁讨论同意之后，持股上限可突破49%。草案还规定，法律规定之外的投资项目鼓励措施和优惠政策，可由内阁讨论决定。

黎巴嫩

黎巴嫩鼓励投资的法律是2001年颁布的《投资法》。黎巴嫩对外资准入行业一般无限制，但对控股和离岸公司、房地产、保险、媒体（电视、政治报纸）和银行业有特定的要求，外资需取得相应主管部门审查批准。黎巴嫩法律没有强制规定投资业绩要求。对外国投资者在地理位置、内资比例、进口替代、出口扩展、技术转移或融资来源等方面无相关要求。黎巴嫩监管和审批程序无须投资者公布私有信息，但银行投资除外，银行投资必须获得黎巴嫩央行关于所有权转让的批准。

巴林

【鼓励的行业】巴林鼓励外资的领域包括：①能生产当地所需消费品并能替代或与外国同类产品竞争的项目；②产品能用于出口的项目；③能利用海湾国家现有资源的项目；④政府指定区域的发展项目；⑤有益于海湾地区工业一体化的项目；⑥环境保护项目；⑦技术引进项目。

2016年，巴林议会一致通过公司法补充案，对于此前只允许巴林人经营的行业，允许外国公司持有100%股权。具体方式是巴林通过设立法律咨询公司（壳公司），出售给外国公司。

【限制的行业】只允许巴林公民和公司从事的行业包括：渔业、会计服务（审计除外）、赛车燃料进出口和销售、货物清关。

只允许巴林或海合会国家公民及公司从事的行业包括：房地产中介和代理、印刷出版、电影、客货运输、租车、加油站、代办政府手续、外籍劳务中介、商业代理等。

其他限制包括：商业和零售业，巴林籍公民占股51%以上，海合会国家企业或个人不受此限制，但巴林籍投资人最少为1人；旅行社，必须有巴林籍合伙人；诊所，必须是巴林籍公民或在巴林定居的海合会国家公民；药店，巴林籍药剂师占股50%以上。

【禁止的行业】博彩业、酿酒业、毒品加工、武器制造、烟草加工，以及放射性废物的加工、存储或倾倒等。

（三）投资方式的规定

沙特

沙特允许外资以合资或独资方式在沙特设立公司、工厂或开设办事处。外国公司与本国公司一样，受《公司法》的约束和保护。

外国投资者在沙特进行投资活动必须获得由投资总局颁发的许可证，即投资执照。外国投资者有权将其通过出售自身股份或企业结算获得的利润或盈余汇往国外，或以其他合法手段使用，也可以汇出必要款项用于履行与项目相关的合同义务。

《竞争法》及其实施细则是沙特竞争政策的主要法律基础，适用于沙特境内的所有经营机构，但公共和国有独资公司除外。根据《竞争法》第八条规定，由商工部牵头的竞争理事会负责该法的实施。该理事会的职权包括批准和拒绝兼并、收购和管理层整合的申请；对违反《竞争法》的行为进行调查和起诉等。

沙特资本市场局于2007年颁布了《并购规则》，并于2012年修订，该规则对于公司兼并和收购的具体要求和程序作了详细规定。此外，《资本市场法》《竞争法》和《公司法》的有关条款也对兼并和收购作了相关规定。

沙特市场中普遍的并购方式为股权收购和资产收购两种。收购需要有合法生效的收购协议。在股权收购中需由全体股东签署同意将公司股权让与第三方的书面决议，并在经商工部核准，公证机关公证后，通过官方公报刊发。在资产收购中，收购方可选择收购全部资产或部分资产，以达到规避债务的目的。

【外资并购】沙特尚未明文禁止外资大规模并购行为。除投资总局公布的外资禁入行业清单所含行业外，外资可自由进入沙特市场。根据沙特政府有关规定，有影响力的大公司多采取分股上市的形式，政府此举的目的也是为了全民获益，防止外资垄断。

外资在进行收购时，如果目标企业没有外国股东，则首先需要向投资总局申请外资许可证，如果该企业已经享有许可证，则只需对许可证进行相应修改。

外国投资者不能直接购买国有企业私有化的股票。

伊朗

伊朗《鼓励和保护外国投资法》中规定的投资方式有：①外国直接投资；②合同条款中明确的以“建设–经营–转让”“回购”“国民参与”等方式的外国投资。

【外资持股比例】伊朗《鼓励和保护外国投资法实施细则》第三条第2款中明确规定，允许外国投资方在所有获许可的伊朗私人经营的领域直接投资，对外国投资不设比例限制。但在伊朗《石油法》和《矿山法》等特别法律规定中，对资源开发经营型企业有外资控股比例不得超过50%的要求。但在实践中，上述行业中的外资股比设定需根据伊朗投资和经济技术支持组织的审批而定。

【外国自然人投资】根据伊朗《鼓励和保护外国投资法》第一章第一条的规定，外国自然人与法人在伊朗拥有相同的投资地位。

【投资方式】伊朗法律允许外资在伊朗设立代表处、分公司、子公司和有限责任公司，外国投资者可以现汇、设备和技术等形式投资，可与伊朗公司采取合资、合作的方式，也可通过收购伊朗公司和以独资的形式进行投资。

【投资审查】根据伊朗《鼓励和保护外国投资法》规定，所有外国投资申请由伊朗投资和经济技术支持组织提交外国投资委员会进行审查和批准。自由贸易工业区、特别经济区、工业园区及科技园区管理委员会也拥有外资审批权。

埃及

外国投资者可以根据《公司法》或新《投资法》在埃及投资。设立公司的形式包括有限责任公司、股份公司、一人公司等。有限责任公司是最主要的公司注册形式，目前选择此种形式的外国投资者占95%。投资机制分为在国内投资（即自由区外投资）和自由区内投资两种形式，国内投资机制受《公司法》、新《投资法》和《经济特区法》等法律管辖；自由区内投资机制在公司治理上受《公司法》管辖，运营方面主要受新《投资法》管辖，与《投资法》发生冲突的，以《投资法》为准。

【反垄断规定】埃及政府于2005年颁布并实施《保护竞争和防止垄断行为法》。国家管理的公共事业不适用该法。

任何资产收购交易或合并任何一方经营者年营业收入超过1亿埃镑的，均须向埃及保护竞争和防止垄断行为局申报。该局根据投诉受理违反《保护竞争和防止垄断行为法》的行为。

【外资并购】主要法律依据包括1992年95号《资本市场法》及其实施细则，1981年159号《公司法》及其实施细则和修订案。主要监管机构包括：埃及投资与自由区管理总局（GAFI）、埃及金融监管局（EFSA）、埃及证券交易所（EGX）、埃及保护竞争和防止垄断行为局（ECA）。如果并购是通过投标竞购方式，埃及金融监管局批准之前需要进行国家安全审查。在某些产业领域，外国公司收购公司股权需要获得相关行业监管部门的书面同意。

《资本市场法》规定，对埃及上市公司，或已向公众发售股份的未上市公司进行收购的，如果所占股份或投票权超过1/3，将引致强制性全面邀约收购。埃及金融监管局有权根据有关规定豁免要约人的全面收购义务。

土耳其

根据土耳其新的《外国直接投资法》，外国投资者设立企业和股份转让的条件与当地投资者一样。在现行《贸易法》框架下，从事经营活动的企业有以下3种方式，即独资公司、合资公司、合作社。

根据土耳其现行贸易法律，银行、私人金融机构、保险公司、金融租赁公司、金融代理公司、控股公司、外汇兑换所、仓储公司、受资本市场法律约束的上市公司、免税区的投资人和经营者，必须以股份形式成立，并须得到土耳其工商部的批准。

公司形式包括：（1）有限责任公司，规定由2个以上50个以下股东共同出资设立，股东的责任受限于其拥有的股份数，有限公司的注册资本不得少于5000里拉，公司不得发行股票；（2）集体公司，在共同商号下从事商业活动的联合体，合伙人对联合体负有无限连带责任，没有最低注册资本限额，投资者必须是自然人；（3）两合公司，某些合伙人对公司负有仅限于所投资股份的有限责任，其他股东则负有无限责任，没有最低注册资本要求；（4）合作社，基于互利合作的商业协会，由愿意提供自身职业技能及其他资源的人组成，并按照《合作社法》组建。

【外国自然人投资】土耳其《外国直接投资法》将外国自然人和法人均作为外国投资者，对自然人在土耳其投资无特殊规定。

【外国国有企业投资审查】土耳其对外国国有企业投资无专门的审查程序。

也门

也门对外资实行国民待遇原则，所有外国投资者享有与也门当地投资者同等待遇，可以与也门企业或个人合资经营，也可以独资经营。

伊拉克

在伊拉克，投资方式可以是独资、合资、合作和股份制等。伊拉克投资委员会受理外资并购。

阿曼

阿曼对外国投资实行国民待遇，所有外国投资者享有与阿曼当地投资者同等待遇，可以与阿曼企业或个人合资经营，也可以合资注册，独立经营。阿曼没有相关外资收并购的法律，中资企业尚未在阿曼开展并购。

叙利亚

投资者可以通过并购、成立合资公司、参股或以资金、设备作为投资资本等方式进行投资。《投资法》未对外国自然人投资进行特别限制。

根据叙利亚《外商法》，外国投资者可以在叙利亚成立以下4种实体机构：分支机构、临时办公室、代表处和地区办公室。

根据叙利亚《公司法》，外资在商业实体中的持股份额不受限制，外国投资者注册成立的公司也不受到任何有关财产所有权的限制。

根据叙利亚《竞争法》，叙利亚成立竞争保护和反垄断委员会，禁止企业之间签署违反竞争原则的协议，导致市场集中度达到30%以上的并购行为必须通知竞争保护和反垄断委员会。

约旦

约旦鼓励外商在其工业区投资办厂。目前，约旦利用外资的方式主要有外商直接投资、对外借款和其他外商投资等方式。外商直接投资主要采用合资经营、独资经营等形式，还可采用BOT和BOO合作开发、补偿贸易、加工发展、技术转让、国际贷款、承包经营等方式。

投资方式包括：（1）参与私有化项目。参与约旦政府的私有化项目是外商投资的一种深度参与的方式。（2）资本市场投资交易。参与资本市场的投资交易活动是对约旦投资的一种重要方式。（3）投资证券市场。约旦证券委员会对外国投资者在约旦证券市场投资原则上没有限制，但当持股达到10%时，投资者必须向社会公开自己的增持意图。（4）外资并购。约旦外资并购涉及的主要法规包括《公司法》《竞争法》和《证券法》。约旦法律中不含对外资并购的安全审查。

此外，外资对安曼证交所上市公司的收购，可采用协议收购和要约收购的方式进行。约旦证券委员会规定，收购者通过证券交易所的买卖交易持有目标公司股份达到40%时，若继续增持股份，必须向约旦证券委员会提出申请，依法采用要约收购的方式进行。

根据2001年签订的《中约双边投资保护协定》，中国自然人与法人在约旦具有同等权利，自然人在约旦投资须遵守同法人相同的法律法规。

阿联酋

根据阿联酋《商业公司法》，本国资本在阿联酋境内设立的公司中所占股份不得低于51%，以下情况除外：

（1）自由区内的公司可由外商100%所有；

（2）海合会成员国100%控股企业的商业活动；

（3）海合会成员国100%控股企业与阿联酋籍国民合作；

（4）专业型公司可由外商100%所有；

（5）经由相关政府部门协商并报请内阁批准的。

【企业组织结构】根据阿联酋《商业公司法》，企业组织结构分为7类：①普通合伙公司；②有限合伙公司；③合资公司；④公开合股公司；⑤非公开合股公司；⑥有限责任公司；⑦合股经营公司。

2012年联邦第4号法令颁布《阿联酋竞争法》，旨在保护和促进市场竞争活动，反对垄断行为，对限制协议、经营者集中（收并购控制）以及滥用市场支配地位等问题作出了规定。

法令同时规定了豁免行业名单，包括：电信；金融；文化活动（印刷、音频、视频）；石油和天然气行业；药品生产和分销；邮件及快递服务；水与电力的生产、传输及分销；污水、垃圾处理等公共卫生及相关的环境活动；陆、海、空运输及铁路运输与相关服务。

科威特

根据科威特《直接投资促进法》及相关条例规定，允许外商投资的方式主要有三种，一是在科威特注册的外资占51%～100%股份的公司；二是外国公司设立的科威特分公司；三是外国机构在科威特设立的以市场研究为目的的代表处（不能从事经营活动）。

同时，该法也对外资并购审批方式进行了规定，如并购申请应报请科威特直接投资促进局审批。

以色列

以色列允许外国投资者进行多种形式的投资和商业运作。不同类型的企业分别由相应法律法规加以规范，适用不同的税收办法。

一般分为5类：（1）以色列公司，包括股份有限公司、有限责任公司和无限责任公司三种。（2）外国公司，包括股份转让或股份注册办事处，设立分支机构1个月内在以色列注册为外国公司。（3）合伙制企业，需遵循《合伙条令》，并在其成立1个月内到司法部合伙制企业注册局注册，但某些农业合伙企业可以免于注册。（4）合作社，根据《合作社条令》，合作社应在经济部合作社注册局注册，合作社成员所占有资本不超过总资本的20%。（5）合资企业，是由两个或两个以上的合作方共同开展某项活动或在特定基础上进行交易。典型的合资企业可能联合不同国家、不同大陆的实体，表现为一种涉及所有各方的国际战略联盟。

以色列鼓励吸收外国投资，对外商在以色列投资基本上没有外汇控制。

【外资并购】以色列反垄断局和反垄断法庭主管合并、收购和反垄断法案。有关并购的内容在《贸易实践限制法》（1988年颁布）的第三章有明确规定。在法律之外，以色列还立法通过了几个法定的例外豁免，规定特定的交易豁免必须获得反垄断专员的批准。以色列《贸易行为限制法》对企业并购做了8个方面的具体规定：①并购交易的范围；②联合投资；③对外国投资者申请并购的规定；④法律规定的管制门槛；⑤通知程序；⑥时间框架；⑦反垄断专员适用测试；⑧制裁。法律特别明确，没有填报通知将导致触犯刑法。

虽然以色列就外商投资尚无专门立法，但在航空、海运、电信、广播、能源、旅游等部分领域，基于安全或者公共利益的考虑，对外商投资也有一定程度的限制，包括人员限制和资金限制两个方面。

卡塔尔

现阶段，外国投资者在卡塔尔投资主要以建立合资公司或参股经营为主，一般而言，外国投资者投资比例不得超过投资总额的49%。外国自然人不能直接在当地开展投资或者承揽工程承包项目，必须在当地成立合资公司。

卡塔尔目前规划的三个经济区均由政府规划并出资建设，暂无外国投资建设相关园区的规定。

黎巴嫩

黎巴嫩对投资方式无特别具体的限制，外国投资者可以建立、购买、出售企业的股权，并能从事各种营利性活动。黎巴嫩对外资并购也无特别限制，但在银行企业的并购等方面有所规定，主要目的是加强对金融企业的监管。

投资者可通过合资、参股、收购、服务外包和BOT项目等方式在黎巴嫩投资，以促进国际与本地战略合作伙伴关系的建立。

巴林

巴林鼓励外国人在巴林投资，允许外资以合资或独资方式设立公司、工厂或开设办事处（无业务经营权）。

根据巴林公司法，企业组织结构包括以下8种类型：（1）公共股份公司；（2）私人股份公司；（3）有限责任公司；（4）合伙公司；（5）简单两合公司；（6）股份两合公司；（7）个人企业；（8）外国公司分支机构（在巴林之外成立且注册的公司设在巴林的分支机构）。

（四）BOT/PPP方式

近年来，由于国际油气价格低迷导致政府财政收入减少，外资以BOT、PPP方式参与东道国基础设施建设，对于各国政府缓解财政支出压力、引进国外先进技术、借鉴国外成熟管理经验有重要作用。为引入国外和私营部门投资，缓解财政压力，西亚北非部分国家政府正加紧研究制定政府和社会资本合作的相关法规。目前，中国公司在海外参与PPP项目处于起步阶段，在西亚北非地区少数国家也开始参与PPP项目。

沙特

PPP方式在沙特的运用尚处起步阶段，沙特尚未出台相关法律法规和制度。但因近年来财政紧张，沙特在新发包工程项目、新能源等行业方面尝试大力推广PPP方式。

在政策层面，沙特政府鼓励私人业主参与铁路、机场、电力、供水、码头等基础设施建设，并注重吸引越来越多的私有资本，以弥补政府资金不足。自2014年下半年以来，国际油价大幅下挫，沙特财政压力加大，并出现赤字，一些政府投资项目被迫推迟，BOT方式将被更广泛采用。

2017年4月，沙特政府表示将由私人投资、建造、运营太阳能和风能电厂，经营年限可达20～25年。

伊朗

伊朗《鼓励和保护外国投资法》第三条规定，允许外资直接投资对私营部门开放的领域，或是以“国民参与”“建设—投资—运营”方式投资其他部门。

由于伊朗长期受国际制裁的影响，很少有外国公司以BOT方式投资承建伊朗的大型基础设施项目。伊朗是中国重要的海外工程承包市场，中国公司目前在伊朗主要是以EPC或EPCF项目承包的方式，参与伊朗的大型工程项目建设。中伊经贸合作过程中尚未有BOT建设项目。

埃及

20世纪90年代，埃及在基础设施项目建设领域普遍使用BOT和BOOT模式。2006年，埃及财政部成立公私合作伙伴关系中心。2010年5月埃及《公私合作伙伴关系法》（2010年67号法）实施。埃及政府通过更加严格和完善的制度建设，避免BOT模式的弊端，继续推进PPP项目。

【法律规定】PPP主要集中在基础设施等公用事业领域，项目金额一般不少于1亿埃镑，特许经营合同期为5～30年。基于公私合作事务最高委员会的建议，如公共利益需要，内阁可以决定时限超过30年的PPP合同。

【监管体系】公私合营事务最高委员会是PPP项目的最高决策机构，由政府总理牵头，财政、投资等各行业主管部门以及公私合营中心的主要负责人组成。各行业主管部委为项目的具体主管部门，下设有PPP部门。财政部PPP中心为委员会和各主管部委PPP部门提供专业支持。该中心负责准备可行性研究，发布、跟踪和监督PPP项目的发标、签署和执行，决定PPP招标顾问。

目前，以BOT和PPP形式在埃及开展项目的外国投资者较少，中资企业尚未在埃及以BOT和PPP形式开展项目。

土耳其

【BOT方式】土耳其是全球最先提出并将BOT方式用于传统基础设施项目建设的国家。20世纪70年代起，土耳其政府采用国际BOT方式开展基础设施建设，并在能源、交通、港口等领域取得一定成果。土耳其国内BOT方式项目主要集中于能源、交通、公共和地方政府投资等工程中，特许经营期限通常为10~50年。在土耳其投资BOT项目必须满足以下条件：①成立联合体。联合体项目的一方必须是当地资本或者外资公司。根据项目规模，公司可以和国际投资银行或其他金融机构共同成立一个财团，或者是与现有的一个财团组成联合体。②责任划分。联合体负责投资项目的执行和服务，政府负责划分市场销售和授权。③签订协议。项目应根据法律规定和特别条款签署协议，协议包括联合体和政府之间的部分授权转让。④协议期限。联合体的投资回报期、贷款偿还期、资金运转期和项目运营期不得超过49年。⑤项目转让。联合体的投资和服务协议期满后，应将运行和使用情况良好的项目无偿、无条件转让。⑥担保。国库署负责授权付款担保、桥梁贷款、贷款偿还、付款担保、明确担保条件等给联合体相关部门。

【PPP方式】PPP模式在土耳其具有深厚的法律基础，《土耳其宪法》第47条规定允许政府与私营部门签订合同以开展某些公共服务项目。土耳其最早的PPP模式应用于卫生领域。

在土耳其，PPP项目的招标程序主要有3个步骤：密封投标、公开竞价和谈判程序。在每个PPP项目中，政府与有关项目公司订立PPP项目实施合同，该实施合同详细规定项目的具体内容。

在PPP项目中私营部门的特许权最长可达49年，但大多数PPP项目的特许经营期限一般为5~25年。

目前，在土耳其开展BOT/PPP项目的外资企业主要来自美国、日本、德国、法国和意大利等欧美国家。中国企业基本以承揽工程总承包项目为主。目前，越来越多的中国企业已开始考虑或者尝试投资项目，如中电投和中航国际投资17亿美元建设的EMBA电站等；也有部分企业拟采用BOT/PPP方式承揽项目，但尚未正式实施。

也门

也门投资法正在修订关于BOT的规定。目前，亚丁自由区主要以BOT和成立合资企业的方式建设。

伊拉克

伊拉克政府欢迎有实力的外国公司到伊拉克承包当地工程，特别是带资或以EPC、BOT、BOOT形式承包，欢迎分包给当地公司或雇佣当地工人。根据承包工程的种类，实行向伊拉克有关政府部门申请批准的许可制度。目前，中资企业尚未在当地开展BOT模式合作。从2015年开始，伊拉克电力部鼓励外国公司以BOT形式承包相关电站项目。伊拉克很少采用PPP商业模式。

阿曼

阿曼积极推行BOT等含有投资元素的项目合作模式。水电行业是近年采用BOT方式合作较为集中的行业，通常由外国合营体承担项目建设，赋予20～25年运营权，之后向阿曼政府移交，项目生产的水、电由阿曼政府认购，用于民用和商用。通常，阿曼BOT项目的获得者将建设环节对外招标，运营由其自主负责。在公共工程领域，阿曼政府作为业主与开发商之间的关系由《招标法》来规范。目前，水、电项目的外资企业主要来自沙特、日本和新加坡。

阿曼重视PPP合作模式，2013年政府设立PPP工作组，正在制定PPP方面的法规。推广公私合作是约旦“九五”计划主要举措之一，鼓励私营企业通过公私合作模式（PPP）发挥更大社会效益，建筑领域是近年采用PPP方式合作较多的行业，通常由一家国有企业与一家私营企业合作共同执行项目。

目前，中资企业尚未在阿曼开展PPP项目。

叙利亚

2009年，叙利亚政府在主管经济事务的副总理办公室下设置了PPP小组。2010年，叙利亚政府起草了PPP法律草案来对PPP项目进行规范，并打算成立一个新的PPP事务局来取代原来的PPP小组。但由于内战爆发，这一系列进程都被搁置。

截至目前，叙利亚曾经尝试推进的PPP项目都集中在电信和港口领域。由于叙利亚局势的影响，目前较大的PPP项目议程都暂时被搁置。

约旦

约旦对于码头、铁路等大型项目多要求开发商以“建造—运营—转让

（BOT）”方式承接。

【承接BOT项目的流程】外国公司在约旦承接BOT项目，主要有以下流程：①加入约旦承包商协会，进行注册登记，并成为正式会员；②外国公司应出具其所属国家官方管理机构的注册登记证明；③根据现行法规，外国公司应在约旦官方主管部门进行注册登记，申请领办营业许可证。

【PPP项目】2014年9月，约旦颁布了PPP法律。同年，财政部私有化委员会更名为PPP局。

阿联酋

阿联酋联邦层面无专门针对BOT、PPP的法律法规，部分酋长国政府根据自身实际市场环境已出台了PPP相关的法律法规。法律规定PPP项目协议时间通常不超过30年，因公共利益需要而获得特别批准的项目可延期，但水和电力项目不适用。

目前在阿联酋，规模较大的项目包括：中国建材装备公司与阿联酋Arkan建筑材料公司签订的非政府授权的艾因水泥厂BOT项目；由哈尔滨电气和沙特ACWA公司共同中标的迪拜Hassyan清洁煤项目，采用建设-拥有-经营（BOO）模式；迪拜区域绿色能源中心可再生能源PPP项目；迪拜太阳能公园项目（PPP模式），沙特国际电力与水务公司作为投资方中标，上海电气为工程总承包商。此外，阿布扎比也于2017年初完成全球最大的斯维汉光伏太阳能发电厂项目招标，中国晶科和日本丸红株式会社组成的联合体中标。

科威特

科威特公私合作项目高级委员会负责批准新PPP项目、处理土地分配相关事宜以及批准中标方和项目文件。财政部部长任高级委员会主席，市政部部长、公共工程部部长、贸工部部长、水电部部长、环境总局局长、合作项目管理局局长及三名专家等为委员。科威特合作项目管理局负责提名中标方、准备项目文件以及组建公众可参股的PPP项目公司。

2014年，科威特颁布新版《公私合作法》。2018年科威特合作项目管理局发布了《公私合作项目指南》。

按照规定，如无特别说明，PPP项目运营期为25年，最长运营期可为50年。对于总金额超过6000万科威特第纳尔的PPP项目，必须组建PPP项目公司。在PPP项目公司中，中标方持股比例不低于26%，不高于44%；科威特政府机构持股比例不低于6%，不高于24%；民众持股比例为50%。

以色列

以色列开展PPP项目建设主要有3种方式：（1）PFI方式，即政府部门根据社会对基础设施的需求，提出需要建设的项目，通过招投标，由获得特许权的私营部门进行公共基础设施项目的建设与运营，并在特许期（通常为30年左右）结束时将所经营的项目完好地、无债务地归还政府，而私营部门则从政府部门或从接受服务方支付的费用以回收成本的项目融资方式。（2）BOT方式，即以政府和私人机构之间达成协议为前提，由政府向私人机构颁布特许，允许其在一定时期内筹集资金建设某一基础设施，并管理和经营该设施及其相应的产品与服务。当特许期限结束时，私人机构按约定将该设施移交给政府部门，转由政府指定部门经营和管理。（3）BOO方式，即承包商根据政府赋予的特许权，建设并经营某项产业项目，但是并不将此项基础产业项目移交给公共部门。

卡塔尔

卡塔尔政府正加紧研究制定政府和社会资本合作的相关法规。卡塔尔将通过PPP大力吸引外国直接投资，在旅游、物流、教育和房地产等领域优先考虑通过PPP模式实施相关项目。十多年前，卡塔尔已开始将国有电力和水务公司的责任转移给独立的机构。

2019年2月，卡塔尔财政部、教育与高等教育部共同发布了卡塔尔学校项目PPP开发计划，拟以PPP模式在卡塔尔建设45所各类学校，项目整体分为6个项目包实施，每个项目包安排6～8所学校。卡塔尔公共工程署作为业主代表负责上述项目的采购、设计和建设。

黎巴嫩

黎巴嫩允许外资开展BOT项目。2017年9月，黎巴嫩议会通过PPP法律。

从黎巴嫩曾经规划及实施的BOT项目看，主要集中在旅游景点开发、公路、机场附属设施、会议中心、通信等基础设施领域，特许年限从10年至30年不等。

巴林

巴林政府鼓励外资参与BOT和PPP项目。目前在巴林从事BOT和PPP项目的外国公司主要来自韩国、阿联酋和英国，中国公司尚未开展该类项目。巴林首个BOT项目为污水处理项目，于2011年建成。由巴林工程部和财政部将穆哈拉克废水处理装置合同授予由三星工程公司、阿布扎比投资公司和英国国际联合公用事业公司组成的联合竞标体。

巴林政府计划以PPP模式建设巴林至沙特铁路桥。

三 劳工法规

西亚北非各国劳动法的核心内容一般包括：劳动法的执行与管理、雇佣合同、见习期、工作时间、薪资与津贴、福利待遇、教育培训、社会保险、医疗保险、记录与档案、加班、休假、未成年人和妇女雇用、生产安全、劳动争议、劳动合同终止、违反劳动合同的处罚、就业本地化要求。一般法定最长工作时间通常为每天8小时、每周48小时。伊斯兰国家劳动法对斋月期间工作时间有专门的规定，一般情况下会减少每天的工作时间。

劳动法中有专门的条款涉及外籍劳务相关内容，主要包括：工作许可、外籍劳工与本国劳工的比例、健康、雇佣合同等。为保证本国人就业，通常情况下各国都鼓励企业雇用本国人，限制雇用外籍劳工的比例，除某些岗位本国人供应不足，或某些技术岗位本国人难以胜任，必需聘用外籍劳工外，其他岗位必需聘用本国人。

关于成立工会和罢工，部分国家有特殊规定。比如，2006年阿曼苏丹卡布斯下令，增加了禁止强迫劳动和允许工人成立工会的条款。劳工部对罢工颁布了合法程序，罢工前需详细了解，政府严禁在公共服务机构罢工。未经政府有关部门批准不得罢工。

对于外籍劳工的聘用，工作许可一般由雇主向劳动部门申请，雇主与被雇用人签订的雇佣合同须使用阿拉伯语，如使用其他语言，应有阿拉伯语备份，并以阿拉伯语合同为准。如果双方没有签订书面合同，被雇用人有权通过任何证明来主张权益。合同应包括个人信息、工作性质、工资、合同期、对工人的要求，应尊重伊斯兰教和国家的法律习俗，不得从事有害国家的活动等。

外国人在当地工作的规定，各国有具体规定。

沙特

根据沙特劳工法的规定，外国人可在沙特民事领域任何岗位就业，包括军事领域公开招聘的岗位；外国人到沙特务工，必须经过沙特劳工部的批准，并获得其颁发的工作许可证；外籍工人必须与雇主签订书面合同，接受由雇主担任其担保人；外籍工人必须持有效的居住证和工作签证；一名雇员只能受雇于其担保人，不得为他人工作；担保人不得允许自己的雇员为他人工作，不得允许雇员脱离其管理自行从业；从担保人处逃逸的外籍劳工2年内禁止被任何单位、个人雇用或收留。

有关外国人在沙特务工的其他具体规定，可参阅中国驻沙特大使馆经商参处网站（sa.mofcom.gov.cn）“政策法规—劳工”下的《沙特劳工部外籍劳工在沙务工指南》一文。

伊朗

【外国人就业条件】根据伊朗《劳工法》第120条规定，外国公民只有根据伊朗的相关法规取得授权其入境工作的签证及工作许可，才能在伊朗受雇工作。

下列外国公民不在上述第120条的规范约束之内：①经伊朗外交部确认，专职受雇于外交和领事机构的外国公民；②经伊朗外交部确认，联合国及其专门机构的专家和人员；③经伊朗伊斯兰文化指导部确认，外国新闻机构和媒体的记者。

【工作许可制度】伊朗劳动及社会事务部在符合下列条件之一的情况下，为外国公民发放工作签证及工作准证：①根据伊朗劳动及社会事务部的确认，没有拥有同等专业技能、胜任某项空缺专业岗位的伊朗公民；②外国公民拥有完成某项空缺工作所需的更高超的专业知识或技能；③外国公民向伊朗公民培训专业技术，并使得完成培训的伊朗公民后续能够替代外国公民。

伊朗雇用外国公民技术专家委员会负责评估决定外国公民的工作准证申请是否符合上述条件。

拟雇用外国公民的雇主应在该外国公民入境后1个月内，向伊朗劳动及社会事务部的相关主管部门提交申请工作准证的相关材料。任何需增加雇用外国公民数量，或已批准雇用外国公民的专业岗位发生变化的情形，都应经过伊朗雇用外国公民技术专家委员会的重新评估。

伊朗国内失业率较高，对引进外国劳工限制较多。根据规定，外国员工与伊朗本地员工的比例至少应达到1：3，即每进入伊朗市场1名外国人，至少要另外聘用3名伊朗人。

外国劳务事务由伊朗劳工部外国劳务司负责，伊朗境内的各特殊经济区域有各自相对独立的劳工主管部门，可以更为便捷的方式签发区内外国人的工作签证。

埃及

埃及法律对于外国公司雇用当地员工有强制性比例要求。埃及159号《公司法》规定公司雇员中本国人的比例不得低于90%，本国雇员工资不得少于工资总额的80%；本国专业和管理人员不得少于该类雇员总数的75%，工资不得少于该类员工工资总额的70%。埃及由于自身劳动力比较充足，就业压力较大，所以对外籍劳务有很明确的限制。

【外籍劳务政策】2011年以来，为保障本国人口就业，埃及政府进一步收紧外籍劳工政策。企业只有满足以下四个条件才能招聘外籍员工：①外国员工的工作是培训埃方员工，培训时间3~6个月；②须提供外国员工将培训的埃及员工名单；③外国员工的工作领域为埃及没有熟练工人的稀缺工种；④外国员工必须提前获得工作签证。

2017年新制订的《投资法》中对外国雇员比例的规定有所松动，从原来严格的10%放宽到可灵活掌握，但最高不超过20%。

土耳其

根据土耳其《外国人工作许可法》的规定，外国人在土耳其工作必须取得工作许可。外国人申请工作许可，必须事前取得工作签证和居住许可。外国人工作许可分为有确定期限和无确定期限两种。

有确定期限的工作许可：有效期最长为1年，1年后继续在原工作场所或公司从事同一工作的，工作许可可延长至3年；3年后，外国人继续从事同一职业，且雇主有需求并给予安排的情况下，工作许可可延长至6年。外国人的配偶、成年子女在土耳其不间断地居住至少5年的，可以取得有确定期限的工作许可。

无确定期限的工作许可：在土耳其不间断地合法居住至少8年或合法工作达到6年的外国人，可以取得无确定期限的工作许可，该外国人的单位、职业、工作地点等不再被限制。

【可就业岗位】外国人在土耳其可从事农业、工业、服务业、民用和地质领域特别岗位等方面的工作。根据土耳其相关法律，禁止外国人从事公共卫生、律师、审计等方面的工作，具体包括医生、牙医、护士、药剂师、公证人、注册会计师、律师、药厂经理、私人警卫等职业。

【引进外籍劳务的主要流程】①居住地不在土耳其境内的外国人可以向

住在国家/地区，或土耳其驻其国籍所属国家的使领馆提出申请。颁发了工作许可证，且土耳其劳动和社会保障部批准了工作签证申请后，工作签证和工作许可证持有人必须在到达土耳其后30天内向当地警察局外侨分局申办居留许可。②持有有效居留许可证（最短有效期为6个月，以接受教育为目的居留许可证除外）的外国人可直接向土耳其劳动和社会保障部申请工作许可。如果申请人是工程师或建筑师，土耳其劳动和社会保障部会将申请提交给高等教育委员会以及工程师和建筑师联合会审批。

也门

雇用非也门籍劳动者需满足下列要求：（1）持有居留和劳动许可；（2）具备职业劳动条件，健康状况适合从事的劳动；（3）从事被批准从事的职业；（4）从事要求特殊从业许可的职业，应持有该职业的从业许可；（5）应在也门人不具备相关经验的职业和职务中进行雇佣，同时非也门籍劳动者的数量不应超过也门籍劳动者数量总和的10%。

伊拉克

伊拉克劳动法对外籍和本国工人普遍适用。但伊拉克法律要求外籍人士在开始工作前必须取得工作许可。此外，特定行业需要适用某些本地化规则。

伊拉克《投资法》规定：

（1）就业和招聘中应优先考虑伊拉克籍人。此外，外国投资者须帮助培训伊拉克雇员，提高其工作效率、技能和能力。根据伊拉克国家投资委员会颁布的条款，如无法雇用到能够满足所需条件、有能力完成同等任务的伊拉克籍人，投资者有权雇用非伊拉克籍工人。

（2）赋予外国投资者及投资项目雇用的非伊拉克籍工人在伊拉克居住的权利，并为他们进出伊拉克国境提供便利。

（3）任何项目雇用的非伊拉克籍技术工人及行政人员在向伊拉克政府及所有其他实体偿清税务和债务后，有权根据法律将其收入及补贴转移至伊拉克境外。

阿曼

【雇用申请】阿曼个人或企业雇用外国劳工须向阿曼劳工部申请，经批准后才能按照批文的数量和职位引进外国劳务。企业申请外国劳务时，劳工部将审核该公司就业本地化比例的完成情况。

【费用】聘用本国员工需要缴纳劳务许可费。聘用外籍员工可办理临时许可证，按聘用期缴纳劳务许可费。

【体检】移民局规定外国劳务抵达阿曼后，不论是哪国人都要安排去政府指定医院进行体检。体检不合格者将被遣返回国。

【办理劳动卡】体检合格者可到移民当局办理劳动卡和工作签证。工作签证有效期一般为2年，期限内可以多次出入境。如果回国超过半年，签证暂停使用（即冻结），如需再次进入阿曼，应向移民局申请解冻原签证。

【离境】雇主（企业）作为担保人，应在雇用期结束后负责将外国劳务人员及时送出境外。

在阿曼务工如遇到劳务纠纷无法自行解决，可拨打阿曼劳工部求助热线：80077000。

叙利亚

在叙利亚的外籍人员必须向叙利亚劳动和社会事务部提出申请方能获得工作许可。工作许可有效期为1年，可以申请续延。各单位外籍劳务数量不得超过该单位劳务总数的10%，外国石油公司和国家重点经济建设工程及高技术项目不受该项规定的限制。外国人在叙利亚就业还需获得由内政部颁发的居住许可。

外籍劳务工作范围包括工业、贸易、农业、手工业、银行、金融、服务业（包括家政服务）、科学研究或其他研究等。

外籍劳务申请工作许可应是叙利亚缺乏劳务的工作领域，并具备申请职业和工作种类所需的资历和经验。

约旦

根据约旦《劳动法》规定，外国人如申请在约旦工作，必须拥有约旦籍雇员缺乏的专门的工作经验，或约旦籍雇员数量不能满足该工作的需要。阿拉伯专家、技术人员、雇员具有优先权。业主雇用外国职员，必须经过劳动大臣或其代表批准并得到工作许可，许可期限不得超过1年，然后可申请续签。劳动部向业主收取对每个非约旦籍雇员的工作许可费和其续签的全额费用，该费用属国库收入。《劳动法》还规定，对业主雇用残疾人士的劳动许可费用可以减免，同时对违反雇用外籍人士有关规定的业主给予处罚。对触犯该条例的外籍雇员将递解出境，费用由业主或企业负责人支付。为适应当前反恐和防止流行病进入的需要，约旦劳工部在批准外籍雇员工作许可之前，申请者还需要经过约旦内政部的审核及卫生检疫部门的检查。

为增加本国国民就业机会，约旦劳动部禁止向外籍劳工发放管理、财会等19种职业/工种的从业资格。

阿联酋

【工作许可制度】外籍劳务进入阿联酋实行工作许可制度。

①外籍劳务只有取得在人力资源与本土化部注册许可企业的担保下，才能获得工作许可。

②外籍劳务只有在满足以下条件，人力资源与本土化部才有可能发放工作许可：年龄不得低于18岁；员工专业能力和企业业务范围相匹配；持有的护照有效期在6个月以上；身体健康。

【雇佣合同及劳工卡】外籍劳务在进入阿联酋前，应与雇主签订雇佣合同。合同必须使用阿拉伯文，可同时使用英文，中国雇员应按新劳工法的要求提供中文版本合同。

【定期回国规定】外籍劳务人员服务期满后应迅速离开阿联酋，否则属于非法居留。

【抑制非法移民和黑工的规定】为遏制非法移民和“黑工”带来的问题，使劳动力市场管理更加规范、高效，阿联酋严格控制边境，严控非法劳工入境，并投入巨资采用高科技设备（如虹膜识别）等技术手段加以阻止。同时，阿联酋会根据劳务市场变化采取颁布劳务输入禁令或暂停发放签证等临时管控措施。

科威特

科威特政府曾非常鼓励外来劳务人员在本地务工就业，但近年来科威特政府和人民对外来人口过多、人口比例失衡的问题日益关注，出台了未来10年削减100万外籍人口的计划。随着政府产业政策的调整，技术型人才的引进相对宽松，对于纯体力型劳务，比如力工、佣人的入境，申请手续和审核将更为严格。

【外籍劳务政策法规】科威特对外籍劳务采取代理人管理制，所有外籍技术和普通劳务人员都须通过代理人办理申请、担保、注销等一系列务工程序。另外，按照科威特《私营部门劳动法》的规定，外籍劳务人员都须在社会事务和劳动部申请获取劳动许可证，外籍劳务人员在申请劳动许可时，阿拉伯国家和地区的劳务人员具有优先权。申办劳动许可证按社会事务和劳动部的规定收费。劳动许可证有效期为2年，期满后可申请延期。

【工作许可办理】外籍劳务人员在科威特务工，须经代理担保，由其负责向社会事务和劳动部申办劳动许可证及移民局签发的身份证。代理承担外籍劳务在科威特期间的一切责任。入境后的劳务人员需要在一个月内进行验血和体检，以申请和获取劳动许可证和身份证。

【工作签证管理】劳务人员入境工作签证申请程序为：外派劳务公司向科威特方代理或总包公司提交护照资料，代理（或总包）根据合同条件向移民局提出申请，经后者审查批准后给予返签号。外派劳务公司在国内为劳务人员办理健康证明和无犯罪证明，工程师需出具四年制大学文凭，这些证明和文凭须经公证，再经中国外交部及科威特驻华使馆认证。将以上全部申请材料递交科威特驻华使馆，根据移民局批准的返签号获取入境签证。

以色列

外国人在以色列工作需获得工作许可。由雇主以书面形式向劳动部提交申请，包括提供拟雇用员工的详细信息及雇用外国人的理由。工作许可的有效期通常为1年，可申请延期。《以色列雇员服务规定》对雇用外国专家有税收优惠的规定。

卡塔尔

卡塔尔本国人力资源缺乏，各部门、各行业都雇用大量外籍劳务。私营企业雇员、体力劳动者几乎全部是外籍劳务。

卡塔尔政府重视保护外籍劳工权益，出台了一系列法律法规，规范劳动市场管理。2015年修订劳工法，首次引入了工资保障系统，要求所有在卡塔尔的公司必须在指定金融机构为所雇用的劳工开设工资账户，定期通过工资保障系统向劳工账户划拨工资。2016年和2017年进一步修订劳动法，取消了雇主对劳工出入境方面的限制。2017年2月，卡塔尔内阁批准了保障外籍家政人员权益的新法规。

2016年卡塔尔政府内阁会议决定成立劳务纠纷处理委员会和国家打击贩卖人口委员会，以切实保障劳工和家政人员的权益。

此外，卡塔尔政府还密切与主要外籍劳工输出国的联系，从劳工输入环节采取措施，维护劳工权益。2017年2月卡塔尔政府与国际劳工组织签署了技术性合作协议，在立法、监督检查等方面加强合作，保护劳工权益。

黎巴嫩

黎巴嫩对外籍劳务相对开放。但由于黎巴嫩总体失业率较高，近来对外来劳工有收紧的趋势，主要通过签证、税费和本地担保等措施进行限制。

引进外籍劳务主要由雇主提出申请。

在黎巴嫩工作的非黎巴嫩籍居民，需在黎巴嫩劳工部和公安总局办理工作许可证和长期居住证。黎巴嫩公安总局对于非法居留、逾期不归、非法务工等一切违法行为，处以拘留、罚款、补足两证费、遣返等数项并罚的措施，并列入黑名单，同时对雇主予以相应的经济处罚。

投资性项目中需要的外籍劳工，原则上按一般劳工政策处理。按《投资法》规定，对于能够带动大量就业的投资性项目，投资人可与黎巴嫩投资发展局等相关政府部门协商“一揽子”合作项目优惠政策，以争取特别劳工政策和收费优惠。

巴林

巴林实行外籍人就业许可制度。根据巴林《劳动法》中关于外国人在巴林任职的规定，先由雇主向劳工与社会发展部及移民局提交雇用外国人的劳动许可申请，该部门根据公司的规模和申请数量，批复可雇用的人数；在巴林设立公司、办事处时，须办理劳动许可（居住证）手续。居住证的期限一般为2年，到期后还可申请延长。在办理相关手续时，须提供被雇用人无犯罪记录证明材料。

巴林对外籍人就业岗位无明确限制。雇主依照劳工法及有关规定，可以自由招聘劳务，实行非移民、临时性、合同制的劳务政策。

巴林禁止非法劳工。员工不得超出工作许可证/签证标示工作范围为其他雇主工作，也不得在雇主指定工作地点之外工作。

四 环保法规

西亚北非各国重视环境保护，都设有环保管理部门，制定了环境保护法，要求项目实施前要进行环境影响评估。见表5–8。

表5–8 西亚北非十六国环保主管部门

国家	环保主管部门	国家	环保主管部门
阿联酋	气候变化与环境部、阿布扎比环境署、环境及保护区管理局	沙特	气象和环境保护总局

续表

国家	环保主管部门	国家	环保主管部门
阿曼	环境与气候事务部	土耳其	环境与城市规划部
埃及	环境事务国务部	叙利亚	环境保护委员会
巴勒斯坦	—	也门	水利环境部环境保护总局
巴林	最高环境委员会	伊拉克	环境保护理事会
卡塔尔	市政与环境部	伊朗	环境部
科威特	国家环保总署	以色列	环境保护部
黎巴嫩	环境部和国家环境委员会	约旦	环境部

注：“—”表示未获取相关资料。
资料来源：作者整理

沙特

【环保管理部门】沙特气象和环境保护总局（www.pme.gov.sa）是负责环境保护的主管机构；生活环卫事务归城乡事务部管理；卫生防疫事务归卫生部管理。

【主要环保法律法规】《环境法》和《环境法实施细则》。

【环保评估的相关规定】沙特政府负责环境影响评估的部门为沙特气象与环境总署，隶属于沙特国防部。目前，沙特无公开的环境评估标准。

沙特政府在对参与项目投标的企业进行资格预审时，会要求企业提供符合HSSE（Health，Safety，Security，Environmental）体系标准的相关证明材料。

伊朗

【环保管理部门】环境部，其主要职责包括：①执行伊朗《宪法》第50条的规定，保护伊朗环境及合法利用自然资源，保证经济可持续发展；②阻止任何破坏环境的行为；③保障伊朗生态的多样性。

【主要环保法律法规】伊朗主要环保法律法规为《伊朗“五五”计划执行法》第104款和134款。

【环保评估的相关规定】环保评估由伊朗环保组织和当地政府的环保部门负责。根据项目不同可能有不同具体要求。

伊朗非常重视加强矿区环保。2011年2月，伊朗议会修改《矿山法》，对开发新技术，保护矿区环境的业主，减免征收其矿产品国家收入部分中20%的金额。

①伊朗环保组织

电话：0098-21-88268039-44或0098-21-88233400-37

电邮：info@ doe.ir

②德黑兰市环保秘书处

电话：0098-21-77355781-5

传真：0098-21-77332400

埃及

【环保管理部门】埃及环境事务国务部，联系方式如下：

地址：Misr Helwan El-Zyrae Road, Maadi, Cairo, Egypt （Behind Maadi Sofitel Hotel）

网址：www.eeaa.gov.eg

电话：0020-225256442、0020-225256462、00202-25256452

传真：00202-25256490

电邮：eeaa@eeaa.gov.eg

【主要环保法律法规】1994年4号《环境法》规定，所有投资项目在设立前必须向环境部取得环境影响评估报告。法律要求所有工业投资项目必须对自身在生产经营过程中产生的污染进行初步治理，达到生活污水的排放标准后才可向公共排污管道排放。2005年第1741号总理令和2009年第9号国家令对原《环境法》进行了修订，重新制订了环境考核的指标体系和评价内容，规定了更加严格的污染物排放标准、污染物处理方法以及污染源的管理方式，新增沿海地区环境保护定义及综合管理措施、臭氧层保护措施，设立总理级尼罗河水域保护委员会等内容。

【环保评估的相关规定】按照埃及法律，所有投资类项目在获得工业发展总局等机构颁发的最终许可之前，都必须通过埃及环境事务署（EEAA）的环境影响评估。具体程序是：投资者向环境事务署提交《项目环境影响评估报告》（英文或阿拉伯文版），环境事务署组织专家评审后下达项目环评通知书，一般需45天左右。费用根据项目类型和投资额确定，例如一个5000万美元的食品类项目，环评费用约为40万埃镑。

土耳其

【环保管理部门】环境与城市规划部，负责土耳其环境保护等相关事务，包括环境管理、环境评价、土地使用、自然资源保护、动植物种类保护、污染防治、环保宣传、环保数据搜集，制定环保政策和发展战略以及与地方环保部门、各国和国际组织合作，发放环保许可等。

网址：www.bayindirlik.gov.tr

电话：0090-3124101000

【主要环保法律法规】土耳其有关环保方面的法律法规主要有《环境（保护）法》《森林法》《空气质量控制条例》《水体污染控制条例》《噪音控制条例》《固体废弃物控制条例》《环境影响评估条例》《医用废弃物控制条例》《有毒化学物质和产品控制条例》和《危险废弃物控制条例》等。

【环保评估的相关规定】土耳其十分重视环境保护，于1983年首次颁布《环境法》，此后又进行过多次修订和增补，并于1993年开始实施环境影响评估管理。土耳其境内古迹很多，因此不论是公共还是私人投资项目，项目实施前都必须进行环境影响评估。项目评估需递交环境影响评估申请、环境影响评估报告及项目介绍，在未得到"积极环境评估"意见或"免环境评估"证书前，项目不得以任何形式进行招投标或融资等。

环评适用领域根据项目的性质及领域可分为六大类：化工、石化、医药和废物；工业设备；农业、林业、水产和食品；交通、基础设施、海岸建设；能源、旅游、住宿；矿产。各类项下的具体内容可在土耳其政府公报第26939号中查询。

环评时间及费用因项目而异，通常为3～6个月，费用根据项目的类型及规模从2～4万里拉不等。具体业务由土耳其环境部环境许可与检验司执行。

电话：0090-312-4240460、0090-312-4186435

传真：0090-312-4192192

也门

【环保管理部门】也门水利环境部环境保护总局。

【主要环保法律法规】2000年，也门政府在原《环境保护法》（1995年第26号法案）的基础上颁布了第148号总理令，出台了环保法的执行条例，适用至今，新《环境保护法（草案）》仍在酝酿和讨论中。

也门《环境保护法》及其条例主要包括土地资源的保护（危险物质、废弃物、废水的处理，自然保护区的划定和管理，自然灾害的应对）、空气环境的保护、海洋资源的保护、生态环境资源的研究、环境保护基金会的设立及管理，以及针对环境破坏行为的惩罚措施等相关条款。

其他与环境保护相关的现行法律还包括《海洋环境保护法》（2004年第16号法案）和《水利法（修订案）》（2006年第41号法案）。

【环保评估的相关规定】根据也门《环境保护法》及其实施条例，环境保护总局依法对投资立项进行环境评估。项目范围涵盖：①农业、林业和渔业项目；②勘探、能源、金属加工、化工及其他一般产业项目；③基础设施项目；④土壤回填项目；⑤旅游项目；⑥城市发展项目；⑦废物收集与处理项目；⑧改建、扩建项目；⑨在保护区或敏感区内拓展的项目；⑩沿海发展项目；⑪有可能损害健康的项目。

一般来讲，环境保护总局对于项目进行环境评审是免费的，时间大概为1周左右。

环境保护总局的电话和联系方式见下面。

①环境保护总局

电话: 00967-1-207816/207817

传真: 00967-1-207327

网址：www.epayemen.com

电邮：epa@epayemen.com

②环境保护总局亚丁分部

电话: 00967-2-240607

传真: 00967-2-240615

电邮：epa.aden@yahoo.com

伊拉克

【环保管理部门】环境保护理事会。

【主要环保法律法规】伊拉克2009年27号法案《环境保护与改善法》对环境保护问题做了专门规定。伊拉克还有其他多项环保法规和指令，旨在对伊拉克环境进行保护或伊拉克境内的经营活动进行规范。

【环保评估的相关规定】外国公司在项目动工前需要进行环境评估。以投资伊拉克最主要的油气行业为例，企业在勘探开发过程中应采取一切必要的措施防止对环境的破坏；原油分离处理过程中采取必要措施处理盐水，防止漏油并向政府提供必要的环境破坏信息以及补救措施。同时，伊拉克石油服务合同中有专章对环境保护做了规定。除了在原则上要求外国石油公司在环境保护方面遵守当地法律法规和国际运作惯例外，还对环境影响报告要求的内容和提交审核批准程序、政府（当地石油公司）对于环境保护的干涉、钻井作业的应急反应预案、环境保护费用以及因环境保护导致作业延长等事项作出了明确规定。

阿曼

【环保管理部门】阿曼环境与气候事务部，负责环境保护执法管理，审议和批准外国投资项目环评报告。

【主要环保法律法规】阿曼在环境保护方面的法律法规较多，主要有《环境保护与防止污染法》《化学品使用与处理法》《关于工作环境噪声污染控制的规定》《关于静止源空气污染控制的规定》《关于放射性物质管理和控制的规定》《关于废水利用和排放的规定》《臭氧层消耗物质的管理规定》《危险化学物质和相关许可的登记规定》和《关于环境批准和最终环境许可颁发的规定》。

【环保评估的相关规定】阿曼重视环境保护和可持续发展，对外合作的环保要求较高，标准较严，对不同产业间的环保要素均有详细划分，且各有侧重，对外资企业和本地企业一视同仁。

环境评估机构是环保部，联系方式如下：

电话：00968－24692060

传真：00968－24603993

网址：www.moeca.gov.om

叙利亚

【环保管理部门】环境保护委员会下设的环境事务总局是叙利亚环保管理部门。

电话：00963-112318683、2317837

传真：00963-112320885、2316921

【主要环保法律法规】主要环保法律为第50号《环境保护法》、第49号《环境法实施细则》，以及《叙利亚国家环境战略及其实施规划》和《环境卫生法》。

【环保评估的相关规定】根据第50号《环境法》，由叙利亚环境事务总局负责建立规范的环境要素评估标准，制订环境影响评价的准则及必要程序。具体内容参见叙利亚第49号《环境法实施细则》和《叙利亚国家环境战略及其实施规划》等相关规范。

约旦

【环保管理部门】约旦环境部，其主要职责包括：保护、维持各项环境要素，改善生物多样性，保护自然资源。通过制定战略、政策、法律法规等手段保证环境的可持续发展，使之与国家发展规划相适应。联系方式见下面。

网址：www.moenv.gov.jo

电话：00962-06-5560113

【主要环保法律法规】目前约旦基础环保法律为《环境保护法》（2006年第52号）。

其他涉及投资环境影响评价的法规主要有：《土壤保护法》（2005年第25号）、《海洋和沿海环境保护法》（1999年第51号）、《空气保护法》（2005年第28号）。

【环保评估的相关规定】约旦环境评估部门为约旦环保部。具体职能部门涉及行政审批指导委员会和环境影响评估委员会。

申请环评手续包括：①提交申请表；②填写审批所需文件；③现场审查等。

费用及时间：许可费用约35美元；基础环境影响测评约70美元；全面环境影响测评约1000美元。许可证办理时间为10天，完成环境评估报告需45天。

阿联酋

阿联酋政府非常重视环境保护和可持续发展。环保管理部门主要包括：气候变化与环境部、阿布扎比环境署、环境及保护区管理局。

【气候变化与环境部】主要职责包括：在联邦环境署的框架下减少土壤、大气和水污染，同时控制沙漠化和保护生物多样性；发展替代资源，防止地下水过度开采；提高生物安全性；提高公民环保意识；规范捕鱼活动，发展水生生物资源；采用先进食品进口标准，确保食品安全。

网址：www.moccae.gov.ae

电话：00971-24444747（阿布扎比）、00971-42148424（迪拜）

传真：00971-24490444（阿布扎比）、00971-42655822（迪拜）

【阿布扎比环境署】主要职责是：保护和控制生物多样性；将保护环境和自然资源提上国家日程；为政府、企业和社会团体提供相关指导意见。

网址：www.ead.ae

电话：00971-24454777

传真：00971-24463339

【环境及保护区管理局】隶属于沙迦政府。

网址：www.epaashj.gov.ae

【主要环保法律法规】主要包括：

①联邦法1983年第9号《狩猎法》，这是阿联酋最早的一部环境保护法律；

②1997年，联邦政府出台《国家环保战略规划》，旨在保证国民经济持续发展，避免工业化国家曾经遭遇的环境污染；

③联邦法1999年第24号《环境法》，各酋长国同时根据联邦环境法制定了各自的环境法，在阿联酋开展工程项目，需要同时符合联邦环境法及所在酋长国环境法规定的要求；

④联邦法2000年第24号，关于保护海洋环境的规定；

⑤联邦法2002年第11号，关于濒危野生动植物贸易的管理规定；

⑥联邦法2004年第55号，关于防止电离辐射污染的基本规定；

⑦联邦法2004年第56号，关于防治交通污染的规定；

⑧联邦法2004年第57号，关于垃圾处理的规定；

⑨联邦法2006年第11号，修订《环境法》；

⑩联邦法2007年16号《动物保护法》；

⑪联邦法2014年第26号《臭氧层保护法》。

【与环境相关的贸易法规】主要包括：

①《控制危险废料越境转移及处置的巴塞尔公约》；

②《关于在国际贸易中对某些危险化学品和农药采用事先知情同意程序的鹿特丹公约》；

③《濒危野生动植物物种国际贸易公约》及附录Ⅰ、Ⅱ、Ⅲ；

④1999年联邦第24号法令规定：任何公共或私人机构，具备或不具备资质的个人都不得在阿联酋进口、输入、掩埋或处置任何形式的危险废料；

⑤危险化学品及废料处理应依照《危险物质、危险废料以及医疗废料的处理规定》执行。

【环保评估的相关规定】阿联酋对工程项目从策划到执行过程中的环境保护均有要求。企业在阿联酋承包工程基本上都需要向所在酋长国的环境保护主管部门提交环评报告，如阿布扎比的环境保护主管部门是阿布扎比环境署，在阿布扎比进行基础设施建设需要阿布扎比环境署出具项目环评的无异议证书。

科威特

【环保管理部门】科威特公共环境管理局是国家级别的环保监管机构。

网址: www.epa.org.kw

电话：00965-4821285-9

传真：00965-4820571

【主要环保法律法规】国内层面主要由以下法律法规组成：

①1980年关于环保及环保总体政策的62号法案；

②2001年部长324号法令；

③2003年部长553号法令。

科威特也参与了一系列国际环保协定，主要包括：

①《保护海洋环境免受污染区域合作公约》（1978年）；

②《紧急情况下应对石油和其他有害物质污染的区域合作议定书》（1978年）；

③《关于勘探和开发大陆架造成海洋污染的议定书》（1989年）；

④《保护海洋环境免受陆地污染源污染的议定书》（1990年）；

⑤《控制海上越境转移和处置危险废物议定书》（1998年）。

【环保评估的相关规定】科威特政府依照《科威特环保法》设立了科威特公共环境管理局，该机构制定了《科威特环境管理规划》，同时科威特公共环境管理局也是该计划的执行机构。

《科威特环境管理规划》贯穿项目执行的整个过程，并且每个阶段都有详细的实施办法。详细信息可通过科威特公共环境管理局网站（www.epa.org.kw）获取。

科威特对外国公司在科威特实施工程项目实行代理制，在科威特实施工程项目的中国企业都有各自的代理。

以色列

【环保管理部门】环境保护部，其主要职责是管理和保护公共环境，制订环保规章制度，防止环境特别是水资源污染，促进资源有效利用和可持续发展。

地方政府负责其管辖范围内的关于公共健康、废物废料和环境清洁等方面的环保事务。

【主要环保法律法规】以色列主要环保法律包括《环境保护法》（2008年修订）、《公共卫生条例》（1940年）、《消除环境危害（民事诉讼）法》（1992年）、《减少污染法》（1961年）、《公共机构环境法》（2002年修订）、《环境信息自由法》（2005修订）、《地方当局环境执法法》（2008年）、《清洁空气法》《水法》《动物福利法》《安全工作规则》《建筑规划法》《危险品法》《海岸环境保护法》《野生动物保护法》《非电离放射法》和《废品回收采集和处理法》等。

【环保评估的相关规定】以色列有关投资或工程项目必须通过环保部门的环保评估。评估一般由政府授权的第三方机构实施。由于以色列环保法律十分严格，民间环保团体众多，环境评估一般需要较冗长的过程，时间少则一年，多则长达十余年。在此过程中，绿色和平组织一般发挥较为关键的作用，其意见通常受到环评机构的重视和采纳。

卡塔尔

【环保管理部门】市政与环境部是卡塔尔最高级别的环保管理机构（网址：www.mme.gov.qa）。

【主要环保法律法规】《环境保护法》（2002年第30号）；《关于进行濒危野生动植物及其产品贸易的规定》（2006年第5号）；《控制危险废物越境转移及其处置之巴塞尔公约》（1996年签署加入）；《保护海洋环境的地区组织协议》（1978年签署）。

【环保评估的相关规定】主要包括：

①业主、立项方或投资方对整个项目可能对环境造成的影响做全面的评估，自己或者请专业环境咨询公司准备《环境影响评估报告》，并报卡塔尔市政与环境部。

②承包商根据环评报告的评估情况及卡塔尔当地环保要求，结合承建项目的施工特点，针对项目施工可能造成的环境变化，如水质、噪声、震动和废弃物等影响，自己或者请专业环保咨询公司准备《建设环境管理计划》，并上报项目工程师、业主以及卡塔尔市政与环境部，以获得批准，作为项目执行的基本环保准则。

③针对承包商的具体施工方法，以及可能由于具体施工方法对环境造成

的影响（比如新港项目的港池降水、爆破等施工活动），要向卡塔尔市政与环境部申请专项许可（如排水许可证、爆破许可证等），只有得到其正式批准后，方可进行该项施工。

需要注意，以上许可证大多不仅需要市政与环境部的许可，还需要其他许多政府部门签发的无异议证书，例如，爆破许可证还需要内政部、民用航空局、项目所在的Al Wakra市政、临近工业区和临近主要工厂等的认可，是比较烦琐、复杂的工作。

另外，市政与环境部或其他部门的许可证或者无异议证书，往往是带有条件的批复，对具体环保监控参数、监控手段和监控频率都有严格详细的要求，只有满足这些条件，按照相关要求执行并上报监控结果，方可开展具体施工。

卡塔尔主要环评机构为卡塔尔市政与环境部，具体负责部门为环境评估司。

黎巴嫩

【环保管理部门】环境部和国家环境委员会，负责制定和实施国家环保政策，并对国家环境进行评估和监督。

【主要环保法律法规】黎巴嫩的主要环保法律是《环境保护法》。

【环保评估的相关规定】根据黎巴嫩环境部相关规定，在黎巴嫩设立或投资工业、农业企业等，事先需向黎巴嫩环境部人居环境保护局提交申请，其中对采石场、碎石场等的环保规定较为严格。详细规定及联系方式，可查阅黎巴嫩环境部网站（www.moe.gov.lb）。

巴林

【环保管理部门】最高环境委员会是巴林最高级别的环保管理机构。其主要职责是：协助政府治理和保护自然资源，制订环保长期战略规划，提高人民的环保意识，保障经济、政治和社会平稳地向前发展。其联络方式见下面。

电话：80001112

电邮：info@pmew.gov.bh

【主要环保法律法规】国家法律包括：1977年第13号法《建筑法的实施条例》；1996年第21号法《环境保护法》；1995年第12号法《野生动物保护法》；2005年第2号法《禁止捕猎、买卖巴林各类野雁和鹦鹉法》。巴林环保总署颁布的实施条例包括：1999年第10号法（关于空气和水的环保质量标准）；2002年第7号法（关于禁止和限制化学原料的进口和使用）；2005年第3号法《劳动环境的保护条例》；2006年第3号法（关于有害垃圾的处理）；2006年第4号法（关于危险化学原料的管理）。

【环保评估的相关规定】巴林环保法律规定了必须进行环保评估的行业包括：水泥工业、制陶和瓷器（年产2000吨以上）、混凝土搅拌站（年产2000吨以上）、沥青产品工厂、物体磨碎及分类工厂（包括矿物、化学品、谷物、原材料等）、炼油厂、化工厂、石油产品加工和储运站及服务站，利用原材料或者废料加工金属的冶炼厂，加工过程中使用燃料燃烧设备的工厂、杀虫剂及化学制剂工厂、纸产品工厂，生产过程中产生气体排放的工厂、发电厂、净化水厂、电池厂、机场、污水排放处理及储运设施、修船造船厂、海边建筑等。

第六章

投资合作的相关手续

一 公司注册

(一) 设立企业的形式

沙特

沙特投资总局从2014年12月起实施新的外国投资企业分级标准。根据外资企业在知识产权转让、本土化、沙特收入多样化、增加沙特出口减少进口、发展沙特人力资源、促进沙特经济和产品在国内外市场竞争力，以及促进沙特各地区经济平衡发展等方面的贡献，将其分为6个等级，分别是：（1）战略（Strategic），是指公司致力深化各领域产业附加值，如工业、交通、卫生、教育、科技等。（2）特色（Distinctive），是指公司聘用不少于10名沙特人、月工资不低于1万沙特里亚尔，达到劳工部规定的“沙化”指标白金级别；公司员工人数超过100人，且沙特员工的比例高于50%；公司在所在领域资本排名前十。（3）领先（Advanced），是指上市公司或拥有25人以上员工的国际咨询类公司，达到劳工部规定的“沙化”指标白金级别；承包类企业员工人数不少于300人，月平均工资在5000沙特里亚尔以上，且至少达到劳工部规定的“沙化”指标绿色级别。（4）有限（Limited），是指承包类企业员工人数不到300人，且月平均工资在5000沙特里亚尔以下的私企、餐饮类企业、未获取国际分级的科技公司、工业厂房。（5）创新和前景好（Innovative and Promising），则要求公司拥有已注册专利。（6）未分类的承包企业（Non-Classified Contracting Entities），将给予临时投资许可证，以便于建立常设机构并取得沙特城乡事务部分级别资质。

伊朗

伊朗法律允许外国投资企业注册代表处、子公司、有限责任公司及股份公司。

埃及

在埃及注册公司时，可选择依照《公司法》或《投资法》注册，《投资法》下分为境内投资和自由区投资，资产公司依照《资本市场法》（1992年第95号法）管理；在经济特区内注册的企业依照《特区法》（2002年第83号法）管理。注册公司时，可选择七种形式：有限责任公司、股份公司、合伙公司、完全独资公司、单人公司、分支机构、代表处。代表处依照《商业代理法》（1982年第120号法）管理。

土耳其

根据2012年颁布生效的《土耳其商法典》，从事经营活动的企业有以下3种形式：独资公司、合资公司和合作组织。

【独资公司】由个人独资开设的企业被视为独资公司。

【合资公司】包括以下几种：①股份公司。涉及银行、私人金融机构、保险公司、金融租赁公司、金融代理公司、控股公司、外汇兑换所、仓储公司、受资本市场法律约束的公众公司、免税区的投资人和经营者，必须以合伙组织形式成立，并须得到工商部批准。②有限责任公司。根据最新的《土耳其商法典》规定，建立有限责任公司需2人以上的人数限制已被删除，1个人也可以建立有限责任公司。③集体公司。这类公司是一个联合体，用于以相同公司名义参与商业活动，最大特点是合伙人对联合体的债务负有无限连带责任。④两合公司。在此类公司中，有些合伙人对公司负有仅限于所投资的股份对应的有限责任，而有些股东却负有无限责任。那些拥有无限责任的被称为任职合伙人，反之则称为隐名合伙人，法人只能是任职合伙人。此类公司没有注册资本最低限额。

【合作组织】这是一种基于互利合作的商业协会，由愿意提供自身职业技能及其他资源的人组成。此类协会必须按照《合作组织法》组建。

也门

也门对外国投资实行国民待遇原则，对于外国投资企业的注册形式和行业没有明确限制。

伊拉克

公司形式包括分公司、独资、合资、合作、有限责任公司和代表处等。外国公司在伊拉克采用的主要企业形式有：分公司、代表处和有限责任公司。

阿曼

根据阿曼《商务公司法》和《商务代理法》，阿曼公司的法律实体形式主要有以下几种：个人所有公司、股份公司（由3个以上合伙人组成）、有限责任公司（由至少2个、最多不超过40个自然人或法人组成）、一般合伙公司（由2个或2个以上的合伙方组成）、有限合伙公司（一个或多个一般合伙人以其最大限度财产共同或各自承担有限合伙债务）、控股公司（一个股份公司或一个有限责任公司掌握另外一家或几家公司至少51%以上的股份，从而控制其他公司的财务及行政）、专业服务公司（合格的专业人员可以单独或与其他一个或多个专业人员共同成立专业服务公司，也可以与外国公司组成专业服务公司）。

专业服务公司涉及四个领域：工程咨询、审计和会计、法律咨询、其他咨询（经济、管理、财务、营销）。

根据相关法律法规的规定，外国企业在阿曼的实体形式有以下四种：合资企业、独资企业、分公司、代表处。

叙利亚

在叙利亚投资设立企业有五种形式：公司代表处、分公司、有限责任公司、股份公司和控股公司。

约旦

根据约旦法律的规定，允许外国投资企业注册的主要形式有：（1）办事处，属于非营业性公司，不进行经营活动，不缴纳税收；（2）项目公司或分公司，应当按照项目合同进行经营活动，以项目合同注册公司，缴纳合同规定的税收；（3）有限责任公司，指针对投资、工业生产企业，按照当地政府投资和工业部门的相关政策注册的公司。

阿联酋

根据阿联酋《商业公司法》，企业组织结构分为七类：普通合伙公司（General Partnership Company）；有限合伙公司（Limited Partnership Company）；合资公司（Joint Venture Company）；公开合股公司（Public Joint Stock Company）；非公开合股公司（Private Joint Stock Company）；有

限责任公司（Limited Liability Company）；合股经营公司（Share Partnership Company）。

《商业公司法》规定，上述七类企业组织结构中的外资比例上限为49%。

2018年10月30日，阿联酋颁布实施《外国直接投资法》（2018年第19号联邦法令），有步骤地放开外资股比限制，最高可达100%。

外国公司在阿联酋注册的分支机构（分公司或代表处）可由外资100%控股，但需指定阿联酋本地代理。在自由区注册的公司可由外资100%控股，且无须本地代理或担保人。

阿联酋境内共有三类执照：商业执照——从事贸易活动；工业执照——从事工业或制造业活动；专业执照——从事专业服务、手工业和艺术活动。

科威特

在科威特组建公司可采取股份公司（注册资本3000第纳尔）、有限责任公司和两合公司（注册资本500第纳尔）三种形式。

以色列

在以色列可以进行多种形式的投资和商业运作，如注册以色列公司（包括股份有限公司、有限责任公司、无限责任公司）、在以色列注册的外国公司（外国公司的子公司）、以色列合伙制企业（包括无限责任和有限责任两种）、外国合伙制企业（包括无限责任和有限责任两种）、合作社、合资企业等。不同类型的企业分别由不同法律加以规范，适用不同的税收办法。

卡塔尔

卡塔尔不允许外国投资者从事贸易代理业务和进口业务。外国人可在卡塔尔从事以下形式的投资活动：（1）由国家元首埃米尔特批成立的独资公司，从事"外国分支机构"可以从事的业务活动；（2）与一个卡塔尔合伙人一起成立合伙公司，从事商业、工业、农业和服务业的业务活动，但国外投资者的股份不得超过49%，公司成立须按照《商业公司法》的规定进行；（3）在经商部批准的前提下，与一个或数个卡塔尔合伙人一起成立合伙公司，但国外投资者的股份不得超过总股本的49%，并要符合下列一种情况，即该公司的成立考虑到市场的供求关系，或本国需要该公司的技术和经验。

黎巴嫩

通常情况下，外国投资者在黎巴嫩开设公司、参与合资或建立分支机构或子公司的门槛较低。但对控股和离岸公司、房地产、保险、媒体（电视、政治报纸）和银行业还有行业准入的审批要求。

黎巴嫩法律对外国投资企业的注册形式没有特殊限制，只要是合法的、有效的企业，如合资公司、分公司、有限责任公司、控股公司、离岸公司、代表处等均可在当地登记注册。在黎巴嫩设立任何公司都必须聘请律师，遵守《黎巴嫩商法典》和法规。在当地注册的外国公司主要形式如下：（1）合资公司。在金融行业，大多数机构，包括银行和保险机构，必须采取合资公司的形式。（2）分公司。成立分公司需要到黎巴嫩经贸部和商业登记处登记，并且在登记两个月内向黎巴嫩财政部申请获得开始营业的授权和增值税号。分公司的所有员工都需要缴纳个人所得税。所有员工都要到黎巴嫩国家社会保障基金登记。分公司总经理可以是黎巴嫩人，也可以是外国人。外国人必须在黎巴嫩劳工部获得有效工作许可并办理黎巴嫩居住证。（3）代表处。注册代表处的手续和注册分公司的手续基本相同，主要区别在于代表处没有收入税，但是代表处员工也要承担个人所得税。（4）有限责任公司。可完全为非黎巴嫩人所有，并且可以由非黎巴嫩人管理。（5）控股公司和离岸公司遵循合资公司的法律身份。所有的离岸公司必须在贝鲁特商业登记处登记。黎巴嫩不允许设立离岸银行、离岸信托公司和离岸保险公司。

巴林

在巴林，外资可以注册的公司形式有四种：代表处、分公司、有限责任公司和股份公司。

（二）注册企业的受理机构

沙特

在沙特，注册企业的一般流程是：在沙特投资总局立项；沙特商工部发放营业执照；沙特商工会发放会员证。

伊朗

在伊朗，负责企业注册的政府机构是工业资产和公司注册局。注册局联系方式详见下列信息。

电话：0098-21-22251047、22268917

传真：0098-21-22268987

地址：No.275，Corner of Mirdamad St.，Modarres Highway

投资经济和技术援助组织下设外资吸收与保护处，其联系方式见下面。

电话：0098-21-33967767、39903468

传真：0098-21-33967864

埃及

在埃及，注册企业的受理机构是投资与国际合作部所辖的投资和自由区总局下面的投资者服务中心。

土耳其

设立各种类型企业所需的文件基本相同，根据企业类型的不同略有调整。根据现行的法律，在土耳其设立公司，所有的材料和手续都要提交给企业所在地的企业注册办公室。企业注册办公室有权拒绝不符合法律的注册请求。得到企业注册办公室批准和登记后，所有企业的登记信息都会被记录在案，并会获得一个唯一的注册号，之后可开始运营。设立公司所需的声明、设立申请和承诺书等文件格式均可在伊斯坦布尔商会的网站（www.ito.org.tr）找到，也可向商会及其分支机构索取。

也门

一般工商业企业在也门工业和贸易部办理注册手续。大型投资项目在也门投资总局办理注册手续。

伊拉克

伊拉克贸易部下设的公司注册处负责公司实体的注册登记。

阿曼

见表6-1。

表6-1　阿曼企业注册许可发放部门

领域	活动类型	颁发许可部门
贸易与服务	一些具体的经营活动需要在商业注册之前获得其他有关部门的批准	—
制造业项目	所有的工厂需要获得工业许可和注册	商工部
旅游项目	宾馆、娱乐场所、潜水中心及相关活动	旅游部
农业、渔业项目	海产品加工、家禽项目、虾和鱼养殖、渔网	农业渔业部
医疗/卫生项目	医疗中心、医院、制药或医疗产品生产	卫生部
教育机构	托儿所、私立学校	教育部
	培训机构	劳动部
	大专院校	高教部

续表

领域	活动类型	颁发许可部门
出版印刷	新闻、出版、发行、印刷	新闻部
采石/采矿	粉碎、筛选、采石、采矿	商工部

注："—"表示未获取相关资料。
资料来源：作者整理

阿曼商工部是负责外国企业注册的主要部门。为方便投资者设立企业，该部在其办公所在地设立了专门的窗口，为在马斯喀特地区设立企业提供一站式服务，商工部、阿曼商工会、马斯喀特市政局、旅游部、环境保护与气候事务部、阿曼皇家警察、人力资源部，以及银行等各相关部门均在此派驻办事人员，为企业办理相关手续。

叙利亚

外国企业在叙利亚设立分支机构的受理机构为叙利亚经济贸易部企业司。外国投资者需通过由叙利亚经贸部批准的代理机构办理相关手续。

约旦

在约旦，注册企业的受理机构是安曼市政府、统计和税务部门登记注册处、贸易部下属工业和贸易公司、约旦工商会、劳工部和国家职业培训公司。工程项目的受理机构是公共工程和住房部、工程协会。

阿联酋

在阿联酋，注册公司的受理机构依各酋长国及执照种类、公司种类不同而有所差异。一般来说，受理机构可以通过阿联酋经济部（www.economy.gov.ae）、各酋长国经济发展局等相关政府部门或商工会、自由区等机构的网站获得。例如，在阿布扎比酋长国申请注册各类公司的受理机构可通过阿布扎比经济发展局网站（ded.abudhabi.ae）获知。亦可通过下面各酋长国商工会的会员服务中心网站进行查询。

阿联酋商工会：www.fcciuae.ae

阿布扎比商工会：www.abudhabichamber.ae

迪拜商工会：www.dubaichamber.com

沙迦商工会：www.sharjah.gov.ae

阿治曼商工会：www.ajmanchamber.ae

哈伊马角商工会：www.rakchamber.ae

乌姆盖万商工会：www.uaqchamber.ae

富查伊拉商工会：www.fujcci.ae

科威特

科威特负责企业注册的机构是科威特工商部商业注册局和科威特工商会。

以色列

在以色列，注册企业的受理机构为司法部公司注册局。

卡塔尔

卡塔尔负责注册企业的机构是经商部（www.mec.gov.qa）。

黎巴嫩

外国投资企业在黎巴嫩建立公司需先取得黎巴嫩经贸部的许可，然后再到当地公司总部所在地的商业登记处进行注册。在商业登记处登记后，外商就可以享受和黎巴嫩国民一样的创业条件。

巴林

在巴林，注册企业的受理机构是巴林工商和旅游部下设的巴林投资者中心。其联系方式见下面。

呼叫中心电话：00973-17562222

传真：00973-17580752

电邮：customer_relations@commerce.gov.bh

网址：www.moic.gov.bh

投资者中心主管电话：00973-17562200

投资者关系协调事务主管电话：00973-17562219

注册和合同事务主管电话：00973-17562227

许可和声明事务主管电话：00973-17562258

（三）注册企业的主要程序

沙特

在沙特注册公司的一般程序是：

（1）在国内准备4个文件：公司章程（母公司的公司章程）复印件、公司营业执照（母公司营业执照）复印件、任命分公司总经理的董事会决议、在沙特负责注册公司人员的授权书。这些文本均需译成阿拉伯文，并做公证、认证。

沙特分公司总经理必须持有沙特居民证。

在沙特负责注册公司人员的授权书，其内容包括：有权代表公司签署与注册公司有关的任何法律文件；有权授权第三人或公司代理注册公司的有关事宜；在当地银行有权开立公司账户和管理账户。

（2）在沙特寻找当地合作伙伴、律师事务所、咨询公司等协助办理注册公司的工作。代理公司的主要工作是与各政府部门打交道，了解具体操作程序和填写阿拉伯语的申请表格。沙特政府原则上不允许外国人与他们直接打交道。

（3）在沙特投资总局申请公司许可证，需要递交以下文件：申请书、公司章程（母公司的公司章程）、公司营业执照（母公司营业执照）、任命分公司总经理的董事会决议、在沙特负责注册公司人员的授权书。

许可证由沙特投资总局（位于利雅得）在一个月内颁发。

（4）在当地一家具有实力的银行开立账户，注入注册资金。根据公司性质不同，资金数额有一定区别，一般需要50万沙特里亚尔（13.33万美元）左右。资金到位后，银行出具一份注册资金到位证明函。

（5）在沙特工商部申请商业注册需递交如下文件：申请书、银行出具的注册资金证明函、分公司在沙特的办公室租赁协议、公司章程（母公司的公司章程）、公司营业执照（母公司营业执照）、任命分公司总经理的董事会决议、在沙特负责注册公司人员的授权书、分公司总经理沙特居住证的复印件、公司许可证复印件。

（6）前往商会入会和备案。一般入会后的年会费不超过1万沙特里亚尔（2700美元）。入会和备案需要递交以下文件：申请书、商业注册复印件、公司章程（母公司的公司章程）、公司营业执照（母公司营业执照）、任命分公司总经理的董事会决议、在沙特负责注册公司人员的授权书、分公司总经理沙特居住证的复印件、公司许可证复印件、银行出具的注册资金证明函复印件、入会会费发票复印件。

伊朗

【注册申请】向指定机构提出书面申请，并递交下列文件：①注册申请表（从注册局领取）；②公司书面申请注册函；③母公司董事会决议；④母公司董事会成员名单；⑤母公司章程；⑥母公司资产负债表；⑦母公司在伊朗主要代表授权书；⑧公司经营范围情况报告；⑨在伊朗注册分公司（子公司）

的可行性报告；⑩子公司在伊朗的地址及其性质（限股份公司、责任有限公司）；⑪子公司所需中方、伊方人员估计数量；⑫子公司资金来源；⑬伊朗合同方（或政府部门）出具的介绍信；⑭承诺书，"一旦有关部门吊销了子公司经营许可，在规定期限内撤销子公司，并推荐清账经理"。

上述文件中2～7项需在中国办理公证，并到中国外交部和伊朗驻华使领馆办理认证，所有需要提交的文件均需翻译成波斯文。

【注册手续办理及审批】上述文件准备好后可按下列程序办理注册：①去注册局财务处，领取公司名称确认费交费单，到设在该局的银行交费，将交费收据交财务处，财务处在申请注册表上签字；②持上述文件到注册处，由该处负责人登记、签字；③将申请注册文件交注册文件审批存档处，并拿回收条，收条上注明取批文的日期；④在注册局指定日期去注册批文发放处，凭收条原件获取批文；⑤如注册局经审核认为文件无缺陷，立即起草外国公司子公司或代表处注册通告，待负责人签字后交秘书处打印；⑥去银行交注册费和登报费；⑦将交费收据交回财务处；⑧去办公室登记注册编号；⑨向公共关系处提交一份子公司或办事处成立的通告，准备登报，取回收条；⑩持通告原件到伊朗伊斯兰共和国拉斯米报股份公司办公室办理登报，办公室确认后出具交款单，到设在该报业公司的银行交款，之后将交款收据及登报通告交办公室，并在通知日期领取刊登注册信息的报纸。

埃及

目前，投资和自由区总局正在制定全面的投资指南。审核事务所负责审核投资文件的完整性，协助企业加快注册程序。注册企业的主要程序包括商业注册、开立银行账号、税务登记、社保登记、安全审查等。

【组建公司需具备的条件】注册公司的形式如前所述有七种，其中主要有三种：

①有限责任公司。有限责任公司是外国投资新设公司的最主要形式。主要优势包括：允许100%外资持股、允许开展除金融业务以外的所有商业活动、最低注册资本要求低。

②股份公司。股份公司应由不少于3个投资者构成，无股东数量限制，如股东超过一百名，必须向公众发行股份。投资者按照缴纳的股本金承担对公司的责任。全体股东共同承担公司的责任。公司注册资金的最低要求是：不对外公开募集股份的公司为25万埃镑；对外公开募集股份的公司为50万埃镑。

③有限合伙企业。有限合伙企业由普通合伙人和有限合伙人组成，普通合伙人对合伙企业的债务承担无限连带责任，有限合伙人以其认缴的出资额为限对合伙企业债务承担责任。公司设立监事会，由不少于3人的单数成员组成，监事会由股东大会任命。有限合伙企业最低注册资本为25万埃镑。不允许外资控股。

【申请设立分支机构】外国公司需和埃及公立或私营部门签署合同。与办事处不同，分支机构可以从事商务、金融、产业以及其他合同规定的商业活动。

土耳其

【设立独资公司所需的文件】在土耳其设立独资公司所需的文件包括申请书、经过公证处公证的公司名（包括家庭地址、经营地址、经营范围、开业时间、国籍、公司名称和商人本人提供的3个签名样本）、护照复印件（翻译成土耳其文并经过公证）、商会注册声明、承诺书。

在土耳其生活和工作的外国人必须提供工作许可证和居住许可证。

【设立合资公司所需的文件】在土耳其设立合资公司的文件包括：申请书（必须说明已在税务部门登记，由本人或者代理人签字，并附上委托声明）、填写成立声明五份（相关内容需由被授权人填写及签字）、由公证处认可的公司章程，外籍合伙人如果是自然人则还需递交护照复印件（翻译成土耳其文并经过公证）；授权人在公司名下的签字（两份）、银行收据的原件、商会注册声明（必须包括自然合伙人的照片）、承诺书（由被授权人签字）。

其中，外籍合伙人如果是法人团体，所需文件为：土耳其相关部门提供的活动证明，需包括现在该法人的经营状况和有权签字人；该法人出具的有效委托书，必须包括被委托的权利人或者自然人的信息。上述证明（活动证明、委托书）必须有土耳其驻投资人所在国使领馆的认证和签字。这些被批准的证明文件必须被公证并译为土耳其文才能被提交给商业注册办公室。

在土耳其居留的外籍人士，须提交经公证的居住许可证。设立股份公司所需要的文件须由科技和工业部批准。此外，经公证处公证的公司章程，也需要经科技和工业部下属的国内贸易部门的批准。

也门

【外国企业注册设立公司】外国企业在也门注册设立公司需向也门工业

和贸易部提供以下规定的材料：①公司商业注册证明，公司合同需认证。金融类公司须提供公司基本章程并认证。私人公司须提供成立公司的合同并认证。②总公司商业注册证明须经认证，同时根据银行和投资法在商业注册证明里应注明金额。③公司上个财政年度的决算，须经公司一把手或者其授权人签字并认证。④总公司任命分支公司经理或代表的正式授权书。⑤银行存款证明，金额为最低3万美元。⑥外国公司注册费用收据。以上材料须用阿拉伯语呈现。

【外国企业在也门注册投资项目】外国企业或其代表可到也门投资总局及其分支机构领取相关表格，根据企业性质（如工业、农业、渔业、工业事业等）按要求详细填写，并将申请表连同下列文件一并递交投资总局：①投资者个人或家庭身份证明复印件，或护照复印件（如果投资者是外国人）；②如果需要委托代理人办理注册手续，需提供符合法律规定的授权书；③有效的企业商业注册证明；④如项目有多个投资方，需提供由各合作方签署的合法有效的合同；⑤项目计划书。

伊拉克

在伊拉克可申请注册的公司形式包括：（1）有限责任公司。股东人数为1到25人。股东可以是法人和自然人，并且可以是伊拉克国籍和非伊拉克国籍（但少数情况下有国籍限制）。有限责任公司的主要组织文件为公司组织大纲或公司章程。如果公司只有一名股东，则称为组织大纲；如果公司有不止一名股东，则称为公司章程。有限责任公司不设董事会，而是设一名执行董事；执行董事由股东任命和授权。因此，有限责任公司的主要决策机构是股东大会。（2）分公司。有下列情形的外国公司可以向公司注册处申请注册成立分公司：该外国公司已经与伊拉克政府机关或实体签订合同在伊拉克境内开展工作；与伊拉克政府机关或实体签订商品或材料供应合同的外国公司无须在伊拉克境内注册成立分公司，但前提是该合同的履行不需要该外国公司在伊拉克境内设立实体或在伊拉克境内提供服务。（3）代表处。代表处只能从事市场营销活动，不得进行贸易活动。如果代表处所属的外国母公司就伊拉克境内的工作签订符合条件的政府合同，则该外国公司必须向公司注册处申请将代表处变更为分公司。在分公司清算后，外国公司可以向公司注册处申请注册成立代表处。

外国公司不得同时在伊拉克境内设有分公司和代表处。

阿曼

在阿曼，注册企业应递交表6-2中的文件，方能通过审核程序。

表6-2 企业注册应递交文件一览表

公司类型	所需文件及步骤
注册新的企业（不包括联合股份公司）	预设公司名称批文 填写所需表格 其他部门批文 合伙人身份证明复印件 银行开具的公司资本证明 缴纳各项费用 合伙纪要及LLC有关条款
联合股份公司	公司章程及纪要条款 董事会成员、主席身份确认文件及其签字样式 授权签字人的签字样式，董事会关于任命董事会主席的任命函
开设分公司或增加公司新的经营活动；变更分公司名称、位置或经营活动	填写所需表格和公司的变更条款 其他有关部门的批复 经营活动名称或地址变更的章程条款或抬头函 经营活动商业名称的批复 公司注册文件
外国公司分公司	填写有关申请表格 母公司章程条款和总公司注册文件 总公司出具的分公司经营授权函和承担有关分公司经营活动责任的证明 授权分公司经理的护照或身份证复印件 与政府/上市有限公司所签工作合同/协议复印件

资料来源：中国驻阿曼大使馆经商参处

叙利亚

中国企业在叙利亚注册分支机构可以是分公司、临时办公室、代表处和区域办事处，需向叙方提供的文件包括：①公司章程；②公司执照复印件；③公司授权书；④公司资质证明；⑤承办人的身份证明（护照）。

在叙利亚注册分支机构的程序为：①准备相关的注册文件；②将注册文件翻译成英文，交给叙利亚律师确认；③注册文件在中国境内取得中国商会认证、中国外交部领事司认证、叙利亚驻中国使馆的认证；④将经过认证的文件交给指定的叙利亚境内的翻译机构，翻译成阿拉伯语；⑤将翻译好的文件报送叙利亚经贸部、外交部审批。关于外国企业在叙利亚设立分支机构的详细法律规定，可登录中国驻叙利亚大使馆经商参处网站查阅。

约旦

【办事处】注册办事处需要提供以下材料：①公司代表的授权书；②公司总部的国内注册、资质、银行等工商文件；③申请信件。

【项目公司或分公司】注册项目公司或分公司需要提供以下材料：①项目合同；②公司代表授权书；③申请信件；④公司总部的国内注册、资质、银行等工商文件；⑤项目业主的信件；⑥委托当地审计师和律师的信件；⑦申请表；⑧财务报告。

【有限责任公司】注册有限责任公司需要提供以下材料：①合作伙伴的文件（公司或个人）；②公司总部的国内注册、资质、银行等工商文件；③银行账户和存款，并存入定额的约旦第纳尔现金（对个人）；④授权约旦伙伴的文件（法律、管理、财务等）；⑤申请书。

阿联酋

在阿联酋，注册公司的具体程序依各酋长国及执照种类、公司种类不同而有所差异。一般来说，主要程序可以通过阿联酋经济部（www.economy.gov.ae）、各酋长国经济发展局等相关政府部门或商工会、自由区等机构的网站获得。亦可咨询各酋长国商工会的会员服务中心。

科威特

在科威特申请注册公司的相关信息，可从科威特工商会网站（www.kuwaitchamber.org.kw）查阅。

以色列

在以色列开办以色列籍公司或外国公司在以色列的分支机构需办理的手续包括公司注册、银行开户、增值税注册、代扣税注册、国家保险与医疗保险注册，以及公司税注册。

【公司注册】

①注册以色列公司。公司注册时必须向司法部公司注册局提供确认公司法人身份、主要目的、股东责任和股份发行情况的公司备忘录，以及阐明公司行为准则的公司章程。如果未提供这些内容，则自动启用《以色列公司法》中的章程范本。

上述文件通常由公司的法律顾问起草，然后向公司注册局提出注册申请。以色列的官方语言为希伯来语和阿拉伯语，但公司注册局通常也接受英文版文件。

公司名称应为希伯来语，同时也可选择加注英文名称，所提交的公司名称须得到公司注册局的认可方能使用。

②注册外国公司的分支机构。在以色列进行经营活动的外国公司，必须在开业前1个月内进行注册。应向公司注册局提供所在国发放的公司成立证明、公司章程及希伯来语翻译件（均需公证）、经该公司授权办理有关手续的以色列居民姓名及地址、授权以色列居民代表该公司开展业务的委托书（需公证）、公司董事名单等，并通常要事先取得以色列驻该公司所在国领事部门对这些文件的认证。

【银行开户】在以色列商业银行开户通常需要以下文件：公司备忘录、公司章程及公司注册局所发注册证书的复印件、关于复印件真实性的律师证明、关于公司授权签字人的证明文件、开立银行账户的董事会决议、公司董事和公司股东情况的律师证明。

以色列商业银行将以色列居民持有的账户与外国居民持有的账户分别处理。外国居民可持有两种基本账户：非以色列居民外汇账户（NRFC）和非以色列居民谢克尔账户（NRS）。外国居民可以在这两种账户里分别存入外国货币和以色列货币，包括来自以色列居民的银行转账、支票及现金。

【增值税注册】增值税的征收适用于从产品进口到生产、批发、零售、服务每一个流转环节。在开展实际业务之前，公司必须注册为经销商，以便缴纳增值税。可在距离公司办公地点最近的当地增值税办公室进行注册。

注册时须提供公司注册局签发的注册证书、公司备忘录及公司章程、公司签订的关于租购办公场所的合同、律师或会计师关于公司授权签字人及公司董事人选的认证书、公司董事的身份证复印件。

【代扣税注册】以色列广泛实施代扣税制度，工资、服务报酬、利息、股息、销售等大部分收入均需预先代扣税。向雇员支付报酬或向其他人支付费用之前，公司应在当地的代扣税办公室注册，设立代扣税档案。

向其他人支付专业服务费用、利息、股息、货款等款项时，一般应由付款方代扣有关税款。如果付款方已扣税，则收款方应得到标明付款总额及已扣税额的临时证明，并在该税务年度最后3个月内得到正式证明。应注意收款方有可能事先从税务部门获得减免税证明。

【国家保险与医疗保险注册】公司必须为雇员支付部分国家保险费用，

并负责从雇员工资中代扣医疗保险费用。雇主还需要为自己缴纳国家保险费和医疗保险费。

【公司税注册】公司应于开业后90天内到有关税务部门办理公司税注册手续。注册内容包括公司的基本情况，如开业日期、本年度计划收入、公司名称、地址、电话号码、审计师、雇员人数、代扣税档案编号、股东、董事及有关公司情况等。档案编号通常与公司注册局签发的编号相同。

卡塔尔

外国公司在卡塔尔从事商业活动须遵守1990年颁布的25号法令。外国公司凭埃米尔特令可以在卡塔尔设立分支机构，从事以经济发展为目的的投资活动，为公共服务提供便利，或从事工业、农业、开采、旅游和工程承包行业的公共事业。如在当地市场采购不到类似的产品，外国公司可以进口本项目所需的材料。分支机构必须委托一个卡塔尔服务代理，其职责仅限于帮助外国公司获取签证和许可证，提供劳务和住宿。代理人对其委托人的业务不承担任何责任。

在卡塔尔设立分支机构的申请需提交给经商部，由其报埃米尔特批。申请文件如下：

（1）与卡塔尔服务代理人签署的协议1份；如协议为英文，需提供阿拉伯文译文，如服务代理是公司，还需提交代理公司的注册证明一份；

（2）与卡塔尔合作方签订的项目协议书1份，阿拉伯文译文需有公司业务类型及项目期限的说明；

（3）公司备忘录及章程1份，需提供有关项目条款的阿拉伯文译文；

（4）公司授权驻卡塔尔代表人代表公司签字的授权书；

（5）该外国公司从未上过抵制以色列黑名单的证明书1份。

经经商部推荐，自申请之日起2个月内可获得埃米尔批准令。埃米尔批准令仅在所批项目的期限内有效。

注册登记程序一般需3至4个月。公司在未办理完注册登记并在报上发表成立声明前不成为法人，在未完成这些程序前不能开业。

黎巴嫩

注册各类企业的程序基本相同，以在首都贝鲁特注册分公司为例，注册程序主要为：

（1）提供经过黎巴嫩驻中国大使馆认证的母公司董事会决定在黎巴嫩设

立分公司的决议书（一式三份）。

（2）提供经过黎巴嫩驻中国大使馆认证的母公司委托授权书，授权书内容为任命分公司总经理，授权分公司总经理在分公司行使一切职能。

（3）提供经过黎巴嫩驻中国大使馆认证的母公司章程。

（4）如以上材料齐全，可雇用和委任黎巴嫩律师到相关部门办理分公司注册手续。

（5）首先到黎巴嫩经贸部注册，审批时间为7个工作日。

（6）到贝鲁特商业登记处办理登记，并且在登记后2个月内向黎巴嫩财政部申请获得开始营业的授权和增值税税号。

（7）分公司注册后，首先办理分公司总经理的工作许可和居住证。办理工作许可大约耗时7天至2个月不等，办理居住证需要30天左右。

（8）办理公司员工的工作许可和居住证。工作许可和居住证办理过程中还需要办理黎巴嫩国家社会保障基金注册手续。

据实际操作情况，一般都交由当地律师办理所有注册事宜，律师费用约在3000美元左右。相关信息可从贝鲁特律师协会网站（www.bba.org.lb）查询。

巴林

【注册申请】由母公司或委托授权其代理人，向巴林工商和旅游部投资者中心提出申请。不同公司所需提交材料略有不同。

【注册审批】申请者向投资者中心递交申请，该中心将材料上报工商和旅游部批准，一般在递交申请后1周内给予答复。

【刻制公司印章】公司注册成功后，要在报纸上登广告公示（交纳一定费用后，由注册中心帮助完成）。在此期间须刻一枚公司印章，用英文、阿拉伯文书写公司名称、公司的CI标志、公司注册号等。

【开立银行账户】公司注册完成后，应在巴林当地银行开设公司账户。开账户要提供公司注册的证明文件、法人代表护照或身份证件复印件及签字清样。账户开立一般当场就能完成。

【缴纳社会保险】根据巴林的社会保险政策规定，任何雇佣关系的工人，不分国籍，都须投社保险。当地雇员社会保险金为个人工资及固定津贴总额的19%，其中公司缴纳12%，个人缴纳7%，保险内容包括养老、工伤和人身意外等。外国雇员社会保险金为个人工资及固定津贴总额的4%，其中公司缴纳3%，个人缴纳1%。

【教育培训费】只对外籍员工收取，金额为个人工资及固定津贴总额的4%，政府收取后用于巴林籍员工的职业技能培训，费用由公司缴纳。

【雇用当地员工】为促进和保护本国劳动力就业，巴林政府制定了企业雇用巴林籍员工的指导意见，根据行业性质及企业雇用员工的规模，设定了企业雇用巴林籍员工的最低比例要求。通常情况下，对农业、建筑业等生产制造类企业员工本土化的比例要求较低，在5%～30%之间，而对贸易、商业服务及社会公益组织等服务行业员工本土化的比例要求较高，部分行业甚至高达80%。根据企业雇用员工数量，设立了6～9人、10～19人、20～99人、100～499人、500人及以上五个级别，员工本土化比例要求依次提高，同一行业500人以上企业与6～9人企业员工本土化比例要求相差可达4倍。对企业员工本土化的比例要求可在巴林劳动市场管理署网站（www.lmra.bh）查询。

（四）注册企业需要提供的通用文件

在西亚北非国家申请注册企业，需要提供以下文件：

（1）公司注册申请表；

（2）担保人合同（非海湾国家公司）；

（3）母公司营业证、母公司章程、母公司2～3年的财务报告；

（4）设立分公司的董事会决议；

（5）母公司的担保信；

（6）母公司授权办理分公司注册手续的代理人授权书；

（7）分公司经理个人身份证件或居住证复印件；

（8）如以实物出资，需附审计师出具的报告或评估函；

（9）国际银行、会计师事务所或律师事务所出具的推荐信。

以上所有资料都要在中国进行公证，并经西亚北非国家驻华使馆认证后有效。

二 商标注册

沙特

沙特是《保护工业产权巴黎公约》和《商标注册用商品与服务国际分类尼斯协定》成员国。

【受理机构】沙特商工部是沙特商标管理机构。

【申请文件】①带有申请人全名及地址的、经沙特使（领）馆公证的、合法有效的委托书，一份委托书可以同时递交多份申请；②申请商标所涉及的商品或服务的名称清单；③15张商标图片，每张尺寸大于5cm×5cm；④如果境外申请人要求优先受理商标申请，可在递交申请后的6个月内，再递交一份经认证的优先受理申请书。

伊朗

在伊朗办理国内商标、国际商标、区域商标注册的政府机构是工业资产和公司注册局。其联系方式见下面。

电话：0098-21-22251047、22268917

传真：0098-21-22268987

地址：No. 275，Corner of Mirdamad St.， Modarres Highway， Tehran

办理商标注册时需提交下列文件：（1）商标注册申请表；（2）申请注册的商标所服务的产品品牌、特性和等级；（3）简要描述申请独家使用的注册商标的各个部分；（4）交纳注册费。

埃及

埃及商标注册事宜都在埃及贸工部商标局办理。需提交的文件包括：公司申请、申请注册的商标图案等。

土耳其

【受理机构】土耳其商标注册主管部门为科技和工业部商标局。

【可注册的商标】产品商标、服务商标、集体商标、证明商标。

【使用有效期】自申请日起10年。

【注册程序】①申请人向科技和工业部商标局提出申请并按要求提交资料。②科技和工业部商标局受理商标注册申请后进行形式审查。③商标申请通过形式审查后，将进入实质审查。④商标注册申请经过商标注册审查官的审查并获得初步审定通过后，即在科技和工业部官方公告上公布，公布的内容包括：商标申请人名称的全称、商标申请人住所或注册地址、商标注册申请所涉及的产品或服务类别、指定的产品或服务项目。有关商标注册申请的裁定，如商标申请中指定的部分产品或服务的删减等也会刊登在官方公告上。商标注册申请核准注册后将再次在官方公告上公告。⑤公告后3个月内没有异议，则可以授予商标持有证明，商标注册成立。土耳其商标法对异议没有规定。任何人在商标申请公告后3个月内可以提出异议。所有异议申请必须向法院提出。根据法律规定，商标必须注册才能取得法律保护，否则，商标所有人不能指控他人在相同的产品上使用与之相同的商标为侵权行为。

【申请文件】①签字并盖章的授权委托书（无须公证或认证）；②商标注册申请书；③20件商标图样（介于5cm×5cm至8cm×8cm之间）；④商业活动证书，该证书应当指明申请人之行业及其所从事的活动，并由工业部、商会、申请人作为其成员的零售商和技工理事会、贸易登记局或税务局颁布；⑤如果申请的商标已在其他国家获得注册，须提供在其他国家的注册日期和注册号；⑥优先权文件（如果主张优先权）；⑦注册费支付证明。

也门

【申请文件】①将要申请的商标样本登记备案；②交纳商标注册申请所需费用的票据；③注册商标的图片；④被代理的须出具有效的委托书；⑤非本地公司须出具所在省确认后的相关文件；⑥16张5×5寸的商标照片；⑦如果文件和说明是外文的，需要附有关部门认可的阿拉伯文译本。

【注册程序】①审核文件。完成审核工作需要10天时间。②审核商标。有关部门对商标进行专业审查，并将就商标的有效性（可用性）出具审查报告。具体分为接受商标注册申请；有条件接受商标注册申请，但需修改使商标更加明确或删除概念不清的地方；以及不接受商标注册三种情况。申请人可以在相关部门出具报告之日起的30天内，向诉讼委员会提出申诉，也可以在收到诉讼委员会的决定后30天内再向法院申诉。完成商标注册约需15～30天。

【发布通告】在通过审核接受商标注册申请后，将在商业杂志上发布通告和商标。在发布通告后的6个月内如有反对意见，商标注册申请者要在接到通知后的1个月内进行解答，否则被认为放弃注册。

【商标注册许可证书】在完成一切手续及交纳相关的费用后，申请人可以得到商标注册证书。注册商标生效后，从递交注册商标之日起，可以享有10年的法律保护。

【商标更新】商标所有者如需更新商标，可在保护期的最后1年进行，如果超过保护期3个月没有更新，注册商标将失去法律保护。

伊拉克

伊拉克工业矿产部商标注册处负责受理商标注册。对未在伊拉克注册的世界著名商标，政府同样给予保护。

根据伊拉克的商标法，注册后的商标保护期为10年，可续展10年（在到期前半年内申请延期）。

申请商标注册须提交的文件包括申请表、商标说明书和相关证明等。

阿曼

（1）外国商标持有人应通过当地律师代理向阿曼商工部提出商标注册申请。成功注册商标通常需要5至10个月的时间。

（2）申请内容应包括商标的表述和商标适用的商品和服务名单。商标申请费为25里亚尔。

（3）登记人将书面通知申请人拒绝或同意注册的决定。申请人如有异议，可在接到通知后30天内向法庭提出申诉。

（4）如果登记人同意商标注册，将在官方公报上公布。自公布之日起2个月内，任何利益相关人可以书面形式向登记人提出异议，登记人将通知申请人，申请人应在2个月内提出抗辩，否则视为放弃申请。

（5）商标注册后，注册从申请递交之日起算，登记人向申请人颁发商标拥有权证书，包括商标序号、申请递交及注册日期，商标拥有人姓名、住址、国籍，商标拷贝，商标使用的商品、服务名单。

（6）商标注册保护期为10年。

叙利亚

叙利亚负责商标注册的机构为知识产权局。商标持有者或其授权的机构向知识产权局申请注册的文件须用阿拉伯文，并附以下文件：（1）彩色商标样稿两份；（2）授权书原件（如有的话）；（3）在其他国家商标注册证明的复印件一份，以表明其被授予的产品或服务的类别；（4）该商标的印刷铅版或其他印刷版；（5）申请书应包括申请人的姓名、国籍、地址、经营范围和授权机构（如有的话），以及商标的扼要说明，该商标过去已登记的其他国家名单（如有的话），向代理机构授权的日期。商标申请要首先向知识产权局缴纳前十年的费用，否则不予受理。商标要在官方的报刊上进行公布。商标持有者不受特定的保护期限制。在第一个保护期失效后，只要再次支付登记费就可延长保护期。商标可以有偿或无偿转让，但须在一个月内向知识产权局报告。政府对转让合同没有任何限制。

约旦

根据约旦国内商标法的规定，工业、贸易与供给部工业所有权保护司负责受理商标的注册及其他事宜，在工业、贸易与供给部网站上能查询到该国的商标法，并能在线查询已注册商标的情况。

【商标的申请和注册】

①申请所需文件

约旦采用1个商标在1个类别为1件申请的原则。对于每件申请，申请人须提交经认证的委托书1份以及商标图样10份。

②审查

商标申请必须向商标注册局提出。注册官将对申请进行实质审查，在审查商标是否具有显著性的时候，注册官或者法院可以在商标已实际使用的情况下考虑该使用程度是否已使得商标在指定商品上具有了显著性。

③异议

审查官如果接受商标申请，会在官方公告上刊登该商标申请。

在公告日起3个月内任何人均可以向注册官提出对该商标的异议并附上异议理由，该异议期限可以由注册官决定是否延期。在注册官做出异议裁决后20天内，任何一方均可以向法院提出上诉。

④注册

商标注册给予商标所有人在指定商品上对该商标的独占权利。在任何与注册商标相关的诉讼中，商标的注册被视为该原始注册及后续转让许可有效性的表面证据。

【商标注册有效期和续展】商标注册有效期为10年，从申请日起算。续展期限也为10年。如果商标所有人在商标到期后1年内仍未提起续展申请，注册官须将该商标从注册簿中删除。

约旦《商标法》规定，在商标未续展而被撤销后的1年内，任何第三方不得提出该商标或类似商标的注册申请，除非注册官确信该商标被撤销前2年内没有被真实使用过，或者后申请商标的使用并不会由于撤销商标的在先存在而造成欺诈或混淆。

阿联酋

所有涉及商标权保护的申请表格及程序均可通过阿联酋经济部网站（www.economy.ae）的网上服务获得。阿联酋经济部工业产权司负责受理专利的申请。申请专利和商标需要提供包括申请表、相关证据和商标的细节描述等材料。商标保护期为10年，到期可延长。

科威特

商标注册主管部门为科威特工商部发明专利与商标司，商标保护依据商法第61～85条。商标注册保护期限原则上为10年，终了前1个月可申请再延长10年。期满前如未申请延长，则在保护期终止之日起半年后失效。商标转让需进行所有权变更登记。对商标侵权的最低处罚为罚款600第纳尔，或处以拘役，或罚款和拘役并处，外付赔偿金。

商标注册申请书使用语言必须为阿拉伯文，递交到商标监督办公室，费用为24第纳尔，一经接受即在官报上公布。30天内可接受抗诉，如被驳回，3个月后申请注册开始生效。外国商标注册一般委托当地代理办理。

以色列

在以色列，一般情况下专利（包括商标、设计等）申请通过各种专利代理机构和代理人进行。代理机构和代理人需要在"专利、设计和商标办公室"注册和登记。目前，以色列国内有许多具有专利代理资格的代理机构和代理人，具有丰富的专利代理经验。这些代理人不仅代理以色列国内的专利申请，而且还根据专利合作条约的规定，为发明人申请国外专利，处理相关的法律纠纷。由于专利代理机构（人）精通各国专利法规和申请程序，因此，通过他们进行专利申请，既可以加快专利的申请速度，也可以提高申请人获得专利的可能性。

此外，由于以色列是《马德里协定》的成员国。中资企业可通过商标国际注册"马德里体系"，即通过国家市场监督管理总局商标局向世界知识产权组织国际局提出申请，同时指定向以色列提出领土延伸保护。

卡塔尔

【受理机构】卡塔尔经商部工业产权办公室。

【注册程序】①商标注册申请人向受理机构提出申请；②受理机构对申请文件进行审核；③正式申请如被确认，将在政府公告和当地报纸予以公布，并准备颁发注册证书；④对此商标持有异议的任何团体可在公告发布之日起120天内提出；⑤整个程序（从申请到颁发证书）约需5～6个月的时间；⑥商标注册成功后，有效期为10年，并可申请期满后再延长10年。

【申请文件】①包括申请人姓名、国籍、住址和商号地址等在内的申请表；②由卡塔尔授权部门签发的合法的委托书；③商号证书复印件或由卡塔尔授权部门颁发的商务注册文件复印件；④每个商标种类需要15份样本和1块印版；⑤注册商标所适用的商品和服务的全部清单；⑥如果有要求，还要提供优先文件的复印件，可能需要提前3个月递交。

黎巴嫩

黎巴嫩商标注册的一般程序为：（1）申请人向黎巴嫩经贸部公共事务办公室递交申请文件；（2）黎巴嫩经贸部知识产权司查询、更新商标数据库，提出初步意见，报部长办公室核准，允许申请人填写注册商标申请表；（3）申请人领取将来以备查用的注册商标申请表编号；（4）申请人缴纳相关费用；（5）申请人收取密封的黄色和蓝色申请文件副本；（6）申请人递交填好的蓝色申请文件副本和缴费证明副本；（7）申请人接受登记表中的说明语句并准备两份说明语句（以备政府公告）；（8）申请人收取密封的公告证明；（9）申请人递交密封的登记表原件及2份副本；（10）申请人收取密封的注册商标证明原件。

黎巴嫩对外国公司在黎巴嫩注册商标实行国民待遇，程序上与本国公司完全相同，只是有关资料和证明文件必须由其母国相关部门出具。见表6–3。

表6–3　黎巴嫩注册商标所需的申请文件

表格类型	条件和要求	办理相关部门
申请表	必须有申请人签名，主题必须是"商标注册"	经贸部
商标照片底片	原始的	洗印店
商标图案	6 份副本	申请人
声明	经贸部的原本6份副本必须是打印的并附上一幅商标图案	经贸部
商业注册副本	如果申请人是黎巴嫩公司	工商注册部门
商业注册公告副本	如果申请人是黎巴嫩公司，可以是未经核准的副本	工商注册部门
代理/委任书	申请不是由申请人直接递交，可以是未经核准的副本对商标涵盖的产品和服务的描述	申请人

资料来源：作者整理

巴林

【受理机构】巴林的商标主管机关是巴林工商和旅游部工业知识产权司下设的商标注册科。

【申请人资格】申请人的资格包括：①拥有工厂的巴林自然人或法人；②产品的生产者、商人、工匠或服务的提供者；③居住在巴林并被授权从事商业活动、工业生产或职业活动的外国人；④按照对等原则接受巴林商标注册申请的国家的自然人和法人；⑤为公共利益工作的机构、法人和自然人。外国公司一般通过巴林代理公司办理商标注册事宜。

【申请文件】申请巴林商标注册需提供以下文件：①经过认证的委托书；②经过公证的申请人本国或外国的商标注册证复印件（巴林参加联合抵制的国家出具的注册证复印件除外），如果无法提供上述注册证复印件，则可以提供下列文件之一代替（该文件应当包括申请人的产品或服务范围，并应当在巴林驻中国大使馆办理认证）；③申请人的营业执照复印件；④法人登记机关出具的申请人登记证明；⑤在法人登记机关登记注册的申请人注册情况摘要；⑥工商和旅游部门出具的申请人商业登记证明；⑦由申请人或其在巴林的商标代理人签署的申请书；⑧提供申请人名称、地址、职业和国籍；⑨申请商标所使用的商品或服务项目；⑩商标图样15张。任何拥有和使用商标并需要获得法律保护的人均可直接申请商标注册。

①至⑥文件均须在巴林驻中国大使馆办理认证。

【审查程序】在商标审查过程中，商标审查官有权对商标申请提出修改或限制意见，以避免该商标注册与先注册的商标产生混淆。申请人在接到商标审查官的审查意见后30日内，应当对该审查意见给予回复。该期限通常不能申请延期。

【使用有效期】商标在巴林注册后，商标注册人享有在注册商品或服务上对该商标的专有使用权。同时，商标注册是商标所有人提出侵权诉讼的前提条件。商标注册的有效期是10年，自商标申请日起算。商标续展注册的有效期同为10年。商标续展申请应当在商标有效期截止日前1年内提出，同时《商标法》规定了3个月的宽展期。

三 专利注册

(一)西亚北非国家参与世界性专利保护和合作机制概况

西亚北非国家很重视包括专利在内的知识产权保护，先后加入了世界上重要的知识产权保护组织和机制。作为联合国成员，除巴勒斯坦以外，其他15个国家均为世界知识产权组织（WIPO）[①] 成员国，以色列于1970年在世界知识产权组织成立公约正式生效后率先加入该组织，伊朗和叙利亚较晚加入。15个国家均为《保护工业产权巴黎公约》（简称《巴黎公约》）[②] 签字国，黎巴嫩、叙利亚和土耳其早在20世纪20年代已在该公约上签字。世界知识产权组织于1978年正式实施《专利合作条约》[③]，截至2019年，西亚北非地区共有12个国家签署该条约，土耳其和以色列分别在1996年签署，是该地区最早的签字国，伊拉克、黎巴嫩和也门尚未签署该条约。由世界知识产权组织主导的《专利法条约》于2000年生效，是继《专利合作条约》之后又一个重要的国际间专利条约，目的是协调和简化国家和地区专利申请的官方程序。截至2019年，西亚北非地区有6个国家（巴林、阿曼、沙特、以色列、黎巴嫩和土耳其）签署了该条约，但在以色列、黎巴嫩和土耳其尚未生效。

见表6-4、表6-5、表6-6。

表6-4 西亚北非十六国签署《巴黎公约》时间

国家	签署日期	国家	签署日期
黎巴嫩	1924年9月1日	阿联酋	1996年9月19日
叙利亚	1924年9月1日	巴林	1997年10月29日
土耳其	1925年10月10日	阿曼	1999年7月14日
以色列	1950年3月24日	卡塔尔	2000年7月5日

① 世界知识产权组织（World Intellectual Property Organization，简称WIPO），是联合国保护知识产权的一个专门机构，根据《建立世界知识产权组织公约》而设立。该公约于1967年7月14日在斯德哥尔摩签订，于1970年4月26日生效。

② 《保护工业产权巴黎公约》（Paris Convention for the Protection of Industrial Property）简称《巴黎公约》，于1883年3月20日在巴黎签订，1884年7月7日生效。

③ 《专利合作条约》（简称PCT），是继《巴黎公约》之后专利领域最重要的国际条约，是国际专利制度发展史上的又一个里程碑。该条约于1970年6月19日由35个国家在华盛顿签订，1978年6月1日开始实施。截至2019年5月，共有152个成员国。

续表

国家	签署日期	国家	签署日期
埃及	1951年7月1日	沙特	2004年3月11日
伊朗	1959年12月16日	也门	2007年2月15日
约旦	1972年7月17日	科威特	2014年12月2日
伊拉克	1976年1月24日	巴勒斯坦	尚未加入

资料来源：世界知识产权组织（WIPO）网站

表6–5　西亚北非十六国加入世界知识产权组织时间

国家	加入年份	国家	加入年份
以色列	1970	沙特	1982
约旦	1972	黎巴嫩	1986
阿联酋	1974	巴林	1995
埃及	1975	阿曼	1997
伊拉克	1976	科威特	1998
卡塔尔	1976	伊朗	2002
土耳其	1976	叙利亚	2004
也门	1979	巴勒斯坦	尚未加入

资料来源：世界知识产权组织（WIPO）网站

表6–6　西亚北非十六国签署《专利合作条约》时间

国家	时间	国家	时间
土耳其	1996年1月1日	沙特	2013年8月3日
以色列	1996年6月1日	伊朗	2013年10月4日
阿联酋	1999年3月10日	科威特	2016年9月9日
阿曼	2001年10月26日	约旦	2017年6月9日
叙利亚	2003年6月26日	巴勒斯坦	尚未加入
埃及	2003年9月6日	伊拉克	尚未加入
巴林	2007年3月18日	黎巴嫩	尚未加入
卡塔尔	2011年8月3日	也门	尚未加入

资料来源：世界知识产权组织（WIPO）网站

（二）海湾合作委员会专利保护

海合会于1998年10月颁布《专利法》，2001年对该法进行了修订。海合会专利局（GCCPO）于1998年成立，设在沙特首都利雅得，负责海合会七国的专利事务，其颁发的专利适用于其所有成员国。海合会专利局的延展系统为申请人提供了一种便捷的方式，以确保专利权在其各成员国内都能生效。成员国专利受到本国专利法和海合会专利法的双重保护。

【申请、审查和授权】海合会内部的专利制度不在《专利合作条约》的框架之内，也不属于《巴黎公约》的签约国。然而，海合会专利局尊重《巴黎公约》的优先权规定。

当专利申请人提交申请的时候，海合会负责专利申请的审查员要遵守规定程序。申请人有3个月的时间处理程序审查中的异议。实质审查由代表海合会专利局利益的澳大利亚知识产权局、奥地利专利局和中国专利局开展。

专利授权的任何一项决议都会公布在官方公报上，并且在3个月的时间内可以向海合会专利局投诉委员会上诉。对于海合会专利局上诉委员会的裁决又可以上诉至各成员国的主管当局。

【年费】除了要连续缴纳年费外，一项海合会专利的有效期是自申请注册日起20年。年费可预先支付，此类费用有3个月的宽展期。3个月宽展期之后就要收取额外费用。可以预先支付该专利有效期内的部分或全部年费。

【侵权】只要专利异议期结束，海合会专利局就可以授权该项专利，也可以向沙特投诉委员会的主管部门质疑该授权专利。相比之下，专利侵权的指控可以由侵权发生地的海合会成员国主管部门审理，具体来说，海合会相关专利法规定：每个成员国的主管部门应该审理属于侵权或专利即将侵权的诉讼。这些部门应该依据海合会专利局的规章及本国各自的专利管理规定解决上述纠纷，否则按照一般规则解决纠纷。

（三）各国专利注册法

沙特

沙特《专利法》全名为《专利、集成电路布局设计、植物种类、工业模型法》，对专利、集成电路布局设计、植物种类、工业模型等进行全面保护。该法规定，专利可授予所有技术领域的发明以及创新想法，这些发明和想法可以在生产中实施，与伊斯兰教法和行为准则不相冲突。根据《专利法》规定，沙特专利保护期为自申请之日起20年（不允许延期）。

沙特于2013年8月加入《专利合作条约》和《专利法条约》。

【管理机构】沙特是海合会专利局的成员国。沙特阿卜杜勒·阿齐兹国王科技城的专利理事会作为“专利局”，行使专利的审批和管理职责。

【专利申请所需文件】

①以专利申请人名义出具的，经沙特使（领）馆公证的、合法有效的委托书；

②由专利发明人出具的、经公证的、合法有效的转让契约书，其中说明专利权转给了专利申请人；

③专利申请书一式两份，使用英文、阿拉伯文双语，严格按照如下顺序撰写的详细说明书：摘要（不超过一页纸）、发明背景、发明概要、如必要应提供对图片的简要介绍、发明详述、主张的权利。

【其他信息】

①发明者的姓名、地址；

②国内、国外申请的信息说明：申请国、申请号和日期、公布号和日期（如果有）、根据国际专利分类法所属的专利分类。

伊朗

伊朗于2001年加入世界知识产权组织，并签署了相关国际文件。

伊朗涉及工商业知识产权，包括商标、专利及设计的，由伊朗法院下设的契约及产权登记组织——知识产权中心负责管理；涉及科研成果知识产权的，由伊朗科学技术研究组织负责管理。

伊朗管理商标及专利知识产权的法律为《伊朗伊斯兰共和国商标专利注册法》。

【商标注册】不论是伊朗人，还是外国人，如果在伊朗有经营工业的、农业的或商业的企业，其商标一旦按条件注册，可以享受《商标专利注册法》的保护。注册商标有效期为10年。

下列标志不允许作为商标或商标的组成部分使用：

①伊朗国旗和伊朗政府将其作为商业标志的旗帜，如伊朗红新月会标志、伊朗国徽、伊朗政府颁发的奖章；

②被废除的标志；

③不利于伊朗领导人的单词和句子；

④官方机构的标志，如红新月会、红十字会等；

⑤有损公共治安和违背社会道德的标志。

【专利注册】

以下项目可申请注册专利：

①发明了某种工业新产品；

②发现一种新工具或者用现有的工具通过新的方法获得新的成果或工农业新产品。

下列情况不可以申请注册：

①金融图案；

②任何扰乱公共治安、违背公德、破坏公共卫生的发明；

③药品的配方和制作方法。

专利证书的有效期可根据发明者的要求定为10年、15年或20年，并明确注明，在此期间发明者或其代表有权使用和出售其专利权。

在伊朗办理专利注册的政府机构是工业资产和公司注册局。联系方式如下：

电话：0098-21-22251047、22268917

传真：0098-21-22268987

地址：No. 275， Corner of Mirdamad St.， Modarres Highway，Tehran

办理专利注册时需提交下列文件：

①专利注册申请表；

②专利内容；

③交纳注册费。

埃及

埃及于1975年加入世界知识产权组织，是《巴黎公约》和《专利合作条约》的成员，在知识产权保护领域法规较为完善。2002年，埃及颁布《知识产权保护法》，2003年颁布《知识产权保护条例》，对专业、集成电路设计图、未公开信息、商标及工业设计、版权等知识产权保护流程做出详细规定。在专项法律上，埃及专利局、贸易注册局、版权保护局等作为法律具体实施单位，负责各知识产权的注册及权益保护。

埃及专利局隶属于高教科研部，负责专利申请与保护。2009年，世界知识产权组织批准埃及专利局成为国际检索单位，是非洲和中东地区首个、发展中国家第三个获此权利的国家。埃及专利局已同欧洲专利局（EPO）、日本专利局（JPO）和中国国家知识产权局（SIPO）签署合作协议；与世界知识产权组织有密切合作。

专利保护授予新颖、创新和有工业应用价值的发明。埃及《知识产权保护法》规定：发明专利的保护期限为申请之日起20年；外观设计专利的保护期限为10年；实用模型专利的保护期限为7年。

埃及专利申请受理范围包括发明、实用新型和外观设计3种。需提交的申请文件包括：

（1）申请发明或者实用新型专利应当提交请求书、说明书及其摘要和权利要求书等文件。

（2）请求书应当写明发明或者实用新型的名称，发明人或者设计人的姓名，申请人姓名或者名称、地址以及其他事项。

（3）说明书应当对发明或者实用新型做出清楚和完整的说明，以所属技术领域的技术人员能够实现为准；必要的时候，应当有附图。摘要应当简要说明发明或者实用新型的技术要点。权利要求书应当以说明书为依据，说明要求专利保护的范围。

（4）申请外观设计专利应当提交请求书，以及外观设计的图片或者照片等文件，并且应当写明使用该外观设计的产品及其所属的类别。

（5）关于申请发明或者实用新型中要求申请人提交的其他信息为：①申请人的国籍；②申请人是企业或者其他组织的，其总部所在的国家；③申请人委托专利代理机构的，应当注明的有关事项；④申请人未委托专利代理机构的，应注明其联系人姓名、地址、邮政编码及联系电话；⑤要求优先权的，应当注明的有关事项；⑥申请人或者代理机构的签字或者盖章；⑦申请文件清单；⑧附加文件清单；⑨其他需要注明的有关事项。

专利申请费为150埃镑，实用模型、外观设计和集成电路申请费为100埃镑。自获取专利第二年起须缴纳年费20埃镑，逐年上涨，到第20年年费为1000埃镑。

埃及专利局

网址：www.egypo.gov.eg

地址：101 Kasr Al Ainy st., Cairo, Egypt

电话：00202-27921291、27921274、27921272

传真：00202-27921272

电邮：patinfo@egypo.gov.eg

土耳其

【法律体系】土耳其于1879年颁布首部专利法案，是早期拥有知识产权法律的国家之一。1995年相继出台《专利法》《商标法》《保护工业设计条例》和《著作权法》等一系列知识产权法律法规，奠定了其知识产权保护的现代法律框架。2004年，通过了《植物品种权保护法案》和《集成电路布图保护法案》，基本上拥有一套完整统一的知识产权立法体系。通过授予专利权和实用新模型对发明创造给予保护，规定了授予专利权的条件、专利的申请、审查和批准、期限、终止和无效等。2006年，土耳其官方网站上公布了新《专利法》草案，增加生物技术发明内容和取消非审查专利制度。

土耳其《专利法》（1995）对审查或非审查授权的发明和实用新模型的专利权保护、可授予专利的标准（新颖性、创造性和实用性）、申请公开、第三方异议、专利保护期限、发明与实用新型申请的转换、雇员发明、侵权赔偿等保护事项均进行了规定。经审查后授权的发明专利保护期为20年，非审查授权发明专利保护期为7年，实用新模型保护期为10年。申请人可通过获得非审查发明专利保护，将进入实审的时间延后7年。

【申请条件】土耳其《专利法》规定，在申请日/优先权日之前12个月内（包括宽限期）公开发明创造的行为不影响其随后提出的专利申请的新颖性，但应符合下面几项条件。

①由发明人公开；

②由机构公开，包含在下述申请中的信息：未被机构公开的发明人提交的另一申请，直接或间接从发明人方获知发明创造内容的第三方，在发明人未知或未同意的情况下提交的申请；

③直接或间接从发明人方获知发明创造内容的第三方。

土耳其《专利法》规定“超越现有技术”即具有创造性，可以理解为，若相关技术领域专业人员不能明显依据现有技术可实现的行为结果即被视为具有创造性。土耳其对实用新型的专利申请无创造性要求。

【受理机构】土耳其专利局（TPI）为专利申请受理机构。专利局隶属于科技和工业部，是土耳其负责工业产权保护的唯一政府机构。

【专利申请】向土耳其专利局提交专利申请的途径为：

①常规申请；

②经由《专利合作条约》的途径进入国家阶段，依据EPC授权的指定国

为土耳其的欧洲专利。专利申请应以土耳其语形式提交。专利说明书和权利要求书在提交申请时可以英语、法语和德语形式撰写，但应自申请日一个月内补交土耳其语翻译文本。在土耳其无居所或办公场所的申请人须指定注册专利代理机构提交申请。

【专利审查】土耳其专利审查报告分为三类：实审报告、审查意见通知书和授权或驳回报告。

【审批流程】一项专利从申请到授权通常需要4～5年的时间，经过下述程序：①形式审查（1～3个月）；②新颖性检索（自申请日/优先权日起15个月内提出）；③申请公开（自申请日/优先权日起18个月）；④检索报告公开（自提出请求起1年时间）；⑤专利类型选择决定（20年保护期的审查发明专利，或是7年保护期的未审查发明专利）；⑥实审和进一步审查（最多3次审查）；⑦授予或驳回。

【专利权的优先权】申请人系《巴黎公约》成员国的自然人或法人，非《巴黎公约》成员国的自然人或法人，但在该成员国居住或有商业活动的，在土耳其就同一发明或实用新型提出申请的，可以享有12个月的优先权。在优先期内，任何第三方申请专利权均被视为无效；土耳其自然人或法人在非《巴黎公约》成员国申请专利的，可享有《巴黎公约》规定的优先权；专利申请人在土耳其政府主办的或者承认的国际展览会或在《巴黎公约》成员国举办的展览会上首次公开其发明或实用新型的，自首次公开之日起12个月内，该发明或实用新型的申请人可以享有优先权。

也门

也门知识产权保护主管部门是工业和贸易部所属的知识产权保护总局。

1999年3月，也门成为“世界知识产权组织”的正式成员，在其指导下，修订了相关的法律法规。2007年2月也门正式加入《巴黎公约》，7月《知识产权法》作为涉及专利领域的规定正式生效。

也门现行《知识产权法》包括对商标和专利（发明）进行注册、审核、公告、许可及更新以及权利保护的具体规定，与世界贸易组织关于保护知识产权的TRIPS协议内容严重不符。

为加快加入世界贸易组织的进程，也门加紧制定并更新了一系列与知识产权相关的法律，以便能够与世界贸易组织的关于保护知识产权的TRIPS协议相一致。《工业设计法》（2010年第28号法案）及2011年第2号法案（涉及专利、实用模型、商业秘密等）的草案也已经完成。

根据《知识产权法》（含商标、专利有关规定）的规定，专利和商标注册按以下规定办理。

【专利申请所需文件】

①将申请注册的样品登记备案；

②提交详细的发明产品的介绍说明；

③提交简要的产品介绍说明；

④发明产品的技术图纸；

⑤所需要保护的内容（部分）文件；

⑥交纳税费单据；

⑦有效的委托书；

⑧如果申请人为个人则需要撤销商业注册；

⑨以前申请过的，将相关材料复印件或凭证附后；

⑩临时保护的相关证书；

⑪其他对专利发明申请人有利的凭证。

【申请程序】

①外观检查。相关单位将对专利发明申请者的发明品的形状进行外观和法律检查，从申请之日起10天内完成。在法律规定的时间内，受理单位宣布接受申请、接受修改或拒绝，申请人可以在接到通知后的30天内向诉讼委员会提出诉讼，诉讼委员会将在60天内对申请人答复。

②发布。如果上述专利发明符合条件，在专利申请人交纳完相关的费用后将发布公示。

③公示。在规定的时间内对上述专利发明进行公示，如果没有反对意见和交纳完一切相关费用后，专利申请人可以享有15年的使用保护。

【更新】容许证书持有者在每年交纳完规定的费用后根据法律的规定对证书进行更新。

伊拉克

伊拉克于1976年1月成为世界知识产权组织成员国。

伊拉克工业矿产部负责受理商标注册和专利申请等与知识产权保护相关的事务。其他部委，如文化部和卫生部负责相关事务的审查和登记。根据伊拉克专利法，批准后的专利有效期为20年。

申请专利需提供下列文件或证明:

（1）专利申请报告，包括专利名称、所属科技领域、专利特点、用途及效能等;

（2）必要的说明和图示;

（3）寻求专利保护的文字说明，包括申请人姓名、地址和相关技术细节等;

（4）如专利申请人是法人，须提供公司或其他实体的授权书;

（5）需提供阿拉伯语的翻译版本。

对伊拉克本地人收费约680美元，对外国人或外国公司收费约1.5万美元。

阿曼

阿曼于2001年10月加入《专利合作条约》，2007年加入《专利法条约》。阿曼有关知识产权保护的主要法律有：海湾合作委员会成员统一实施的《专利法》《著作权法》《工业产权法》《商业秘密、数据、商标与防止非法竞争法》等。2008年颁布的第67号苏丹令《工业产权法》包括发明专利、工业设计、综合电路设计、特色设计（商标、服务标志、集体标志、贸易名称、证明标志）、地理标记等方面的内容。根据《工业产权法》，专利保护期为自申请之日起20年。正常情况下，一项专利需要自被授予的3年内在海合会国家得到足够规模的产业利用。

阿曼境内专利注册申请由海合会专利局进行评估，有关申请可递交给商工部知识产权司，并由其转交给海合会专利局。

申请程序可查询网站：www.gccpatentsoffice.com

个人和公司申请专利均需缴纳申请费。

叙利亚

叙利亚商标和专利许可注册以1946年通过的47号法令为准。叙利亚经贸部下属的知识产权局负责监督商标和专利许可注册法规的实施。

办理专利申请手续，申请人或经授权的机构（须是叙利亚当地人）要在知识产权局申请专利，且需提交申请书（用阿拉伯文起草）和以下文件:

（1）授权书（如果通过某代理申请）；（2）该发明的技术说明，可以是法文或英文，但最好是阿拉伯文；（3）必要的图纸、蓝图和其他材料；（4）申请书应包括发明人的姓名、申请人或申请机构的名称和地址；（5）申请人应说明该项专利是否已在其他国家登记注册；（6）申请人应说明要申请的该项专利的有效期（5年、10年或15年）。

约旦

约旦《专利法》于1999年生效，2001年修订，同时专利条例生效。约旦工业、贸易与供给部工业所有权保护司负责受理专利申请，在工贸部网站（www.mit.gov.jo）上能查询到相关法律法规。

【专利申请所需文件】

①所申请专利的详细描述；②所有对于理解所申请专利必需的说明图示；③对于所申请专利的描述和寻求专利保护的主张，字数在200个单词左右，用于发布官方公报，化学类发明申请需列明最能说明问题的化学方程式，提供所有说明图示中最能说明问题的图示；④如果专利申请人是法人，需提供公司或其他实体的登记执照；⑤如果专利申请人不是发明创造人本人，专利申请人需提供授权文件；⑥法律认可的代理人权利；⑦如果所申请专利包括对以前所申请专利权利的主张，需提供以前的申请文件及附件的复印件，和以前申请的文件日期、文件编号、所在国别；⑧如果可能，提供在官方展览上用到的临时专利保护证书。

如果专利申请文件用英语书写，需提供阿拉伯语的翻译版本；如果专利申请文件用其他语言书写，需提供英语和阿拉伯语翻译版本。

阿联酋

阿联酋于2002年颁布《专利法》。作为海合会成员国，阿联酋是其专利体系的一部分，海合会的专利法也是阿联酋《专利法》修订的依据。

阿联酋的专利保护按照两个国际协定和一个地区协定运行，即《巴黎公约》和《专利合作条约》体系，以及海合会专利制度。

专利许可必须在经济部记录，否则许可证对第三方没有约束效力。所有涉及商标权保护的申请表格及程序均可通过阿联酋经济部网站（www.economy.ae）的网上服务获得。阿联酋经济部工业产权司负责受理专利的申请。申请专利和商标需要提供包括申请表、相关证据和商标的细节描述等材料。发明专利保护期为自申请之日起20年，实用模型和工业设计专利的保护期为10年，到期可延长。

科威特

科威特《专利和商标法》规定，专利的保护期为20年，所涵盖的范围扩大到包括医药产品。工业设计的保护期为10到15年。

科威特专利申请受理部门为科威特工商部下辖的专利局，于1995年成立，负责专利、设计、工业模型、版权、商标和地理标识。科威特现行专利法为《专利、设计和工业模型法》（1962年第4号法令，2001年第3号法令对其进行修订）。该法令规定，发明者申请国家专利，必须首先在工商部专利局注册，向该局提交的专利申请文件中需含有设计细节方案，强调创新元素。待审核通过后，专利局将予以公示。如无异议将获批准。申请专利手续费为10第纳尔。工业设计和集成电路外观设计专利也在工商部专利局申请，专利保护期为10年，可延期 5年。非科威特人、公司和法人如果来自与科威特有互惠关系的国家，可在科威特注册专利。

目前，科威特专利保护期为自提交申请日起20年。工业设计专利保护期为提交申请后5年。

以色列

以色列司法部下属的“专利、设计和商标办公室”负责知识产权审批和保护。该办公室根据知识产权保护的内容，下设专利、设计、商标和专利合作条约4个专业部门，以及1个服务于各专业部门的法律部。这些部门按照各自有关的知识产权方面的法律规定，分别对专利、工业设计、商标和原始名称，以及国际专利等方面的申请进行登记与审批，向它们提供知识产权的法律保护，并负责处理与工业知识产权有关的事务，向社会提供与工业知识产权有关的信息。

【专利注册】专利（包括商标、设计等）申请一般通过各种专利代理机构和代理人进行。代理机构和代理人需要在“专利、设计和商标办公室”注册和登记。目前，以色列国内有许多具备专利代理资格的代理机构和代理人，具有丰富的专利代理经验。这些代理人不仅代理以色列国内的专利申请，而且还根据《专利合作条约》的规定，为发明人申请国外专利，处理相关的法律纠纷。专利代理机构（人）精通各国专利法规和申请程序，通过他们进行专利申请，不仅可以加快专利的申请速度，而且可以提高申请人获得专利的可能性。

此外，由于以色列是《马德里协定》的成员国，中资企业可通过商标国际注册“马德里体系”，即通过国家市场监督管理总局商标局向世界知识产权组织国际局提出申请，同时指定向以色列提出领土延伸保护。

卡塔尔

作为海合会成员国，卡塔尔遵守海合会专利法和规定；卡塔尔于1976年加入世界知识产权组织，并于2011年签署《专利合作条约》。

卡塔尔于2006年颁布了一部《专利法》，但该法的实施规定尚未公布。该《专利法》规定在经济和商务部下设专利局，负责专利检查和发放专利证书。目前，卡塔尔专利申请通过海合会专利局进行。

【专利申请所需文件】

①由专利申请人（或代理）签字的包括专利申请者姓名、国籍、住址等内容的表格（需使用阿拉伯文）；

②由任何一个海合会国家授权部门签发的合法、有效的委托书；

③如果申请人不是专利发明者，则必须提交由任何一个海合会国家授权部门签发的合法、有效的转让证书；

④商号证书复印件或由任何一个海合会国家授权部门批准颁发的商务注册文件复印件；

⑤如果有要求，还要提供由任何一个海合会国家授权部门批准的优先文件的复印件；

⑥英文、阿拉伯文各3份专利说明与申请书，必须包括的内容及顺序是：发明物的名称、发明物所在的领域、发明物的技术和背景、发明物的展示、对（发明物）图画的简单描述、对发明物的详细描述（包括制作方法、工业应用、适当的检测方法等）；

⑦制图（如果有）；

⑧发明物的简要介绍（50～200字）。

黎巴嫩

黎巴嫩专利主管部门是经贸部。在当地申请专利只需从经贸部或其网站取得有关申请表格，按照表格要求真实、准确地填报相关信息，准备相应文件，向经贸部提交申请即可。

根据黎巴嫩专利法规，任何人均有权申请专利；如果多人共同拥有同一发明，除非另有书面约定，否则专利一旦签发，所有人平等共同拥有该专利；如果多人分别单独做出同一发明，那么专利权属于第一个申请专利的发明人。

如果专利申请人不是黎巴嫩人或黎巴嫩居民，申请人须任命一个居住在黎巴嫩的代理人或委托人进行申请。

专利申请书应包含的内容见下面。

（1）如果申请人委托代理人申请，需申请人签字确认。

（2）申请材料一式两份，应包含以下几项内容：①专利发明的描述及摘要；②专利申请范围列表，列出具体需要申请保护的发明和创新；③用阿拉伯文书写的专利发明摘要；④专利发明的数据（如果该数据对理解该项发明确有必要）或绘图；⑤各附件列表。

（3）呈递的申请书必须是阿拉伯文文本；专利发明申请人可以使用阿拉伯语、法语或英语呈递专利发明的描述、申请范围、数据和绘图。

巴林

巴林涉及保护知识产权和工业产权的法律包括《专利法》《商标法》和《版权法》。《专利法》规定，专利保护期为自提交申请日起20年，实用模型和外观设计专利保护期自申请提交日起10年。保护期间应缴纳年费，自获得专利权后第二年开始缴纳，直至专利期结束为止。个人专利缴纳年费40～76巴林第纳尔，公司专利缴纳年费80～152巴林第纳尔。

巴林工商和旅游部工业知识产权司下设专利申请注册科。巴林籍和外籍人都可在该科申请专利保护。申请人可为专利发明人或专利拥有者。

巴林是世界各种知识产权保护条约和公约的签约方。1995年加入世界知识产权组织，1997年参加《保护工业产权巴黎公约》。2005年，巴林签署5项国际条约，包括《专利法条约》《马德里公约》《尼斯国际货物和服务分类协定》《世界知识产权组织版权条约》和《世界知识产权组织表演和录音制品条约》。2007年，巴林成为《专利合作条约》和《商标法条约》的签约方。

四 劳动许可

(一)主管部门

见表6–7。

表6-7 西亚北非十六国工作许可主管部门

国家	工作许可主管部门	国家	工作许可主管部门
阿联酋	人力资源与本土化部	沙特	内政部和劳工部
阿曼	劳工部	土耳其	劳动和社会保障部
埃及	劳动部移民局、内政部、投资与自由区总局（GAFI）	叙利亚	工作签证的部门为社会事务和劳动部，相关部门还包括移民局和安全部
巴勒斯坦	—	也门	社会事务与劳动部
巴林	劳动市场管理署（LMRA）	伊拉克	外交部和内政部
卡塔尔	劳动部和内政部移民局	伊朗	劳工部和公安部门外国人事务管理局
科威特	内政部移民局	以色列	内政部移民局
黎巴嫩	劳工部外国人工作局	约旦	劳工部

注："—"表示未获取相关资料。
资料来源：作者整理

（二）工作许可制度

沙特

从内政部、劳工部获取工作许可证的前提是拥有雇佣权。要招募和雇用外籍劳工，需申请工作许可证。雇主可以是个体经营户、私营机构或政府机构，但都必须获取工作许可证。

伊朗

必须遵守当地劳工法和其他法律，依法缴纳个人所得税，依法办理工作签证（由于伊朗办理工作签证手续烦冗，部分外国人通过到伊朗邻国，以再次入境的方式延长在伊朗逗留的期限）。

埃及

埃及工作许可制度的一些重要规定如下：

（1）根据埃及《劳工法》，办理1个外国人工作签证必须要解决9个埃及人就业。新《投资法》允许外籍劳工占比扩大至20%，需向投资与自由区总局提出申请。

（2）例外处理对象包括：代表处、外国公司的分支机构经理、雇主及其家属、小企业（员工不足5人或家族式企业）根据埃及为一方的国际公约和协定在埃及从事国家项目的外国人员。

（3）外国人办理工作签证的基本资质要求包括：相关岗位 3 年以上工作经验，毕业证书、经验证明。但公司的投资人、主管不受此限制。

（4）获得埃及劳工部工作许可后，60天内必须办理工作签证，否则过期作废。

（5）工作签证有效期1年，必须在期满前1个月办理续签，超期14天后作废。

（6）签证使用结束后，必须将工作签证交还工作签证办公室，附公司正式信函，由埃及劳工部盖章确认，才能消除工作名额。

（7）技术人员、专家人员要在续签签证时提供埃及助手情况的报告。

（8）签证申请被拒绝，应在1个月内到劳动部外国人工作签证局提出申诉。针对拒签的原因提出理由，必要时提供证明材料。申诉应一次成功。如果第二次被拒签，最好准备回国，再重新申请前来埃及工作的许可，不要第二次申诉。

土耳其

根据土耳其《外国人工作许可法》的规定，外国人在土耳其工作必须取得工作许可。外国人申请工作许可，必须事前取得工作签证和居住许可。因土耳其国家利益或不可抗力，外国人可在取得工作许可前在土耳其工作，但不能超过1个月。工作许可分为有确定期限的工作许可和无确定期限的工作许可。

也门

外国人申请工作许可的具体条件包括：（1）持有也门当地的居留许可；（2）具备职业劳动条件，健康状况适合从事劳动；（3）从事被批准从事的职业；（4）从事要求特殊从业许可的职业，应持有该职业的从业许可；（5）原则上应针对也门人不具备相关工作经验的职业和职务进行雇佣。

禁止雇佣具有下列情况的外国人：（1）曾在也门工作且因品行恶劣或司法审判而被开除者；（2）已经放弃为雇主、管理机构或一个企业提供服务的人员；（3）以非劳动目的进入也门的人员。

伊拉克

根据伊拉克目前出入境规定，外国人可以持邀请函、入学通知书和工作许可证等相关证明在伊拉克驻各国使领馆申请集体旅游签证、访问签证、宗教签证、政治签证、学生签证和长期居留签证等，但均须获得伊拉克内政部批准并出具批件。外国人亦可持伊拉克内政部批件复印件，到伊拉克机场办理落地签证，前提是该批件原件已送达机场。访问签证可申请延期，但总天数不能超过90天。

阿曼

雇主要在阿曼政府取得劳务指标，指标多少由从事的工程量决定，具体工种由用工单位自己计划并报阿曼政府审批。指标获取后，使用期限为6个月，到期作废。一般劳务工作期限为2年，每份指标的费用为200里亚尔。

叙利亚

在叙利亚工作原则上必须申请工作签证。此前，由于叙利亚对此管理不是十分严格，也有采取续签的方式来延长在叙利亚停留的时间，但不能超过6个月，但自2010年12月起，叙利亚加强了签证办理和延期的审批管理，在叙利亚企业取得签证延期的难度加大。

约旦

由公司提出用工申请，业主向劳工部申请，同时向移民局申请居住证，移民局同意办理居住证后，劳工部可以办理工作许可证。

阿联酋

外籍劳务只有取得在阿联酋人力资源与本土化部注册许可企业的担保，才能获得工作许可。同时必须满足以下条件，人力资源与本土化部才有可能发放工作许可：企业有工作许可配额；引进劳工的年龄不得低于18岁；员工专业能力和企业业务范围相匹配；持有的护照有效期在6个月以上；身体健康。

2018年2月，阿联酋通过内阁决议，规定外籍人员申请工作签证时必须出示其祖国或过去五年居住国所出具的良好行为证明（无犯罪证明），此举大大延缓了企业招聘流程，影响了其业务正常开展，并使得部分劳务输出大国的阿联酋使领馆机构不堪重负。同年4月，阿联酋内阁发布决议宣布暂停这一规定。

科威特

科威特仍在实行保人制度。外籍人员在科威特务工，一般分如下步骤：

（1）必须由科威特人（项目业主或用工个人）向科威特社会事务和劳动部申请劳工指标。

（2）社会事务和劳动部根据项目规模进行审批。指标下达后，由保人出具邀请函。

（3）劳务人员须在本国办理无犯罪记录证明、体检证明、公证、本国外交部认证，经科威特使馆认证之后可办理赴科威特签证。

（4）劳务人员到科威特后要再次体检，不合格者将被退回。合格者需办理工作签证和长期居留身份证。科威特卫生部规定，外籍人士必须通过健康体检（包括艾滋病、肝炎、疟疾等）才能获得科威特居留许可。

（5）劳务人员离开科威特，不管合同是否到期，都要经保人同意，撤销长期居留签证，并办理离境签证后才可离开。

以色列

以色列政府对外籍劳务实行配额管理。在配额内按照工作许可制度办理相关手续。外籍劳务在以色列就业的许可有效期一次为1年，最长可延长到63个月。期满后必须离境（可以不回母国而去其他国家），但可多次返回以色列，次数不限。

以色列法律规定只有拥有永久居留权、临时居留权、B1或B4签证的外国人可在以色列工作。B1签证签发给希望在以色列短期工作，领取报酬的外国人。B4签证签发给在以色列从事无报酬自愿工作的外国人。B1和B4签证均需由雇主代为申请。

卡塔尔

卡塔尔法律规定，赴卡塔尔工作或就业的外国人必须获得劳动部批准，并在内政部移民局获得工作签证和居住证后方可从事相关工作。从2016年12月13日开始，卡塔尔正式取消针对外国人的担保制度，取而代之的是劳动合同制。

黎巴嫩

外国人在黎巴嫩长期工作（一般指连续3个月以上），必须取得黎巴嫩劳工部外国人工作局签发的工作许可证（有效期一般为1年）。获得工作许可证后，还需持工作许可证到黎巴嫩公安总局下设的外国人事务局办理居住证，方能成为合法工作人员。

巴林

外国人赴巴林工作，必须获得巴林工作签证/许可证。申请时间大约1周到10天左右。在前往巴林之前，应做好以下准备：

（1）在巴林劳动市场管理署网站（www.lmra.bh）输入工作签证申请号后

查询签证状态。

（2）确保持有以下材料：护照原件、劳动市场管理署签发的工作签证复印件、雇佣合同复印件、婚姻证明（如带配偶来巴林）、驾照（如有必要）、学历及工作证明（如有必要）。

（3）如有必要，经认可的医疗机构出具健康证明。

（三）申请程序

沙特

在沙特，由雇主为员工申请工作签证。

伊朗

一般由伊方合作伙伴为中方人员申请和办理工作许可、居住许可及签证。

埃及

办理工作签证主要有三个环节：准许外国人来埃及工作的许可；工作签证；续签证。其中，工作许可向投资与自由区总局投资服务中心提出申请；工作签证向劳动部申请；签证续签需要提前1个月向劳动办公室申请办理。

土耳其

申请者可在土耳其境内或境外提出工作许可申请：在土耳其境外定居的外籍人士，须向其居住国家（地区）或其拥有国籍的国家（地区）的土耳其大使馆或领事馆递交申请；拥有土耳其合法居留权（有效期至少6个月以上，因教育事宜而获得的居留权除外）的外籍人士可直接向土耳其劳保部递交申请。外国人申请工作许可时应提交劳动合同、委任书或声明公司合伙人身份的文件。自外国人向土耳其大使馆或领事馆提出申请之日起的10个工作日之内，土耳其当地的雇主必须在网上向土耳其劳保部提交申请表并亲自或通过邮寄方式递交所需的信息及文件。土耳其大使馆或领事馆及劳保部将在网上完成有关在国外申请工作许可证的程序。外国人向土耳其大使馆或领事馆提出申请之后，雇主必须在10个工作日之内向劳保部提交电子申请表并随后向该部门递交申请所需的文件。申请获得劳保部批准的外国人，以及已向其签发工作许可证的外国人，必须在90天之内进入土耳其。

也门

外国人在也门当地就业，由雇主负责向社会事务与劳动部及其地方派出机构申请工作许可。

伊拉克

办理工作签证有两种方式：一种方式是劳务人员赴伊拉克之前由雇主根据双方签订的合同到伊拉克劳动部和内政部申办工作许可证，然后再到伊拉克驻各国使领馆办理赴伊拉克签证，前提是伊拉克内政部必须通知伊拉克使领馆；第二种方式是劳务人员由雇主邀请持短期签证来伊拉克后，双方签订雇佣合同，由雇主负责到伊拉克劳动部和内政部申办工作许可证和长期居留签证。长期居留签证1年一签，到期30天前申请续展。

阿曼

办理完工作许可指标相关事宜，用工单位即可办理劳务人员进场签证，在办理签证时需要本人提供护照复印件、体验证明、个人照片10张。用人单位到阿曼移民局办理签证，每份签证的办理时间大约需要7～10天。劳务签证办理结束后，由用人单位将签证邮寄劳务所在国以便办理出境相关手续。

外籍劳务人员抵达阿曼1个月之内，应分别到指定医院、警察局办理体检、指纹备存和照相等事宜，同时领取个人在阿曼的身份证，否则将会对用人单位进行罚款。

叙利亚

原则上是由雇主来为员工申请工作签证。申请工作签证（一般有效期为1年）分为两种情况。

（1）公共部门（如政府部门、国有企业、使馆等）。如果外资企业或合资企业是为政府部门工作或与国有企业合作，所属员工的工作签证相对容易申请，其基本程序如下：①申请企业向政府部门或国有企业提交正式申请函；②该政府部门或国有企业需准备给移民局的函件和企业申请函，到安全部门备案并提交员工身体检查单（主要是验血、X光），该政府部门把以上材料提交给“社会事务和劳动部”，申请工作签证。所需时间最快2个月，一般为3～4个月。

（2）私营企业。向劳动部提交所需相关材料，向移民局出具正式的函件，该私营企业（在叙利亚）的注册材料，到安全部门备案。私营企业申请工作签证需要准备的材料更多，申请周期更长。

约旦

外籍员工工作许可证申请由雇主办理。公司提出在约旦工作的外国人员名单、职务及工作计划，报业主审批；业主审核后向移民局和劳工部提出申请居住证和工作许可证；移民局同意办理居住证后，劳工部才可以办理工作许可证。

一般办理周期为2~3周，可全部办理完毕，同时得到居住证和工作许可证，期限为1年，到期时，应及时办理延期手续（按照项目合同期限）。办理居住证和工作许可证的外国人员，当地政府要求办理健康和社会保险。

阿联酋

【申请程序】具体如下：

①根据人力资源与本土化部审核报告备齐各种材料；

②在人力资源与本土化部授权的服务中心打印和提交申请表；

③通过电子信息系统将申请表传给人力资源与本土化部；

④经人力资源与本土化部审核，若有材料和信息缺失，可赴服务中心进行补充；

⑤获得工作许可或者拒绝授予工作许可。

获得工作许可后，将相关资料提交移民局。经审核批准后，移民局会出具一份临时工作签证，有效期为3个月。员工在抵达阿联酋后的30天内，凭该临时工作签证及公司执照复印件、购房或租房合同复印件到政府指定的医院进行体检。主要检查艾滋病、肺结核、乙肝。如果不合格，则必须遣返。体检合格后，领取健康卡，并将体检结果提供给公司担保人。担保人持检查结果单和临时工作签证再次去移民局，办理正式的工作签证。工作签证有效期一般为1~3年。

最后委托担保人持工作签证、相关学历证明及其他相关材料去人力资源与本土化部办理劳工卡。

科威特

外籍人员在科威特务工，一般分为如下步骤：（1）必须由科威特人（项目业主或用工个人）向科威特社会事务和劳动部申请劳工指标。（2）社会事务和劳动部根据项目规模进行审批。指标下达后，由保人出具邀请函。（3）劳务人员须在本国办理无犯罪记录证明、体检证明、公证、本国外交部认证、科威特使馆认证之后方可办理赴科威特签证。（4）劳务人员到科威特后要再次体检，不合格者将被退回；合格者需办理工作签证和长期居留身份证。科威特卫生部规定，外籍人士必须通过健康体检（包括艾滋病、肝炎、疟疾等）才能获得科威特居留许可。（5）劳务人员离开科威特，不管合同是否到期，都要经保人同意，撤销长期居留签证，并办理离境签证后才可离开。

申请的主体是雇主，雇员需要做健康检查。

以色列

【外籍高级雇员工作许可申请程序】高级雇员指月薪至少在14000新谢克尔以上的行政主管、经理人或专业技术人员。需要外籍劳务的以色列公司、农场或家庭，需向以色列劳工部提供项目资料、劳动力需求量等申报材料。内政部负责外籍劳务的签证办理。

内政部移民局将收到的申请材料送交经济部外贸管理司（以下简称“管理司”）检查和审核。根据审核结果，管理司向移民局顾问委员会提出初步意见，然后由顾问委员会提出建议供移民局长核定，申请获批准的人需缴纳500新谢克尔的申请费。此外，申请公司需作出书面承诺，保证所雇员工的月薪至少是以色列月平均工资的2倍，即14000新谢克尔。

雇员和申请公司缴清申请费并提交所有必需的材料后，移民局向申请公司签发申请许可（通常情况下许可签发的期限为1年）。获得申请许可的申请公司须向内政部申请工作签证批复。签证由以色列设在雇员所属国家的使领馆签发。使领馆颁发的签证有效期为1个月，雇员入境后，由内政部根据经济部劳工司批准的工作期限为其签发延期签证。

【外籍劳工（主要为建筑工人）工作许可申请程序】以色列政府指定了43家人力公司，由其负责从海外引进外籍劳工。如要申请工作许可，需通过这些人力公司向以色列内政部提出申请。申请批准后，以色列内政部再通知以色列驻外使领馆为申请人颁发工作准证。获取工作准证的申请人需在以色列驻外使领馆进行指纹登记，进出以色列时都需要经过指纹查验。

卡塔尔

工作许可由担保人负责办理，由担保人向劳动部申请批件，获得批准后到内政部移民局办理入境签证（有效期一般为15天）。人员入境后应在1个月内到指定部门进行体检和留指纹，合格后到移民局办理工作签证（有效期1～5年）和居住证。

黎巴嫩

中国公民办理在黎巴嫩工作许可证和居住证的一般程序为：（1）黎巴嫩雇主准备有关材料，然后向黎巴嫩劳工部外国人工作局申请工作预许可，一般需2个月。（2）将黎巴嫩劳工部批复的“预许可”发至黎巴嫩驻华使馆。

（3）中国公民向黎巴嫩驻华使馆申请"预工作签证"。（4）中国公民抵达黎巴嫩后，持"预工作签证"护照等材料，向黎巴嫩劳工部外国人工作局申请工作证，一般需2周。（5）持黎巴嫩劳工部外国人工作局签发的工作许可证，向黎巴嫩公安总局外国人处申请居住证。办理居住证所需材料包括：①有效期至少1年的护照；②两张尺寸为4cm×4cm的头像照；③填写个人居住申请，并在公安总局相关地区分局的公职人员面前签字；④从事一般工作的居住证申请，需提交雇主的身份证件的复印件；⑤从事家庭佣人的居住证申请，需提交雇主家庭民事注册文件。（6）工作证有效期一般为1年，每年需更换，可自己办理更换证件事宜，也可委托黎巴嫩邮政公司办理。（7）居住证有效期为1年，每年需更换，更换居住证必须由本人到黎巴嫩公安总局办理。

根据入境外国人所从事的职业不同，黎巴嫩将工作许可证划分为4类，居住证划分为7类。

黎巴嫩劳工部在批准工作许可的同时将划分工作许可类别。申请者凭劳工部核定结果向公安总局提交长期居住证申请，公安总局则按劳工部核定的类别给予申请者同样类别的长期居住证。

巴林

工作签证分为入境前办理和入境后办理两种方式。

【入境前办理】先由当地雇主向劳动市场管理署申请办理。每个工作签证的费用约为100巴林第纳尔（约合1700元人民币）。雇员获得工作签证后，在机场入境时需按手印、领取体检预约表。入境后到指定医院参加体检，到中央信息和通讯局办理个人身份证。

【入境后办理】可以先持旅游签证入境，入境后申请转办工作签证，费用为60巴林第纳尔。取得工作签证后再到有关部门办理以上相关手续。

工作签证可在到期前申请更新。

【转换雇主】根据劳动法，员工如欲转换雇主，须以挂号信的形式，在合同约定的通知期内（或者按照法律规定，3个月之内）通知原雇主。新雇主凭挂号信复印件及信件收讫凭证，然后向劳动市场管理署为员工申请新的工作签证。

（四）提供材料

沙特

（1）申请居留证，需要的资料包括：①填写完整的申请表，并以申请公司的戳记加以密封；②体检表（首次申请）；③申请人护照的复印件及原件（供确认）；④支付每年500里亚尔（133.3美元）的相关费用，以及150里亚尔（40美元）的人力资源费；⑤对于非投资者，还必须支付100里亚尔（26.7美元）的工作许可证费用。

（2）访问签证也可以转换成居留证，需要的资料包括：①填写完整的相关表格；②提供项目许可证以及个人护照的复印件；③投资者的信函；④沙特投资总局的担保信；⑤支付所有应支付的费用（转换费为2000里亚尔，折合533.3美元）。

伊朗

外资机构向伊朗劳动部申请工作许可时，劳动部会安排会议讨论工作许可的请求，如外资机构雇用伊朗人、交保险等条件。但各种条件不是固定的，有时会根据主管人的意愿发生变动，甚至提出一些比较过分的要求。条件谈妥后，才会通知外资机构可以申请工作许可。

获准申请工作许可后，需要按照以下流程办理并提交相关的资料：

（1）从劳动部领取申请表格，准备好申请人的护照原件、护照复印件、入境签证复印件、学历的英文公证、英文版的劳动合同及公证（这2个公证应有中国外交部的印鉴）、照片（约12张），连同填好的申请表格一起送交劳动部；（2）大约1周后，劳动部会发一份公函给外交部，请外交部将申请人的入境签证改为工作签证；（3）外交部收到公函后，会向申请人签发一份给出入境管理处的文件，申请人必须持外交部的文件连同约115万里亚尔的伊朗Melli银行交款收据和本人护照送交出入境管理处；（4）出入境管理处在护照上盖章确认申请人的入境签证已经暂时改为工作签证，有效期自动延期1个月，上述手续必须在入境签证在伊朗有效停留期截止日期前完成；（5）持所有上述文件资料以及伊朗Melli银行出具的收款单去劳动部申请正式工作准证，一般2周内可办好。

申请到工作准证后，需到伊朗出入境管理处办理工作居住证（办理居住证收费约150万里亚尔），如果申请人的护照上有多次入境签证和在伊朗停留日期的记录，出入境管理处将按照其在伊朗的停留日期计算，每天需缴纳30万里亚尔罚款，罚款时间从申请人首次入境之日起计算。

埃及

（1）外国人工作签证申请表由企业逐项填写，负责人签字，加盖企业公章；

（2）劳动部许可的复印件主送内政部和投资总局劳动办公室；

（3）经埃及驻中国大使馆认证的申请人工作资历证明，工作经历不得少于3年；

（4）申请人护照原件和复印件，原件用以核对；

（5）收益人为劳动和移民部总秘书处主任的、金额为3200埃镑的邮件汇票，此费用为1年的工作签证手续费；

（6）医院体检证明（证明没有艾滋病）；

（7）申请人没有申请过（或申请过）工作的确认书；

（8）企业文件（商业注册证、税务登记证等）；

（9）社会保险表和公司加盖公章的办理保险员工名册；

（10）安全审查表。

土耳其

在土耳其申请工作许可证需要向签发机构提交如下资料：

（1）申请书；

（2）填写申请表；

（3）译成土耳其文并经公证的护照复印件；

（4）译成土耳其文并经公证的学历证书；

（5）如在土耳其提出申请，则需提供有效的当地居住证；

（6）个人简历。

有关信息可登录劳动和社会保障部劳动司网站（www.cgm.gov.tr）查询。土耳其总理府投资与促进局还专门推出了中文版网站（www.invest.gov.tr/zh-CN/Pages/Home.aspx），登录该网站可详细了解有关工作许可的中文信息。

也门

雇主申请雇佣外国人在也门当地就业，需提交以下材料：

（1）雇主姓名、国籍、职业和主要工作特点；

（2）劳动者的姓名、别名、国籍、宗教信仰、出生日期、原居住地和家庭情况；

（3）劳动者将要从事的工种和以前从事的工种；

（4）劳动者预计雇佣期限；

（5）如果劳动者曾经入境，说明入境和离境的日期和原因；

（6）外国劳动者的证书、技术资格和经历；

（7）与劳动者签署的合同草案复印件，明确说明劳动者的报酬金额、奖金、现金和实物福利。

外国人取得工作许可后，必须在工作许可证到期前1个月向原许可机构申请更新。

伊拉克

需提供的资料包括劳动合同、护照及签证材料等。具体可详见伊拉克劳动部网站（http://www.molsa.gov.iq/）。

阿曼

办理完工作许可指标相关事宜，用工单位即可办理劳务人员进场签证，在办理签证时需要本人提供护照复印件、体检证明、个人照片10张。

用人单位到阿曼移民局办理签证，签证的办理时间大约需要7～10天。

劳务签证办理结束后，由用人单位将签证邮寄劳务所在国以便办理出境相关手续。

劳务人员抵达阿曼1个月之内，应分别到指定医院、警察局办理体检、指纹备存和照相等事宜，同时领取个人在阿曼的身份证，否则将会对用人单位进行罚款。

叙利亚

需提交的材料有：劳动部审批通过的劳动合同（员工与该私营企业签订的）；该私营企业给员工购买的社会保险证明；由商务部提供的该员工是叙利亚所需要的人才或劳动力资源的证明；居住证明；该员工所租住地区行政长官开具的证明及护照、照片（10张护照照片）；当地出具的体检报告等。

约旦

需提供的资料包括：项目合同文件；公司外国人员申请名单；业主提交办理工作许可证申请的信函；申请人在约旦指定医院的体检健康证明；照片2张；护照复印件。

阿联酋

到阿联酋人力资源与本土化部办理个人工作许可，需提供以下材料：护照复印件、护照照片4张、有法人授权签字的公司执照复印件、申请表（需要到人力资源与本土化部授权的服务中心进行打印）、公关卡复印件。

【专业从业人员需提供特殊材料】

（1）如果从事司机行业，需提供认证的驾照和相关部门出具的车辆牌照表；

（2）如果从事医生、药剂师、护士及其他医疗专业技术人员职业，需提供卫生部出具的证明和学历证明；

（3）如果在私立学校从事教师职业，需提供教育部出具的证明；

（4）财政部出具的工业生产证明和工业生产执照；

（5）本科和研究生学历证明，在校大学生需出具阿联酋外交部的证明；

（6）如果申请教练和裁判职业，需出具体育总局的证明。

科威特

请参考科威特政府网站（www.da.gov.kw/eng/sitemap）查询详情。

以色列

申请公司应以申请表格的形式填写申请材料（可从劳工司索取），并提交给劳工司。

申请材料必须包括所有与雇员有关的信息，包括：（1）雇员在以色列的身份；（2）雇员简历，包括先前的工作单位、技能、专业知识和受教育程度等。此外，还需提交雇主在以色列的生产经营状况。

卡塔尔

申请工作许可需要提供以下资料：申请文件、申请表格、担保人身份证明影印件、被申请人护照影印件、担保人机构代码等。

黎巴嫩

根据外籍人员在黎巴嫩从事职业的不同，工作许可证的申请文件也有所区别。外籍人员在黎巴嫩申请工作许可证需准备的详细材料以及工作许可证式样等，请见中国驻黎巴嫩大使馆经商参处调研文章《外籍劳工申请在黎巴嫩就业许可证步骤及所需材料》，文章网址为：lb.mofcom.gov.cn/aarticle/d/u/201101/20110107376658.html。

巴林

（1）办理工作签证需提供以下资料：签证申请表、雇员护照、护照尺寸的照片、担保书（雇佣情况介绍信，包括雇主的姓名/组织、商业注册码、雇员资历、薪资、合同期限、姓名、出生日期和国籍）、合同复印件、授权医院的健康记录、100巴林第纳尔的费用（如入境后办理，则为60巴林第纳尔）。

（2）办理家属签证需提供以下资料：申请表、雇员及其家人的护照复印件、雇员的担保书、雇员的劳动合同、授权医院的家人健康记录，每位申请人需22巴林第纳尔的费用。

（注：雇员本人在社保总署显示的净工资收入在250巴林第纳尔以上的方可为家属申请巴林探亲签证。）

（3）办理CPR卡（身份证）需提供以下资料：雇员（或其配偶）的护照、列有家属姓名的担保书、结婚证（配偶）与出生证（子女）、每位申请人需1巴林第纳尔的费用。

中国企业和个人在办理赴巴林工作签证过程中，要特别注意：

（1）入境后转办工作许可证的，在办理手续过程中，原签证有效期不得少于7天，如少于7天须先到移民局申请原签证延期，或出境后复入境。

（2）签证过期后30天内离境，缴纳罚款后可再次入境；超过30天，除罚款外，还将被列入黑名单，今后不准入境。

（3）机场入境处对单身女性颁发落地签证从严管理。

五 居住手续

沙特

外籍劳工在沙特劳工部获得工作许可后，方可申请办理居住许可。外籍工人必须与雇主签订书面合同，接受由雇主担任其担保人；外籍工人必须持有有效的居住证和工作签证；一名雇员只能受雇于其担保人，不得为他人工作；担保人不得让自己的雇员为他人工作，不得纵容雇员脱离其管理自行从业；从担保人处逃逸的外籍劳工2年内禁止被任何单位、个人雇用或收留。

伊朗

外籍人员在伊务工必须取得许可证、工作准证和居留证（外交人员和特定常驻记者除外）。2019年6月30日，伊朗总统鲁哈尼主持的内阁会议决定，向至少在该国投资25万欧元或等值外币的外国投资者提供5年的居留资格，旨在促进外国投资。

埃及

在项目实施期间，允许外籍投资者在埃及居住。条件包括：申请者是公司的发起人、股东、合伙人或企业主；居留期限不得少于1年，不得超过项目运营期限。填写总局的表格提出居留申请。在获内政部批准后，总局董事会按照公司经营范围的级别、期限、投资额、员工人数、经营所在地，依据董事会发布决定规定的原则和条件准许居留。

土耳其

根据土耳其《外国人工作许可法》的规定，外国人在土耳其工作必须取得工作许可。外国人申请工作许可，必须事前取得工作签证和居住许可。申请者可在土耳其境内或境外提出工作许可申请：在土耳其境外定居的外籍人士，须向其居住国家（地区）或其拥有国籍的国家（地区）的土耳其大使馆或领事馆递交申请；拥有土耳其合法居留权（有效期至少6个月以上，因教育事宜而获得的居留权除外）的外籍人士可直接向土耳其劳保部递交申请。

也门

雇主申请雇佣外国人在也门当地就业，需提交以下材料：

（1）雇主姓名、国籍、职业和主要工作特点；

（2）劳动者的姓名、别名、国籍、宗教信仰、出生日期、原居住地和家庭情况；

（3）劳动者将要从事的工种和以前从事的工种；

（4）劳动者预计雇佣期限；

（5）如果劳动者曾经入境，说明入境和离境的日期和原因；

（6）外国劳动者的证书、技术资格和经历；

（7）与劳动者签署的合同草案复印件，明确说明劳动者的报酬金额、奖金、现金和实物福利。

外国人申请工作许可的具体条件包括：

（1）持有也门当地的居留许可；

（2）具备职业劳动条件，健康状况适合从事的劳动；

（3）从事被批准从事的职业；

（4）从事要求特殊从业许可的职业，应持有该职业的从业许可；

（5）原则上应在也门人不具备相关工作经验的职业和职务中进行雇佣。

伊拉克

根据伊拉克目前出入境规定，外国人可以持邀请函、入学通知书和工作许可证等相关证明在伊拉克驻各国使领馆申请集体旅游签证、访问签证、宗教签证、政治签证、学生签证和长期居留签证等，但均须获得伊拉克内政部批准并出具批件。长期居住签证手续费为150美元。

目前办理劳工许可所需材料主要包括：（1）公司营业执照、正式申请信、公司负责人/法人代表/特定被授权人护照及长居复印件、公司成立文件/决议（需翻译并认证）；（2）有效的项目合同；（3）所有申请人的护照及长居复印件、入境函、照片；（4）为伊拉克籍员工缴纳社保费的证明材料（缴费发票及社保局证明信）；（5）非伊拉克籍员工在国籍所在国缴纳社保费的证明材料（需由伊拉克驻外使馆和伊拉克外交部双认证）。

阿曼

根据阿曼的劳动法规定，阿曼个人或企业雇用外国劳工应向阿曼劳工部申请，经批准后才能按照批文的数量和职位引进外国劳务。外国劳务抵达阿曼后，须去政府指定医院进行体检，如果体检不合格，将会被遣返回国。体检合格者，方可到移民局办理劳动卡和工作签证。有效期一般为2年，期限内可以多次出入境。如果回国超过半年，签证暂停使用（即冻结），如需再次进入阿曼，应要求移民局解冻原签证。如果服务期超过2年，应申请办理延长手续。雇主（企业）作为担保人，应在雇用期结束后负责将外国劳务人员及时送出境外。

叙利亚

叙利亚法令对叙利亚聘用阿拉伯和外国劳动者做出了相关规定，在叙利亚的外籍人员必须向叙利亚劳动和社会事务部提出申请方能获得工作许可。工作许可有效期为1年，可以申请延期。各单位外籍劳务数量不得超过该单位劳务总数的10%，外国石油公司和国家重点经济建设工程及高技术项目不受该项规定的限制。外国人在叙利亚就业还需获得由内政部颁发的居住许可。

约旦

外国人在约旦工作的政府主管部门是劳工部。约旦实行外国人工作许可证制度。由用人公司提出用工申请，业主向劳工部申请，同时向移民局申请居住证，移民局同意办理居住证后，劳工部可以办理工作许可证。

办理居住证的收费为30约旦第纳尔。办理工作许可和居住许可的时间一般为2~3周，可全部办理完毕，同时得到居住证和工作许可证，期限为1年，到期时，应及时办理延期手续（按照项目合同期限）。

办理居住证和工作许可证的外国人员，当地政府要求办理健康和社会保险。办理时提交的材料还包括：申请人在约旦指定医院的体检健康证明、照片2张、护照复印件。

阿联酋

外籍劳工在阿联酋办理居住许可需要有雇佣签证。阿联酋的劳工法规定，雇佣外国劳工须事先向人力资源与本土化部申请用工指标，只有雇主的项目和用工人数获得批准，并向人力资源与本土化部出具每名劳工3000迪拉姆（约合5400元人民币）的银行保函作为抵押，根据公司类别需支付600~2000迪拉姆不等的工作批件费，才能取得用工指标批文。雇主凭该批文才能给劳工申办雇佣签证。雇佣签证有效期60天，居住期也是60天。雇主须在劳工入境后至雇佣签证到期前的期间内承担所有费用，并为劳工办妥一切手续，包括为劳工取得劳工卡和2年有效的工作签证。阿联酋的劳工法规定，只有雇主才可以做外籍劳务人员的担保人，为其申办劳工卡和居住签证。外籍劳务人员不得转换雇主，除非是有特殊专长。雇主与劳务人员签订的劳动合同受劳动管理部门监管。所以，外派劳务人员抵达后要先与雇主签订劳动合同后方可工作。

科威特

科威特对外籍人实行强制性医疗保险计划。外籍人必须在缴纳医疗保险费后才可办理申请、延长居住等手续，且居住有效期同保险有效期直接挂钩。在本地私营保险公司投保的外籍人，可申请获得同样有效期的居住证。

在社会事务和劳动部领有劳动证或登记的外国工人享受优先雇佣的待遇。其劳动证的有效期为2年，1年内更换一次，但劳动证有效期不能超过其居留期。

以色列

以色列负责外籍劳工工作许可和居住许可管理的部门是人口和移民局。申请程序可从人口和移民局网站（www.piba.org.il）查询。

卡塔尔

卡塔尔法律规定，赴卡塔尔工作或就业的外国人必须获得劳动部批准，并在内政部移民局办理了工作签证和居住证后方可从事相关工作。工作许可由担保人负责办理，由担保人向劳动部申请批件，获得批准后到内政部移民局办理入境签证（有效期一般为15天）。人员入境后应在1个月内到指定部门进行体检和留指纹，合格后到移民局办理工作签证（有效期为1～5年）和居住证。

黎巴嫩

黎巴嫩的外籍劳务主要集中在建筑、餐饮、家政服务等行业或岗位。目前叙利亚在黎巴嫩的难民超过110万人，给黎巴嫩劳务市场带来了大量的劳务供给。黎巴嫩失业人口占劳动人口总数的25%。为限制外国人在黎巴嫩务工，黎巴嫩政府要求所有外籍务工人员必须取得劳工证及居住证。外国人必须在黎巴嫩劳工部获得有效工作许可，并办理黎巴嫩居住证。在黎巴嫩工作的非黎巴嫩籍居民，需在黎巴嫩劳工部和公安总局办理工作许可证和长期居住证。

外国人在黎巴嫩长期工作（一般指连续3个月以上的），必须取得黎巴嫩劳工部外国人工作局签发的工作许可证（有效期一般为1年）。获得工作许可证后，还需持工作许可证到黎巴嫩公安总局下设的外国人事务局办理居住证，方能成为合法工作人员。

巴林

外籍人在巴林就业实行许可制度。根据巴林的《劳动法》中“外国人在巴林任职的规定”，先由雇主向劳工与社会发展部及移民局提交雇用外国人的劳动许可申请，该部门根据公司的规模和申请数量，批复可雇用的人数；在巴林设立公司、办事处时，须办理劳动许可（居住证）手续。居住证的期限一般为2年，到期后还可延长。在办理相关手续时，须提供无犯罪记录证明材料。

第七章

贸易投资风险防范

一 贸易风险

西亚北非地区国家国际贸易存在的风险主要包括：第一，价格波动风险。该地区部分国家为石油输出国，国际油价走势对其国际贸易有很大影响，我国是该地区石油的主要需求方之一，对国际油价波动应给予足够的关注和预期，避免交易损失。第二，贸易规则风险。该地区部分国家实行出口配额和进口许可证管理，部分国家根据本国经济情况，适时调整其配额和许可证制度，为规避贸易风险，应及时了解各国贸易法规的调整。第三，汇率风险。对汇率风险应有充分的准备，避免交易风险和经济风险。比如，受国际制裁的影响，近期伊朗货币里亚尔对美元汇率持续贬值，尽管伊朗央行极力干预，但难以扭转其汇率贬值的趋势，因此做好汇率风险防范很重要。再比如，埃及实行浮动汇率，2016年11月埃镑大幅贬值，导致2017年埃及进口下降，出口增加。受其影响，中国对埃及出口持续下滑。第四，进出口商品的特殊要求。西亚北非地区国家宗教色彩浓厚，基于宗教信仰，对部分进口产品有特别要求。除禁止进口违背宗教教义的商品外，对进口产品的花色、图案也有特殊要求，中国企业应充分了解这一特点，避免发生误会和纠纷。

此外，还应了解西亚北非地区各国商业文化和贸易商的特点和习惯，制定相应的策略，发展贸易关系，避免出现不必要的麻烦。

（一）找准优质代理。西亚北非地区，部分国家（比如阿联酋、黎巴嫩、沙特、伊拉克等国）实行进口代理制。我国出口商应通过信用良好、有经验的当地代理向当地出口商品，审慎签订独家代理协议。比如，根据阿曼的进口贸易管理规定，有些产品，特别是机电产品必须有当地代理才能进口，且必须在当地销售。因此，国内有关企业在推销产品时，应首先寻找合适的销售代理，建立代理关系，以便建立销售渠道、售后服务网络等。

（二）注意包装要求。向西亚北非国家出口的商品在内外包装及产品本身不能印有违反宗教教义和传统的图片、文字等。出口到阿拉伯国家的食品应在包装上用阿拉伯语注明食品的成分、原产地、生产企业名称、生产日期、有效期等。比如，出口到沙特的所有产品必须符合沙特标准局（SASO）制定的标准；包括茶叶在内的食品、药品必须严格符合沙特标准局和沙特食品药品管理局的相关要求；空调、洗衣机、冰箱等家电产品必须加贴能耗分级标签等。

（三）签订正规合同。买卖双方应签订贸易合同，详细说明有关数量、规格、重量、货款、单价、支付方式、包装要求、运输方式和仲裁等内容。一旦双方发生纠纷，贸易合同是保障双方权利的重要依据。

（四）坚持诚信守约。双方一旦签订贸易合同，均应严格履行合同，诚信守约，努力提高产品质量和信誉。不能因贪图一时之利，以次充好，以假充真。

（五）关注贸易法规的调整。对伙伴国贸易法规的调整做出有效应对，避免损失。比如，2015年底至2016年初，埃及贸工部分别出台部长令，对部分市场零售商品采取外国出口商注册制度，未注册的公司不能向埃方出口，很多按要求提交注册文件的中国公司一直未能获得注册，导致业务停滞，对中国出口造成不小的影响。

（六）海关估价。一些国家的海关通过自行寻找的途径（如网站、驻华使馆收集的市场价格信息等）对进口商品进行估价，并按估价加征关税。比如，埃及近期对从中国进口的汽车进行价格核查，通过与中国海关的行政互助机制获取在中国海关的出口报关单，严查签订阴阳合同的骗税、逃税行为。

（七）海关清关风险。比如，出于反恐和安全考虑，2015年8月，埃及海关要求对所有进口化工品加强港口检验，由军方、港口和进出口控制总局三方共同参与，导致大量化工品不能及时清关。再比如，有些国家海关清关程序复杂，时有压柜现象发生，影响出货交期。

（八）适应当地支付条件。比如，对于大宗产品，许多国家的进口商会向出口商开立信用证，但部分进口商习惯在签订合同后先付30%的定金，待收到发货通知单后再支付其余款项。

（九）选择可靠的货运公司或代理。中国与西亚北非相距较远，无直达班轮，所以运费高，船期长。有的外轮代理承运货物要经多次转船，数月才能运到，货损风险加大，所以要慎重选择承运人。

（十）选择保险的收汇方式。付款方式是贸易环节中最重要的一环，为收汇安全，可选择信用证、预付+电汇的方式。国际市场竞争激烈，一些客户信誉较差，采用D/A、D/P或寄售等付款方式，风险较高。所以，在签约成交时如无特殊情况，务必坚持经第三国保兑，不可撤销信用证。

（十一）规避违约或拖欠货款风险。无论贸易额大小，都应签订书面贸易合同，并在合同的争端解决条款中明确双方责任、义务及解决纠纷的途径、时限和程序。

（十二）有效应对贸易救济措施。比如，受双边贸易不平衡等因素影响，土耳其对中国产品采取了多项包括反倾销、保障措施和特保在内的贸易救济措施，对中国部分产品出口土耳其造成了较大影响。

二 投资风险

（一）了解东道国对外资可进入行业领域、持股比例的法律规定。在很多国家，外资在自由区（如阿联酋）、经济特区内投资，可100%控股；但在自由区外，外资持股不能超过49%。因此，应根据自身业务发展的需要，合理选择投资地点。

（二）做好企业注册的充分准备。中国企业要全面了解西亚北非国家关于外国投资注册的相关法律，并聘请当地专业律师协助办理注册事宜。要正确选择拟注册的公司形式和营业范围，备齐所需文件，履行相关程序。

（三）了解东道国代理制。比如，阿联酋要求外国企业在当地投资必须选定当地代理人并支付一定的费用。中资企业应充分了解此类要求，并对可能产生的额外财务和交易成本有所准备。

（四）应对进口许可制度的影响。比如，埃及政府对进口贸易管制严格，《进口商注册法》规定，不允许外资单独成立进口贸易公司，参股贸易公司占比不得超过49%。虽然《海关法》和新《投资法》规定，企业进口以“自用”为目的的商品、设备等原材料，自动获得“进口许可”，但在实际操作中，仍需按相关规定完成流程，耗时较长。

（五）积极应对安全审查。外国投资者注册公司，股东、管理层变更，发放工作签证等事项必须经过安全审查，该项审查一般由东道国安全和情报部门负责。安全审查是国际惯例，应遵守东道国的规定，但也需要对因此可能承担的时间成本有所准备。在未通过安全审查前，投资者往往不会大规模投入，也不会开展实质性业务，以规避安全审查风险，客观上拖延了项目实施进度。

（六）及时办理工作许可。西亚北非大部分国家迫于本国就业压力，对外籍劳工的政策日趋收紧。很多国家外资企业中外籍员工占比不得超过10%，对工作签证审核十分严格。工作许可申请难度大，办理周期长。比如，为缓解国内就业压力，土耳其内政部、劳动部对外籍人员办理居留和工作许可趋严，许多中国企业常驻员工长期无法及时、合法地取得居住和工作许可，有申请人在等待6个月后被拒发工作许可。一些长期在当地居住的中国企业员工申请工作签证也很难获得批准。又如，即使在完全满足埃及劳工部门要求的情况下，埃方有时也会以申请人职位、经验、年龄等种种借口拒签。实际上企业均难以按照《投资法》规定的比例获得足额的工作签证。在埃及，法律规定外籍员工工作签证的有效期为1年，但实际上有时发放的工作签证只有半年，每半年需续签一次。

（七）外汇额度限制。比如，埃及法律虽然赋予投资者自由兑换外币并汇出的权利，但在实际操作中，当地各商业银行对外汇存款、取款、兑换等业务仍有各自的额度限制，额度大小取决于该银行外汇充裕情况，并受埃及央行“窗口指导”。

（八）创新投资合作方式。中国企业进入西亚北非投资市场较晚，在政府和私人招标项目中面临激烈的竞争，政府更倾向于把项目留给本地企业或欧美、日本企业。在一些国家，业主方有时会通过设定技术标准门槛排挤中资企业。我国企业应顺应东道国投资需求以及投资环境的变化，学习使用BOT和PPP等新型投资模式，提高在东道国投资项目的运营、管理能力。

（九）选择适合自己的投资地点，客观分析优惠政策。为吸引外国投资，一些国家出台了一些鼓励投资的法律和政策，设立了自由工业贸易区、经济特区、保税区、工业园区、科技园区等，各区都制定了不少优惠政策，但相关配套政策仍需要进一步完善。虽然这些园区规定了优惠政策，但外资企业并非简单申请即可享受这些政策。每项投资优惠政策的适用均需经相关主管部门审批，有时还会因为审批权限模糊而导致申请受阻。因此，中国企业要调整对优惠政策的期望值，应认清优惠政策的申请条件。

（十）适应法律环境的特殊性。西亚北非部分国家法律的宗教色彩较浓，导致法律条文较难准确把握，且法规修订较为频繁。中资企业应密切关注当地法律变动的情况。建议在当地聘请资深律师和会计师为法律顾问和财务顾问，处理所有与法律和财务相关的事宜。

（十一）充分核算税赋成本。西亚北非地区部分国家税赋较高，中国投资者应认真了解当地税收政策，充分核算税赋成本。比如，以色列是一个高税收国家。政府除正常开支外，每年还要负担高额军费开支。以色列的税收主要分直接税（包括所得税、公司税、资本收益税和土地增值税）和间接税（包括增值税、关税、消费税和印花税）。目前间接税在税收中所占比例呈越来越大的趋势。

（十二）注意安全和地缘政治因素。目前，中东和平进程仍不明朗，巴以地区局势仍不稳定，叙利亚、也门深陷内战，难民问题波及周边国家。中资企业应基于投资合作的经济效益和人身安全问题，充分考虑地缘政治因素可能产生的不利影响。建议企业在叙利亚、也门国内局势恢复正常之前，不要前往投资合作。

三 人身安全

(一) 西亚北非各国社会治安基本情况

阿联酋属全球最安全国家之一，刑事暴力类案件较少。但近年来由于外来人口增多，流动性大，偷盗和抢劫案件也偶有发生。

阿曼社会治安良好，犯罪率很低。激进的暴力犯罪团伙、恶性犯罪极少。

埃及自2015年以来各地恐怖袭击和爆炸事件频繁发生。建议中国公民不要私自前往西奈半岛、北部马特鲁、西部沙漠等偏远地区；避免前往当地大型活动场所、军警禁区等敏感地区。

巴林社会治安总体良好，刑事犯罪案件较少。但是由于贫富差距、教派冲突等问题依然存在，以及受西亚北非地区局势动荡及2011年国内动乱的持续影响，局部冲突时有发生。

卡塔尔社会治安状况良好，刑事案件发案率低，但近年来随着重大项目的开发，外来人口迅速增长，导致社会治安隐患增多。

科威特社会治安良好，犯罪率较低。

黎巴嫩形势总体稳定，但恐怖袭击和局部交火等安全事件时有发生。长期以来，因黎巴嫩教派林立且政局复杂，各派别支持者间常发生一些小范围冲突；黎巴嫩境内的巴勒斯坦难民营亦滋生出或渗透进一些极端组织；加之黎巴嫩内战多年，民间散布有大量武器弹药。这些是黎巴嫩多年来爆炸、暗杀等事件时有发生、安全形势不稳的主要原因。

沙特深度参与叙利亚、也门等地区热点，极大地消耗了本国国力，也使得沙特面临周边安全环境急剧恶化的风险，如也门胡塞武装多次向沙特境内发射弹道导弹。2019年9月14日，沙特石油设施遭遇袭击，安全隐患升级。

土耳其总体上社会稳定，治安较好。但近年来，由于邻国叙利亚、伊拉克发生战乱，大量难民涌入土耳其，治安风险增大。

叙利亚和也门处于内战，安全形势堪忧。我国外交部已发出警告，提醒我国投资者不要前往这两个国家。

伊拉克战争结束后，其安全局势虽持续动荡，但总体趋于平稳。自2014年6月极端恐怖组织“伊斯兰国”异军突起，对伊拉克安全形势形成巨大冲击。

伊朗是政教合一的国家，犯罪率相对较低，社会治安状况总体较好。但极端恐怖活动时有发生。

以色列的安全状况总体上比较稳定，市区内治安状况良好。但由于以色列仍与周边地区关系紧张，仍有遭受恐怖袭击的风险，特别是在北部边界区域、犹太人定居点、加沙及西岸周边地区等，在特殊时期的治安情况仍比较紧张。此外，耶路撒冷市内政治性的示威活动也时有发生。

约旦社会文化教育水平和开放程度较高，社会治安状况较好，不存在反政府武装组织。但是，近年来由于叙利亚难民的大量涌入，加之经济发展放缓，部分地区治安状况有所恶化，重大刑事案件数量明显上升，给约旦社会增加了不稳定因素。

根据全球数据库网站Numbeo发布的2019年中期国别犯罪指数，在123个排名的国家中，卡塔尔、阿联酋、阿曼、沙特犯罪指数很低，排名均居100名之后，意味着其安全指数很高，其中卡塔尔和阿联酋的安全指数居前两位。叙利亚、伊朗、埃及、伊拉克等国犯罪指数较高，驻外人员应提高安全意识，确保人身安全。见表7-1。

表7-1 西亚北非部分国家犯罪指数排名情况（2019年中期）

犯罪指数排名	国家	犯罪指数	安全指数
10	叙利亚	66.91	33.09
41	伊朗	49.03	50.97
43	埃及	48.53	51.47
51	伊拉克	46.35	53.65
61	黎巴嫩	43.38	56.62
62	约旦	42.89	57.11
73	土耳其	39.86	60.14
78	巴勒斯坦	39.26	60.74
85	科威特	35.61	64.39
92	以色列	30.71	69.29
98	巴林	29.18	70.82
101	沙特	28.22	71.78
115	阿曼	21.55	78.45
122	阿联酋	15.52	84.48
123	卡塔尔	12.00	88.00

资料来源：全球数据库网站Numbeo

（二）需要关注的安全问题

1. 西亚北非地缘政治复杂，部分国家冲突频发

历史的、宗教的、外来因素等各种原因错综复杂，导致西亚北非地区成为矛盾交汇之地，形势复杂多变，和平进程屡屡受阻。近年来，恐怖主义成为地区安全的最大威胁。叙利亚和也门国内冲突持续不断，引发了难民问题和一系列人道主义灾难，严重威胁地区的和平与稳定。为此，中国外交部已提醒中国公民不要前往叙利亚和也门。

2. 部分国家居民可合法拥有枪支，具有安全隐患

阿曼、科威特、黎巴嫩、土耳其、伊拉克居民可合法拥有枪支。约旦居民在内政部注册后可合法持有枪支，据约旦内政部统计，2013年，25%的约旦人合法或非法持有枪械。在也门，散布在民间的枪支多达6000万支，人均持有3支，有些部落还拥有重武器，枪支泛滥始终是社会安定的一大隐患。

（三）尊重当地宗教信仰、文化习俗，避免不必要的麻烦

驻外中国公民应高度重视人身和财产安全，切实提高风险防范意识，采取积极有效措施，加强自我安全保护；与家人、朋友保持密切联系，勿独自前往偏僻或人员稀疏地区，勿随身携带大额现金或大量贵重物品；与当地民众友好相处，尊重当地民俗和宗教习俗；拍照前须留意周围是否有禁止拍照、摄像等标识，严禁对政府机构、王宫、军事安全要地、使领馆等敏感建筑物拍照。

总之，要提高安全防护意识，避免前往敏感区域，切实保护人身安全。

（四）建立并启动应急预案

1. 建立应急预案

中国企业在所在国开展投资合作，要客观评估潜在风险，有针对性地建立内部紧急情况预警机制，制定应对风险预案。对员工进行安全教育，强化安全意识；设专人负责安全生产和日常的安全保卫工作；投入必要的经费购置安全设备，给员工上保险等。

2. 采取应急措施

遇有突发自然灾害或人为事件发生，应及时启动应急预案，争取将损失控制在最小范围。遇有火灾和人员受伤，应及时拨打当地火警和救护电话；之后立即上报中国驻当地使领馆和企业在国内的总部。

3. 形成联动机制

在所在国开展投资、工程承包和商贸经营的中资企业，应与中国驻当地使馆、领馆建立常态化联系，保持紧急沟通渠道畅通。平时注意接收使领馆发布的安全提示，一旦发生突发事件，应第一时间联系使领馆，维护自身合法权益。

四 财产安全

（一）保持与当地政府部门和我国驻外使（领）馆的联系

中国企业在当地如遇贸易纠纷，可向所在国法务部门咨询，亦可与中国

驻所在国使（领）馆经商参处联系咨询，还可向中国商会咨询律师推荐信息，寻求说明。务工人员如遇与雇主纠纷，可向所在国主管贸易投资的政府部门投诉或咨询，亦可与中国使（领）馆经商参处联系咨询，寻求法律协助。如遇商业纠纷，可考虑通过仲裁方式解决。

（二）做好风险规避和管理，选择可靠的保险机构

在西亚北非各国开展投资、贸易、承包工程和劳务合作的过程中，要特别注意事前调查、分析、评估相关风险，事中做好风险规避和管理工作，包括对项目或贸易客户及相关方的资信调查和评估，对投资或承包工程所在国家的政治风险和商业风险的分析和规避，对项目本身实施的可行性分析等，切实保障自身利益。建议相关企业积极利用保险、担保、银行等保险金融机构和其他专业风险管理机构的相关业务保障自身利益。此类保障业务涉及贸易、投资、承包工程和劳务类信用保险、财产保险、人身安全保险等，银行的保理业务和福费廷业务，各类担保业务（政府担保、商业担保、保函）等。

建议企业在开展对外投资合作过程中使用中国政策性保险机构——中国出口信用保险公司提供的包括政治风险、商业风险在内的信用风险保障产品，也可使用中国进出口银行等政策性银行提供的商业担保服务。

中国出口信用保险公司是由国家出资设立、支持中国对外经济贸易发展与合作、具有独立法人地位的国有政策性保险公司，是中国唯一承办政策性出口信用保险业务的金融机构。公司支持企业对外投资合作的保险产品包括短期出口信用保险、中长期出口信用保险、海外投资保险和融资担保等，对因投资所在国（地区）发生的国有化征收、汇兑限制、战争及政治暴乱、违约等政治风险造成的经济损失提供风险保障。了解相关服务，请登录该公司网站（www.sinosure.com.cn）查询。

如果在没有采取有效风险规避的情况下发生了风险损失，也要根据损失情况尽快通过自身或相关手段追偿损失。比如，通过信用保险机构承保的业务，则由信用保险机构定损核赔、补偿风险损失，相关机构协助信用保险机构追偿。

（三）建立并启动应急预案

1. 建立应急预案

中国企业在所在国开展投资合作，要客观评估潜在风险，有针对性地建立内部紧急情况预警机制，制定应对风险预案。对员工进行安全教育，强化安全意识；设专人负责安全生产和日常的安全保卫工作；投入必要的经费购置安全设备，给员工上保险等。

2. 采取应急措施

遇有突发自然灾害或人为事件发生，应及时启动应急预案，争取将损失控制在最小范围。遇有火灾和人员受伤，应及时拨打当地火警和救护电话；之后立即上报中国驻当地使领馆和企业在国内的总部。

3. 形成联动机制

在所在国开展投资、工程承包和商贸经营的中资企业，应与中国驻当地使馆、领馆建立常态化联系，保持紧急沟通渠道畅通。平时注意接收使领馆发布的安全提示，一旦发生突发事件，应第一时间联系使领馆，维护自身合法权益。

第八章

紧急情况解决方案

一 突发事件

遇有突发自然灾害或人为事件发生，应及时启动应急预案，争取将损失控制在最小范围。遇有火灾和人员受伤，应及时拨打当地火警和救护电话；之后立即上报中国驻当地使领馆和企业在国内的总部。

我国驻各国使领馆领事部为我国驻外人员提供领事保护服务。中国外交部全球领事保护与服务应急呼叫中心电话：0086-10-12308（24小时）或+86-10-59913991，中国领事服务网：cs.mfa.gov.cn。

(一) 中国驻所在国使（领）馆领事保护服务联系方式

中国驻阿联酋大使馆领事处
电话：00971-2-4434276
传真：00971-2-4435440
中国驻迪拜总领馆
电话：00971-4-3944733
传真：00971-4-3952207
中国驻阿曼大使馆经商参处
地址：House 1784，Way 3021，Shatti Al Qurum, Muscat
邮政信箱：3471，Ruwi 112，Muscat, Sultanate of Oman
电话：00968-24697804
传真：00968-24697482
电邮：om@mofcom.gov.cn
中国驻埃及使（领）馆

中国驻埃及大使馆领保协助电话：00202-27363556 或 01223936582

中国驻埃及亚历山大总领馆领保协助电话：002-01271125995

中国驻埃及大使馆经商参处网址： eg.mofcom.gov.cn

中国驻巴林大使馆经商参处

地址：Building 158, Road 4156, Juffair Ave., Block 341, Manama

电话：00973-17827890

传真：00973-17826970

电邮：bh@mofcom.gov.cn

网址：bh.mofcom.gov.cn

中国驻卡塔尔大使馆领保协助电话：+974-30177679

中国驻科威特大使馆领事保护与协助电话：00965-66977612、60794359

中国驻科威特大使馆经商处紧急联系电话：24822816、24822817

中国外交部24小时全球领事保护与服务应急呼叫中心电话：0086-10-12308

中国驻黎巴嫩大使馆领事部

电话：00961-1-850314、00961-3-866468（总值班手机）

中国驻黎巴嫩大使馆联系方式可查看网站：lb.china-embassy.org

中国驻沙特大使馆领侨处

电话：00966-11-4831590（领事保护与协助）

传真：00966-11-2812084

电邮：consulate_sau@mfa.gov.cn

网址：www.chinaembassy.org.sa

邮政信箱：75321, Riyadh 11578

中国驻叙利亚大使馆求助电话：00963-11-3339594、00963-944265018（24小时联系电话）

中国驻伊拉克大使馆

领事保护电话：00964-7901912315

电邮：consulate_iq@mfa.gov.cn

中国驻伊朗大使馆领事部网址：ir.chineseembassy.org

中国驻伊朗大使馆领事部联系电话：0098-21-26118905（总机兼传真）

中国公民紧急求助电话：0098-9122176035

中国驻伊朗大使馆经商参处电话：0098-21-26652963

中国驻以色列大使馆

网址：il.china-embassy.org、il.chineseembassy.org

电邮：Chinaembl@012.net.il

24小时领保电话：00972-52-8391282

中国驻约旦大使馆领事部

网址：www.fmprc.gov.cn/ce/cejo/chn/lsyw/

领事业务咨询电话：00962-6-5518521

领事保护专线：00962-77-8400870

（二）东道国当地报警和求助电话

埃及紧急求助电话：00202-122（匪警）、180（火警）、123（救护）

巴林火警和救护电话：00973-999

卡塔尔报警和求助电话：00974-999

科威特报警电话：00965-112

黎巴嫩紧急求助电话：00961-175（火警）、112（匪警）、125（救护）

土耳其紧急求助电话：110（火警）、155（匪警）、112（救护）

也门紧急求助电话：179（火警）、199（匪警）、194（交通报警）、195（救护）

伊朗紧急求助电话：125（火警）、110（匪警）、115（救护）

以色列紧急求助电话：102（火警）、100（匪警）、101（救护）

约旦紧急求助电话：192（首都警察局）、191（救护）、199（民防总局）、196（安全总局）

二 安全生产事故

安全生产是投资合作最为核心的前提。安全防护是企业生存的必要投入，也是东道国的监管内容。安全生产的投入既是对生产者的保护，也是企业最为重要的评价指标，关乎企业的切身利益。企业要制定安全生产规章，建立安全监督机制，将安全工作落实到人，设立行之有效的安全工作管理制度和应急处置工作方案，保障生产经营和人员安全。

要增强安全生产意识，设专人负责安全生产和日常安全保卫工作。所有高危行业必须根据当地法律规定，配备必要的安全措施，避免发生安全生产事故。制定危机响应机制，一旦发生安全生产事故，应及时处理，将负面影响降到最低。

加强安全教育，强化基础管理。所有员工出国前都要接受安全培训，而且要使教育培训常态化。通过培训，使所有员工都掌握处理突发事件的原则、措施。关心员工，对于小的疾病、工伤等能在第一时间进行紧急救治；对员工行为进行监督，发现情绪变化和心理问题应及时疏导，避免发生极端事件。

加大安全投入，投入必要的经费购置安全设备，而且要为员工办理保险等。企业须使定期组织安全生产培训、开展安全自查自纠、进行应急机制演练等工作成为常态。尤其是从事建筑、危险化学品等高危行业的中资企业，一定要做好安全防范，避免安全生产事故发生。

附　录

西亚北非十六国主要政府部门和相关机构信息

1. 沙特

（1）沙特协商会议：www.shura.gov.sa

（2）沙特投资总局：www.sagia.gov.sa

（3）沙特资本市场管理局：cma.gov.sa

（4）沙特中央银行：www.sama.gov.sa

（5）沙特气象和环境保护总局：www.pme.gov.sa

（6）沙特研究基地：www.srdb.org

（7）沙特麦地那朝觐委员会：www.hajcomatmad.gov.sa

（8）沙特旅游总局：www.sct.gov.sa

（9）沙特护照管理局：www.gdp.gov.sa

（10）沙特通讯和信息技术部：www.mcit.gov.sa

（11）沙特新闻部：www.moci.gov.sa

（12）沙特国防部：www.pca.gov.sa

（13）沙特财政部：www.mof.gov.sa

（14）沙特经济计划部：www. mep.gov.sa

（15）沙特教育部：www.moe.gov.sa

（16）沙特商业投资部：www. mci.gov.sa

（17）沙特伊斯兰宗教事务部：www. moia.gov.sa

（18）沙特公职部：www.mcs.gov.sa

（19）沙特司法部：www.moj.gov.sa

（20）沙特外交部：www.mofa.gov.sa

（21）沙特卫生部：www.moh.gov.sa

（22）沙特交通运输部：www.mot.gov.sa

（23）沙特能源、工业和矿产部：www.mopm.gov.sa

（24）沙特环境、水利和农业部：www. moa.gov.sa

（25）沙特城乡事务部：www.momra.gov.sa

（26）沙特劳动和社会保障部：www.mol.gov.sa

（27）沙特海关：www.customs.gov.sa

（28）沙特住房部：www.housing.gov.sa

（29）沙特国民卫队：www.sang.gov.sa

2. 伊朗

（1）领袖：www.leader.ir

（2）议会：www.parliran.ir

（3）总统：www.president.ir

（4）外交部：www.mfa.gov.ir

（5）司法部：www.justice.ir

（6）科学研究和技术部：www.msrt.ir

（7）国防部：www.mod.ir

（8）内务部：www.moi.ir

（9）卫生与医学教育部：www.mohme.gov.ir

（10）教育部：www.medu.ir

（11）文化与伊斯兰指导部：www.ershad.gov.ir

（12）工矿贸易部：www.mimt.gov.ir

（13）农业部：www.maj.ir

（14）财经部：www.mefa.gov.ir

（15）信息与通信技术部：www.ict.gov.ir

（16）道路与城市发展部：www.mrud.ir

（17）石油部：www.mop.ir

（18）能源部：www.moe.gov.ir

（19）合作、劳动和社会事务部：www.mcls.gov.ir

（20）国家管理和计划组织：www.spac.ir

（21）环境保护局：www.doe.ir

（22）伊朗中央银行：www.cbi.ir

（23）伊朗海关：www.irica.gov.ir

（24）国家统计中心：www.amar.org.ir

（25）国家测绘中心：www.ncc.org.ir

（26）投资与经济技术援助组织：www.investiniran.ir

（27）工业发展和振兴组织：www.idro.ir

（28）矿产和矿业开发及振兴组织：www.imidro.gov.ir

（29）伊朗中小企业和工业园区组织：www.isipo.ir

（30）伊朗贸易促进中心：www.tpo.ir

（31）伊朗国际展览公司：www.iranfair.com

（32）伊朗工矿农商会：www.iccim.ir

（33）伊朗-中国工商会：www.iran-chinachamber.ir

（34）伊朗铁路局：www.rai.ir

（35）国家民航局：www.cao.ir

（36）伊朗航空公司：www.iranair.com

（37）伊朗电信公司：www.tci.ir

（38）伊朗邮政公司：www.post.ir

（39）伊朗道路维护和运输组织：www.rmto.ir

（40）港口和海事组织：www.pmo.ir

（41）伊朗气象组织：www.irimo.ir

（42）伊朗文化遗产、手工艺和旅游组织：www.tourismiran.ir

（43）伊朗法律和规章：www.dotic.ir

（44）科学和技术研究所：www.irost.ir

（45）信息科学和技术研究所：www.irandoc.ac.ir

（46）伊朗地毯股份公司：www.irancarpet.ir

（47）伊朗国家银行：www.bankmelli-iran.com

（48）伊朗出口银行：www.bsi.ir

（49）赛帕赫银行：www.banksepah.ir

（50）国民银行：www.mellatbank.com

（51）商业银行：www.tejaratbank.ir
（52）工人福利银行：www.refah-bank.ir
（53）农业银行：www.agri-bank.com
（54）住房银行：www.bank-maskan.ir
（55）发展出口银行：www.edbi.ir
（56）新经济银行：www.enbank.net
（57）国家石油公司：www.nioc.ir
（58）BEHRAN石油公司：www.behranoil.com
（59）帕尔斯石油公司：www.pogc.ir
（60）伊朗船运公司：www.irisl.net
（61）海洋工程协会：www.iraname.ir
（62）船运协会：www.saoi.ir
（63）造船协会：www.isoico.co
（64）贸易、工业和经济特区最高委员会：www. freezones.ir
（65）基什岛自由区组织：www.kish.ir
（66）格什姆岛自由区组织：www.qeshm.ir
（67）恰巴哈尔自由区组织：www.cfzo.ir
（68）安扎里自由区组织：www. anzalifz.ir
（69）ARAS自由贸易和工业区：www.arasfz.ir
（70）ARVAND自由区组织：www.arvandfreezone.com
（71）马库自由区组织：www.makufz.org

3. 埃及

（1）埃及政府：www.egypt.gov.eg
（2）内阁：www.cabinet.gov.eg
（3）青年体育部：www.alshabab.gov.eg
（4）投资与国际合作部：www.miic.gov.eg
（5）高教科研部：www.egy-mhe.gov.eg
（6）卫生与人口部：www.mohp.gov.eg
（7）电力与可再生能源部：www.moee.gov.eg
（8）计划与行政改革部：www.mic.gov.eg、www.mop.gov.eg

（9）住房与公共设施部：www.moh.gov.eg

（10）供应与内贸部：www.mss.gov.eg

（11）旅游部：www.egypt.travel

（12）石油与矿产资源部：www.petroleum.gov.eg

（13）地方发展部：www.mld.gov.eg

（14）宗教基金部：www.awkaf.org

（15）外交部：www.mfa.gov.eg

（16）贸易与工业部：www.mti.gov.eg

（17）军工生产部：www.mmc.gov.eg

（18）通讯与信息技术部：www.mcit.gov.eg

（19）水资源与灌溉部：www.mwri.gov.eg

（20）司法部：www.moj.gov.eg

（21）交通部：www.mot.gov.eg

（22）财政部：www.mof.gov.eg

（23）民航部：www.civilaviation.gov.eg

（24）内政部：www.moiegypt.gov.eg

（25）国防部：www.mod.gov.eg/mod/

（26）劳工与移民部：www.manpower.gov.eg

（27）文化部：www.ecm.gov.eg

（28）教育部：www.emoe.org

（29）环境部：www.eeaa.gov.eg

（30）农业与农垦土地改良部：www.agr-egypt.gov.eg

（31）文物部：www.antiquities.gov.eg：

（32）社会团结部：www.misa.gov.eg：

（33）中央公共动员与统计局：www.capmas.gov.eg

（34）苏伊士经济区管理总局：www.sczone.gov.eg

4. 土耳其

（1）总理府：www.basbakanlik.gov.tr

（2）外交部：www.mfa.gov.tr

（3）财政部：www.maliye.gov.tr

（4）司法部：www.justice.gov.tr

（5）卫生部：www.saglik.gov.tr

（6）环境与城镇化部：www.csb.gov.tr/

（7）教育部：www.meb.gov.tr

（8）林业和水业部：www.ormansu.gov.tr/

（9）文化和旅游部：www.turizm.gov.tr

（10）食品、农业和畜牧业部：www.tarim.gov.tr

（11）科学、工业和科技部：www.sanayi.gov.tr

（12）交通、海事和通讯部：www.udhb.gov.tr

（13）能源和自然资源部：www.enerji.gov.tr

（14）劳动和社会保障部：www.csgb.gov.tr

（15）经济部：www.ekonomi.gov.tr

（16）国库署：www.treasury.gov.tr

（17）海关和贸易部：www.gtb.gov.tr

（18）私有化管理局：www.oib.gov.tr

（19）专利和商标办公室：www.turkpatent.gov.tr

（20）铁路总局：www.tcdd.gov.tr

（21）邮政总局：www.ptt.gov.tr

（22）国家航空管理局：www.dhmi.gov.tr

（23）土耳其商会和商品交易所联合会

电话：0090-312-4177700

传真：0090-312-4183268

网址：www.tobb.org.tr

（24）对外经济关系委员会

电话：0090-212-3395000

传真：0090-212-2703092

电邮：info@deik.org.tr

网址：www.deik.org.tr

（25）中小企业协会

电邮：kos@kosgeb.gov.tr

网址：www.kobinet.org.tr

（26）安卡拉商会

电邮：info@atonet.com

网址：www.atonet.com

（27）安卡拉工业协会

电邮：aso@aso.org.tr

网址：www.aso.org.tr

（28）伊斯坦布尔总商会

电邮：disiliskiler@tr-ito.com

网址：www.ito.org.tr

（29）伊斯坦布尔工业协会：www.iso.org.tr

（30）土耳其工商业协会：www.tusiad.org

（31）伊兹密尔商会

电话：0090-232-4417777（10 lines）

传真：0090-232-4837853

（32）爱琴海地区商会：www.ebso.com.tr

（33）爱琴海地区出口商会

电邮：eib01@egenet.com.tr

网址：www.egebirlik.org.tr

（34）地中海地区出口商协会

电邮：arge@akib.org.tr

网址：www.akib.org.tr

（35）东南安纳托利亚出口商协会

电邮：gaib@gaib.org.tr

网址：www.gaib.org.tr

（36）安塔利亚出口商协会

电邮：aib@antnet.net.tr

网址：www.aib.org.tr

5. 也门

（1）外交部：www.mofa.gov.ye

（2）高等教育与科学研究部

（3）宗教基金与指导部
（4）社会事务与劳动部
（5）公共工程与道路部：www.mpwh-ye.net
（6）渔业资源部
（7）国防部
（8）电力能源部
（9）石油与矿产部：www.mom.gov.ye
（10）民事服务与保险部：www.mocsi.gov.ye
（11）青年与体育部
（12）内政部
（13）计划与国际合作部：www.mpic-yemen.org
（14）通信与技术信息部
（15）地方管理部
（16）财政部：www.mof.gov.ye
（17）技术教育与职业培训部：www.mtevt.info
（18）农业与灌溉部：www.agriculture.gov.ye
（19）教育部：www.yemenmoe.net
（20）公共卫生与人口部：www.mophp-ye.org
（21）人权部
（22）法律事务部
（23）旅游部：www.yementourism.com
（24）水利与环境部：www.mwe.gov.ye
（25）文化部
（26）侨民事务部
（27）交通运输部
（28）司法部
（29）工业与贸易部：www.moit.gov.ye
（30）议会与协商会议事务国务部
（31）新闻部
（32）总理府事务国务部
（33）国务部

（34）投资总局：www.investinyemen.org
（35）税务总局：www.tax.gov.ye
（36）海关总署：www.customs.gov.ye
（37）也门中央银行：www.centralbank.gov.ye

6. 伊拉克

（1）总理办公室：www.pmo.iq
（2）伊拉克内阁：www.cabinet.iq
（3）伊拉克议会：www.parliament.iq
（4）外交部：www.mofa.gov.iq
（5）国防部：www.mod.mil.iq
（6）内政部：www.moi.gov.iq
（7）财政部：www.mof.gov.iq
（8）石油部：www.oil.gov.iq
（9）规划部：www.mop.gov.iq
（10）电力部：www.moelc.gov.iq
（11）贸易部：www.mot.gov.iq
（12）交通部：www.motrans.gov.iq
（13）卫生部：www.moh.gov.iq
（14）教育部：www.epedu.gov.iq
（15）农业部：www.zeraa.gov.iq
（16）工业矿产部：www.industry.gov.iq
（17）劳动和社会事务部：www.molsa.gov.iq
（18）水资源部：www.mowr.gov.iq
（19）高等教育与科学研究部：www.moheiraq.org
（20）青年与体育部：www.moys.gov.iq
（21）住房和建设部：www.moch.gov.iq
（22）通信部：www.moc.gov.iq
（23）司法部：www.moj.gov.iq
（24）文化部：www.mocul.gov.iq
（25）难民与移民部：www.momd.gov.iq

（26）国家投资委员会：www.investpromo.gov.iq

（27）伊拉克央行：www.cbi.iq

（28）伊拉克海关总署：www.customs.mof.gov.iq

（29）库尔德自治区政府：www.krg.org

（30）巴格达省政府：www.baghdad.gov.iq

（31）伊拉克股票市场：www.isx-iq.net

（32）伊拉克商务总览：www.portaliraq.com

（33）伊拉克公司企业网：www.iraqdirectory.com

（34）伊拉克国家通讯和媒体委员会：www.ncmc-iraq.org

（35）伊拉克商务中心：www.iraqibusinesscenter.com

（36）巴格达商务中心：www.baghdadbusinesscenter.org

（37）巴士拉商务中心：www.basrabusinesscentre.com

（38）联合国计划开发署伊拉克分署：www.iq.undp.org

7. 阿曼

（1）文化遗产部：www.mhc.gov.om

（2）宫廷部：www.diwan.gov.om

（3）阿曼皇家警察：www.rop.gov.om

（4）内政部：www.moi.gov.om

（5）外交部：www.mofa.gov.om

（6）司法部：www.moj.gov.om

（7）农业渔业部：www.maf.gov.om、www.mofw.gov.om

（8）马斯喀特市政府：www.mctmnet.gov.om

（9）佐法尔省政府：www.dm.gov.om

（10）卫生部：www.moh.gov.om

（11）商工部：www.mocioman.gov.om

（12）民事服务部：www.mocs.gov.om

（13）宗教事务部：www.mara.gov.om

（14）石油与天然气部：www.mog.gov.om

（15）财政部：www.mof.gov.om

（16）新闻部：www.omanet.om

（17）教育部：www.moe.gov.om

（18）劳工部：www.manpower.gov.om

（19）交通运输与通信部：www.comm.gov.om

（20）高教部：www.mohe.gov.om

（21）地方市政与水资源部：www.mrmwr.gov.om

（22）旅游部：www.omantourism.gov.om

（23）体育部：www.sportsoman.com

（24）社会发展部：www.mosd.gov.om

（25）国家委员会：www.statecouncil.gov.om

（26）舒拉议会：www.shura.om

（27）阿曼招标委员会：www.tenderboard.gov.om

（28）阿曼商工会：www.chamberoman.com

（29）阿曼中央银行：www.cbo.gov.om

（30）马斯喀特证券交易所：www.msm.gov.om

（31）资本市场监管局：www.omancma.org

（32）国家审计秘书处：www.sgsa.com

（33）社会保险局：www.taminat.com

（34）手工业局：www.paci.gov.om

（35）萨拉拉港：www.salalahport.com

（36）苏哈尔港：www.portofsohar.com

（37）阿曼经济协会：www.oea-oman.org

（38）电力监管局：www.aer-oman.org

（39）法律事务部：www.mola.gov.om

（40）电信监管局：www.tra.gov.om

（41）国家统计和信息中心：www.ncsi.gov.om

8. 叙利亚

（1）人民议会

电话：00963-11-2231112/9、2233600、3324049/45

传真：00963-11-3323410

（2）内阁

电话：00963-11-222600

传真：00963-11-222601

网址：www.youropinion.gov.sy

（3）农业与农业改革部

电话：00963-11-2213613/4、2221513

传真：00963-11-2244078

电邮：agre-min@syriatel.net

网址：www.syrian-agriculture.org

（4）文化部

电话：00963-11-3331556/7、3338600

传真：00963-11-3338446

网址：www.culture-sy.org

（5）国防部

电话：00963-11-2224980

（6）经贸部

电话：00963-11-2213513/4/5、5161100/1/2/3/4/5

传真：00963-11-2225695

电邮：econ-min@net.sy

网址：www.syrecon.org

（7）教育部

电话：00963-11-4444702/3、4444800

传真：00963-11-4420435

网址：www.syrianeducation.org

（8）电力部

电话：00963-11-2119934/5/6/7

传真：00963-11-2227736

电邮：mopmr@net.sy、peegt@net.sy

（9）宗教基金部

电话：00963-11-4419079、4419080

传真：00963-11-4419969

网址：www.mlae.sy.org

（10）财政部

电话：00963-11-2211300/1、2216300/1/2/3

传真：00963-11-2224701

电邮：mof@net.sy

网址：www.syriafinance.org

（11）外交与侨民部

电话：00963-11-3331200/1/2/3

传真：00963-11-3327620

电邮：syr-mofa@scs-net.org

（12）卫生部

电话：00963-11-3339600/1/2

传真：00963-11-3311114

网址：www.moh.gov.sy

（13）高等教育部

电话：00963-11-2129860/1/2/3

传真：00963-11-2129961/2

网址：www.syrianeducation.org

（14）住房建设部

电话：00963-11-2211493/4、4441405

传真：00963-11-2259400

电邮：mhu@net.sy

（15）工业部

电话：00963-11-2231845/34、2231694

传真：00963-11-2231096/7

电邮：min-industry@mail.sy

网址：www.syrianindustry.com

（16）新闻部

电话：00963-11-6624217/18/20

传真：00963-11-6665166

网址：www.moi-syria.com

（17）内政部

电话：00963-11-222010、22220101

传真：00963-11-2223428

电邮：somi@net.sy

（18）灌溉部

电话：00963-11-5318268、5318266

传真：00963-11-5312948

网址：www.irrigation-sy.com

（19）司法部

电话：00963-11-6662740、2225750

传真：00963-11-2246250

（20）社会事务和劳动部

电话：00963-11-2210355、2225948

传真：00963-11-2247499

（21）地方管理部

电话：00963-11-2318682、2317873/54

传真：00963-11-2320885、2316921

网址：www.mlae.sy.org

（22）石油与矿产资源部

电话：00963-11-4445610、4455972

传真：00963-11-4457786

网址：www.mopmr-sy.org

（23）通信与技术部

电话：00963-11-2227033/4、2221133/4/5

传真：00963-11-2246403

网址：www.moct.gov.sy

（24）旅游部

电话：00963-11-2255019、2252313

传真：00963-11-2242646

电邮：min-tourism@mail.sy

网址：www.syriatourism.org

（25）运输部

电话：00963-11-3336801/2/3

传真：00963-11-3332172

电邮：gcpt-dam@min-trans.net

网址：www.min-trans.net

9. 约旦

（1）财政部：www.mof.gov.jo

（2）政治和议会事务部：www.moppa.gov.jo

（3）外交与侨务部：www.mfa.gov.jo

（4）计划和国际合作部：www.mop.gov.jo

（5）司法部：www.moj.gov.jo

（6）内政部：www.moi.gov.jo

（7）教育部：www.moe.gov.jo

（8）高等教育和科学研究部：www.mohe.gov.jo

（9）伊斯兰事务和宗教基金部：www.awqaf.gov.jo

（10）水利和灌溉部：www.mwi.gov.jo

（11）劳工部：www.mol.gov.jo

（12）旅游和古迹部：www.mota.gov.jo

（13）能源与矿产部：www.memr.gov.jo

（14）社会发展部：www.mosd.gov.jo

（15）公共工程和住房部：www.mpwh.gov.jo

（16）青年部：www.moy.gov.jo

（17）文化部：www.culture.gov.jo

（18）卫生部：www.moh.gov.jo

（19）工业、贸易与供给部：www.mit.gov.jo

（20）环境部：www.moenv.gov.jo

（21）数字经济与创业部：www.mopc.gov.jo

（22）交通部：www.mot.gov.jo

（23）农业部：www.moa.gov.jo

（24）投资署：www.jic.gov.jo

（25）海关署：www.customs.gov.jo
（26）地方管理部：www.mma.gov.jo/DefaultEn.aspx

10. 阿联酋

（1）国防部：www.mod.gov.ae
（2）内政部：www.moi.gov.ae
（3）教育部：www.moe.gov.ae
（4）经济部：www.economy.ae
（5）能源和工业部：www.moenr.gov.ae
（6）社会发展部：www.mocd.gov.ae
（7）卫生与预防部：www.mohap.gov.ae
（8）文化与知识发展部：www.mcycd.gov.ae
（9）财政部：www.mof.gov.ae
（10）总统事务部：www.mopa.ae
（11）外交与国际合作部：www.mofa.gov.ae
（12）基础设施发展部：www.moid.gov.ae
（13）司法部：www.moj.gov.ae
（14）人力资源与本土化部：www.mohre.gov.ae
（15）内阁事务和未来部：www.mocaf.gov.ae
（16）联邦国民议会事务部：www.mfnca.gov.ae
（17）气候变化与环境部：www.moccae.gov.ae
（18）人工智能部：www.ai.gov.ae
（19）各酋长国市政厅
阿布扎比酋长国：www.adm.gov.ae
迪拜酋长国：www.dm.gov.ae
沙迦酋长国：www.shjmun.gov.ae
阿治曼酋长国：www.am.gov.ae
乌姆盖万酋长国：www.uaq.gov.ae
哈伊马角酋长国：www.rakmunicipality.com
富查伊拉酋长国：www.fujairahmunc.gov.ae
（20）各酋长国商工会

阿联酋工商联合会：www.fcciuae.ae

阿布扎比商工会：www.abudhabichamber.ae

迪拜商工会：www.dubaichamber.com

沙迦商工会：www.sharjah.gov.ae

阿治曼商工会：www.ajcci.co.ae

富查伊拉商工会：www.fujairahchamber.uae.com

哈伊马角商工会：www.rakchamber.com

乌姆盖万商工会：www.uaqchamber.ae

（21）其他部门及相关机构

阿联酋政府：www.government.ae

阿联酋身份管理局：www.emiratesid.ae

联邦海关署：www.customs.ae

联邦环境署：www.fea.gov.ae

联邦国民议会：www.almajles.gov.ae

阿联酋消防总部：www.gdocd.gov.ae

阿联酋民航总局：www.gcaa.ae

阿联酋信息总局：www.gia.gov.ae

阿联酋国家媒体委员会：www.uaeinteract.com

阿联酋审计署：www.saiuae.gov.ae

阿联酋农业信息中心：www.uae.gov.ae/uaeagricent

战略研究中心：www.ecssr.ac.ae

文献与研究中心：www.cdr.gov.ae

医疗服务奖：www.hmaward.org.ae

扎伊德基金会：www.zayed.org.ae

阿布扎比民航局：www.dcaauh.gov.ae

阿布扎比海关：www.auhcustoms.gov.ae

阿布扎比警察总局：www.adpolice.gov.ae

阿布扎比环境局：www.ead.ae

阿布扎比国家展览公司：www.gec.ae

阿布扎比发展基金会：www.adfd.ae

迪拜投资发展局：www.ddia.ae

迪拜经济发展部：www.dubaided.gov.ae
迪拜发展委员会：www.dubaidb.gov.ae
迪拜道路交通局：www.rta.ae
迪拜港务局：www.dpa.co.ae
迪拜移民局：www.dnrd.gov.ae
迪拜法院：www.dubaicourts.gov.ae
迪拜海关：www.dubaicustoms.gov.ae
迪拜房地产局：www.realstate-dubai.gov.ae
迪拜媒体城：www.dubaimediacity.com
迪拜免税店：www.dubaidutyfree.com
迪拜宗教基金和伊斯兰事务部：www.awqafdubai.gov.ae
迪拜货运区：www.dubaicargovillage.com
迪拜港口和海关：www.dxbcustoms.gov.ae
迪拜水电局：www.dewa.gov.ae
迪拜警察局：www.dubaipolice.gov.ae
迪拜交警：www.dxbtraffic.gov.ae
沙迦警局：www.shjpolice.gov.ae
沙迦海关：www.sharjahcustoms.gov.ae

11. 科威特

（1）科威特政府网：www.da.gov.kw
（2）外交部：www.mofa.gov.kw
（3）内务部：www.moi.gov.kw
（4）国防部：www.mod.gov.kw
（5）财政部：www. mof.gov.kw
（6）石油部：www.moo.gov.kw
（7）内阁事务部：www.cmgs.gov.kw
（8）新闻部：www.media.gov.kw
（9）服务事务部：www.moc.gov.kw
（10）教育部：www.moe.edu.kw
（11）高等教育部：www.mohe.edu.kw

（12）卫生部：www.moh.gov.kw

（13）公共工程部：www.mpw.gov.kw

（14）国民大会事务部：www.mona.gov.kw

（15）社会事务和劳动部：www.mosal.gov.kw

（16）计划和发展最高委员会秘书处：www.scpd.gov.kw

（17）住房事务部：www.housing.gov.kw

（18）住房总局：www.housing.gov.kw

（19）司法部：www.moj.gov.kw

（20）宗教基金与伊斯兰事务部：www.islam.gov.kw

（21）商业和工业部：www.moci.gov.kw

（22）电力和水利部：www.mew.gov.kw

（23）中央统计局：www.csb.gov.kw

（24）科威特中央银行：www.cbk.gov.kw

12. 以色列

（1）总统办公室

地址：3 Hanassi St.，Jerusalem 92188

电话：00972-2-6707211

传真：00972-2-5610037

网址：www.president.gov.il

（2）议会

地址：The Knesset HaKiryat，Jerusalem 91950

电话：00972-2-6753538

传真：00972-2-5611201

电邮：aalkobi@knesset.gov.il

网址：www.knesset.gov.il

（3）总理办公室

地址：3 Kaplan St.，P.O.B. 187，Kiryat Ben-Gurion，Jerusalem 91919

电话：00972-2-6705555

传真：00972-2-5664838

电邮：pm_eng@pmo.gov.il

网址：www.pmo.gov.il

（4）外交部

地址：9 Yitzhak Rabin Blvd.，Kiryat Ben-Gurion，Jerusalem 91035

电话：00972-2-5303111

传真：00972-2-5303367

网址：www.mfa.gov.il

（5）国防部

地址：Kaplan St.，Hakirya，Aviv 61909

电话：00972-3-5692010

传真：00972-3-6916940

网址：www.mod.gov.il

（6）财政部

地址：1 Kaplan St.，Kiryat Ben-Gurion，P.O.B. 13195，Jerusalem 13195

电话：00972-2-5317111

传真：00972-2-5637891

网址：www.mof.gov.il

（7）教育部

地址：34 Shivtei Israel St.，P.O.B. 292，Jerusalem 91911

电话：00972-2-5602222

传真：00972-2-5602223

网址：www.education.gov.il

（8）司法部

地址：29 Salah A-din St.，Jerusalem 91010

电话：00972-2-6708511

传真：00972-2-6288618

网址：www.justice.gov.il

（9）卫生部

地址：2 Ben-Tabai St.，P.O.B. 1176，Jerusalem 91010

电话：00972-2-6705705

传真：00972-2-6233026

网址：www.health.gov.il

（10）内政部

地址：2 Kaplan St.，P.O.B. 6158，Kiryat Ben-Gurion，Jerusalem 91061

电话：00972-2-6701411

传真：00972-2-6701628

网址：www.moin.gov.il

（11）工业、贸易和劳工部

地址：5, Bank of Israel Street，Kiryat Ben-Gurion，Jerusalem 91009

电话：00972-2-6662299

传真：00972-2-6662947

网址：www.moit.gov.il

（12）交通和道路安全部

地址：5 Bank Israel St., Government Complex, Jerusalem

电话：00972-2-6663333

传真：00972-2-6663222

网址：info.mot.gov.il/EN

（13）公共安全部

地址：Kiryat Hamemshala，P.O.B. 18182，Jerusalem 91181

电话：00972-2-5309999

传真：00972-2-5847872

网址：www.mops.gov.il

（14）移民部

地址：1 Kaplan St.，Kiryat Gen-Gurion，P.O.B. 13061，Jerusalem 91130

电话：00972-2-6752696/7

传真：00972-2-5618138

网址：www.moia.gov.il

（15）环境保护部

地址：5 Kanfei Nesharim St., Givat Shaul，P.O.B. 34033，Jerusalem 95464

电话：00972-2-6553777

传真：00972-2-6535934

网址：www.sviva.gov.il

（16）住房建设部

地址：Kiryat Hamemshala，P.O.B. 18110，Jerusalem 91180

电话：00972-2-5847211

传真：00972-2-5811904

网址：www.moch.gov.il

（17）内盖夫和加利利地区发展部

地址：Shaul Hamelech 8，Aviv 64733

电话：00972-3-6060700

传真：00972-3-6958414

网址：www.vpmo.gov.il

（18）农业和农村发展部

地址：P.O.B.50200，Bet-Dagan

电话：00972-3-9485555

传真：00972-3-9485858

电邮：pniot@moag.gov.il

网址：www.moag.gov.il

（19）科技部

地址：Hakirya Hamizrahit，Government Building No.3，Jerusalem 91490

电话：00972-2-5411101

传真：00972-2-5811613

网址：www.most.gov.il

（20）国家基础设施部

地址：Jaffa Road 216，Jerusalem，P.O.B. 36148，Jerusalem 91360

电话：00972-2-5006777

传真：00972-2-5006888

网址：www.mni.gov.il

（21）社会事务和社会服务部

地址：2 Kaplan St.， Kiryat Ben-Gurion，P.O.B. 915，Jerusalem 91008

电话：00972-2-6752311

传真：00972-2-6752803

网址：www.molsa.gov.il

（22）通讯部

地址：23 Yaffo St.，Jerusalem 91999

电话：00972-2-6706320

传真：00972-2-6706372

网址：www.moc.gov.il

（23）旅游部

地址：5, Bank of Israel Street，Kiryat Ben-Gurion，Jerusalem 91009

电话：00972-2-6754811

传真：00972-2-6733592

网址：www.tourism.gov.il/

（24）民族宗教服务管理局

地址：7 Kanfei Nesharim，Jerusalem

电话：00972-2-5311385

传真：00972-2-5311310

网址：www.religions.gov.il

（25）国家审计和监察部

地址：12 Beit Hadfus St.，Givat Shaul, Jerusalem，P.O.B.1081，Jerusalem 91010

电话：00972-2-6665000

传真：00972-2-6665204

网址：www.mevaker.gov.il

（26）国土管理局

地址：6 Shamai St.，P.O.B. 2600，Jerusalem 94631

电话：00972-2-6208322/422

传真：00972-2-6241286

网址：www.mmi.gov.il

（27）以色列央行

地址：P.O.B. 780，Kiryat Ben-Gurion，Jerusalem 91007

电话：00972-2-6552211

传真：00972-2-6528805

网址：www.bankisrael.gov.il

（28）中央统计局

地址：3 Kaplan St.P.O.B. 187，Kiryat Ben-Gurion，Jerusalem 91919

电话：00972-2-6553553

传真：00972-2-6553325

网址：www.cbs.gov.il

（29）国家保险公司

地址：13 Weizmann Blvd.，Jerusalem 91909

电话：00972-2-6709211

传真：00972-2-6709792

网址：www.btl.gov.il

（30）国家邮政公司

地址：237 Yaffo St.，Jerusalem 91999

电话：00972-26290808

传真：00972-26290921

网址：www.postil.com

（31）港口管理公司

地址：74 Derech Petah-Tikva，P.O.B. 2021，Aviv 61201

电话：00972-3-5657000

传真：00972-3-5617142

网址：www.israports.org.il

（32）机场管理局

地址：Ben-Gurion Airport

电话：00972-3-9712804/9715596

传真：00972-3-9712436

网址：www.iaa.gov.il

（33）以色列自然科学和人文科学院

地址：Albert Einstein Square, Talbieh，P.O.B. 4040，Jerusalem 91040

电话：00972-2-5636211

网址：www.academy.ac.il

（34）以色列文化和体育部

地址：34 Shivtei Yisrael Street Jerusalem 91911.

电话：00972-3-6367223

传真：00972-3-6883430

网址：www.mcs.gov.il

13. 卡塔尔

（1）卡塔尔埃米尔办公厅：www.diwan.gov.qa

（2）外交部：www.mofa.gov.qa

（3）内政部：www.moi.gov.qa

（4）财政部：www.mof.gov.qa

（5）商业与工业部：www.mec.gov.qa

（6）交通与通讯部：www.motc.gov.qa

（7）市政与环境部：www.mme.gov,qa

（8）行政发展、劳动与社会事务部：www.adlsa.gov.qa

（9）教育与高等教育部：www.edu.gov.qa

（10）司法部：www.moj.gov.qa

（11）文化体育部：www.mcs.gov.qa

（12）公共工程署：www.ashghal.gov.qa

（13）中央银行：www.qcb.gov.qa

（14）海关总署：www.customs.gov.qa

（15）税务总局：www.gta.gov.qa

（16）规划和统计局：www.psa.gov.qa

（17）国家旅游委员会：www.visitqatar.qa

（18）宗教基金和伊斯兰事务部：www.islam.gov.qa

（19）自由区管理委员会：www.fza.gov.qa

14. 黎巴嫩

（1）政府信息总汇网站：www.informs.gov.lb和www.dawlati.gov.lb

（2）电信部：www.mpt.gov.lb

（3）国防部：www.lebarmy.gov.lb

（4）移民事务部：www.ministryofdisplaced.gov.lb

（5）教育与高教部：www.higher-edu.gov.lb

（6）财政部：www.finance.gov.lb

（7）新闻部：www.nna-leb.gov.lb

（8）司法部：www.justice.gov.lb

（9）内政与城镇部：www.interior.gov.lb

（10）劳工部：www.mol.gov.lb

（11）公共卫生部：www.public-health.gov.lb

（12）公共工程与交通部：www.public-works.gov.lb

（13）社会事务部：www.socialaffairs.gov.lb

（14）外交与侨民事务部：www.emigrants.gov.lb

（15）经贸部：www.economy.gov.lb

（16）工业部：www.industry.gov.lb

（17）旅游部：www.lebanon-tourism.gov.lb

（18）环境部：www.moe.gov.lb

（19）行政发展国务部：www.omsar.gov.lb

（20）能源和水利部：www.energyandwater.gov.lb

（21）青年与体育部：www.minijes.gov.lb

（22）文化部：www.culture.gov.lb

（23）农业部：www.agriculture.gov.lb

（24）重建委：www.cdr.gov.lb

（25）投资发展局：www.idal.com.lb、www.investinlebanon.gov.lb

（26）中央银行：www.bdl.gov.lb

（27）海关：www.customs.gov.lb

（28）国家档案局：www.can.gov.lb

（29）标准委员会：www.libnor.org

（30）议会：www.lp.gov.lb

（31）总统府：www.presidency.gov.lb

（32）中央统计局：www.cas.gov.lb

（33）最高私有化委员会：www.hcp.gov.lb

15. 巴林

（1）巴林政府网：www.bahrain.bh

（2）首相府：www.bahrainprimeminister.net

（3）外交部：www.mofa.gov.bh

（4）财政部：www.mofne.gov.bh/

（5）工商旅游部：www.moic.gov.bh

（6）劳工与社会发展部：www.mol.gov.bh

（7）住房部：www.housing.gov.bh

（8）交通电信部：www.mtt.bh/en

（9）市政工程与城市规划部：www.works.gov.bh

（10）内政部：www.interior.gov.bh

（11）司法与伊斯兰事务部：www.moj.gov.bh

（12）内阁事务部：www.cabinetaffairs.gov.bh

（13）众参两院事务部：www.msrc.gov.bh

（14）文化与文物局：www.moc.gov.bh

（15）教育部：www.education.gov.bh

（16）卫生部：www.moh.gov.bh

（17）石油与天然气管理局：www.noga.gov.bh

（18）巴林中央银行：www.cbb.gov.bh

（19）经济发展委员会：www.bahrainedb.com

（20）投标委员会：www.tenderboard.gov.bh

（21）劳务市场管理局：www.lmra.bh

（22）商工会：www.bcci.bh

（23）港务总局：www.gop.bh

（24）最高环境委员会：www.pmew.gov.bh

（25）中央信息局：www.cio.gov.bh

（26）社保总署：www.sio.bh

（27）信息事务部：www.mia.gov.bh/en